数字青岛发展报告

青岛市持续深入优化营商环境和推进政府职能转变领导小组办公室

数字青岛建设领导小组办公室　编

青岛市社会科学院

中国海洋大学出版社

·青岛·

图书在版编目（CIP）数据

数字青岛发展报告 / 青岛市持续深入优化营商环境和推进政府职能转变领导小组办公室，数字青岛建设领导小组办公室，青岛市社会科学院编 .—青岛：中国海洋大学出版社，2023.12

ISBN 978-7-5670-3787-8

Ⅰ.①数⋯　Ⅱ.①青⋯②数⋯③青⋯　Ⅲ.①信息经济 – 区域经济发展 – 研究报告 – 青岛　Ⅳ.① F492.3

中国版本图书馆 CIP 数据核字（2024）第 013923 号

SHUZI QINGDAO FAZHAN BAOGAO

数字青岛发展报告

出版发行	中国海洋大学出版社	
社　　址	青岛市香港东路 23 号	邮政编码　266071
出版人	刘文菁	
网　　址	http：//pub.ouc.edu.cn	
电子信箱	coupljz@126.com	
订购电话	0532—82032573（传真）	
责任编辑	杨亦飞　李建筑	电　　话　0532—85902505
印　　制	青岛国彩印刷股份有限公司	
版　　次	2024 年 2 月第 1 版	
印　　次	2024 年 2 月第 1 次印刷	
成品尺寸	170 mm × 240 mm	
印　　张	32.75	
字　　数	411 千	
印　　数	1—2100	
定　　价	88.00 元	

发现印装质量问题，请致电 0532—58700166，由印刷厂负责调换。

编辑委员会

在数字青岛建设领导小组2023年第一次会议上的讲话

赵豪志同志的讲话

今天，召开数字青岛建设领导小组会议，主要是深入学习贯彻习近平总书记关于数字化发展的重要论述，总结上年数字青岛建设工作，安排部署今年重点任务。刚才，我们实地参观了城市云脑会客厅，共同观摩了一些典型应用场景。耿涛同志传达了陆治原书记批示，通报了有关情况。领导小组办公室和部分部门、区（市）汇报了工作情况，既总结了成绩，也分析了问题和不足，对今年工作安排的思路十分清晰。今天的会议，既是一次总结部署会，也是一次经验交流会，大家要相互学习借鉴，结合实际抓好落实。

2022年以来，在全市上下共同努力下，《数字青岛2022年行动方案》确定的46项任务和118个重点项目基本完成，青岛市在赛迪研究院发布的2022中国数字城市竞争力百强榜中居第7位。一年来，数字化转型各项工作取得了积极成效，主要体现在以下几个方面：数字经济快速发展。虚拟现实、集成电路、新型显示等数字经济产业迅速起势，3个专业园区挂牌运营，融合光电、京东方、歌尔微电子等项目建成投产。"工赋青岛"行动深入实施，卡奥斯连续4年居全国跨行业跨领域工业互联网平台首位。完成1000家企业数字化改造，全市生产设备数字化率达到58.3%。数字经济核心产业增加值同比增长25.3%。数字社会建设持续深化。

在深化第一批"双12"事项推广应用的同时，第二批项目顺利实施，应用场景覆盖了科技创新、就业创业、市政公用设施安装维护等多个领域，中小学智慧教育平台全面普及应用，"全市一家医院"等便民应用不断完善，"一码通城"应用场景拓展到33个，获批全国智慧健康养老示范基地、全国数字家庭建设试点等。数字政府建设扎实推进。政务服务"一网通办"取得积极成效，一体化政务服务能力连续4年位列全国重点城市第一梯队。城市治理"一网统管"能力进一步提升，一体化综合指挥、城市管理等16个跨部门、跨层级应用上线运行，在处置应急突发事件、加强疫情防控、提升城市精细化管理水平方面发挥了重要作用。"全市一个数字机关"加快建设，实施首批12件机关内部"一件事"，机关内部的工作协同性和运作效率得到有效提升。"无证明城市"建设持续深化，270余类证照证明通过电子化和数据共享，实现使用过程"免提供"，大大方便了企业和群众办事。数字基础设施取得突破。国家级互联网骨干直联点建成开通。新建5G基站1万个、总数突破3万个，5G网络速度处于国内城市领先水平。城市家庭千兆光纤网络覆盖率达到100%。供水、供热、燃气、综合管廊等城市生命线工程设施初步实现物联感知、预警预测。

当前，全国各地都在深入研究数字化转型工作，积极创新、竞相发展。过去一年，我们取得的成绩值得充分肯定，但也要清醒地看到，与经济社会发展需求相比，与其他先进城市相比，青岛市的数字化发展还处于初级阶段，工作中仍然存在一些短板和问题。刚才耿涛同志对当前青岛市数字化工作存在的一些问题进行了全面分析，提出了明确要求，大家要坚持目标导向、问题导向，认真抓好落实。

数字化转型是事关城市发展的一项战略性、全局性、系统性工作。战略性就是指数字化转型是一个不断深化完善的过程，不可能一蹴而就，需要长远规划；全局性就是指数字化转型要融入经济社会发展的各领域各方面各环节；系统性就是指数字化工作纷繁复杂，各行各业、方方面面都要系统谋划和实施数字化转型工作。如果说城市发展或者哪个方面的工作，有什么捷径可以实现弯道超车，这个捷径就是研究数字化、应用数字化。各级各部门要进一步统一思想，加强对数字化转型的研究学习，把数字青岛建设摆在更加突出的位置来抓，全面对标学习浙江等先进地区的做法，加强整体性系统性设计，加快数字化应用，落实好《数字青岛 2023 年行动方案》，以数字变革提高经济发展质量、城市生活品质、社会治理效能，努力在全国数字化转型中走在前列。下面，就做好 2023 年数字青岛建设工作，强调六个方面意见。

一、加快培育数字经济新动能

统筹推进产业数字化、数字产业化，深化"工赋青岛"行动，抓好数字经济项目建设，争取数字经济核心产业增加值增长 10%以上。要提升工业互联网平台建设水平。大力支持卡奥斯牵头建设全省工业互联网综合服务平台，2023 年，争取新赋能企业 2 万家以上。积极组织专业力量，分类加强 40 个已经上线的特定行业工业互联网平台服务，新赋能企业 9 万家以上；筛选一批有成长性的企业平台，加大扶持力度，力争在全国同行业中树立标杆。支持龙头骨干企业加大研发投入，力争在智能装备、集成电路、新型建材等领域再上线 10 家以上工业互联网平台，增创新兴产业数字化发展优势。要加快推进企业数字化改造。2023 年，再完成 1000 家企业数字化改造，新建 80 个以上智能工厂、数字化车间和自动化生产线。积极推广灯塔工厂模式，尽快完善工作方案，启动实施"数字领航""小灯塔"企业培育计划。建立全市企业数字化转型技术需求清单，组织开展一批共性技术研发，推出一批共性解决方案，加快推进中小企业数字化转型。要抓好数字经济重点产业发展。加快重点项目建设，重点支持芯恩、京东方移动显示模组制造、融合光电显示新材料等重点项目建设，加快释放产能，推动集成电路、新型显示、虚拟现实等重点行业高速增长。加强创新能力建设，发挥好国家虚拟现实创新中心（青岛）作用，支持数字经济骨干龙头企业再牵头创建一批研发平台。建强专业园区，各有关部门和区（市）要落实好"5个1"机制，加大支持力度，完善产业配套、加快规划建设、加强人才引进，推动虚拟现实、新型显示、集成电路、人工智能等4个已挂牌市级数字经济类专业园区尽快见到新成效，打造数字产业聚集发展高地。

二、持续提升数字政府效能

以促进部门业务协同为目标，加大数据共享，加快流程再造，增强智慧化决策能力。

要持续推进"互联网＋政务服务"。各级各部门要按照山东省工作要求，加快清理整合自建网上办事系统，2023年3月底前，将政务服务APP、小程序、公众号全面整合接入"爱山东"平台并关停原渠道，2023年6月底前，将自建系统接入山东省"一体化政务服务"平台，实现企业、群众"登录一张网，办成所有事"，数字青岛建设领导小组办公室、市政府督查室要跟进督查。加快政务服务事项标准化建设，严格对照国家和山东省标准，2023年底前，全面完成政务服务事项办事流程优化调整，为实现政务服务线上线下同标准办理和全流程网办打好基础。深化"无证明城市"建设，按照年底前现行证明证照基本实现电子化的要求，梳理形成目录清单，加快推进落实，凡是列入目录的证照今后不得再要求企业和群众提供实体证照。加快提高"智能办"水平，2023年要重点围绕行政审批、社会保障、政策服务等领域，加大跨行业跨领域数据综合运用，推出一批静默认证、主动提醒、免申即享等服务场景，真正让数据多跑路、群众少跑腿。

要深化"全市一个数字机关"建设。加快"山东通"推广应用，各级各部门机关内部非涉密系统 2023 年底前要全部接入，实现全市机关业务在一个平台运转。持续推进机关"一件事"集成改革，围绕督查督办、干部培训等方面再推出不少于 12 项"一件事"。各部门要结合各自业务实际，进一步研究推进机关内部事务的数字化转型，用好数字机关平台和大数据系统，选树一批数字机关建设的典型。

要进一步提升城市云脑能力。城市云脑是智慧城市的中枢，是数字化转型的重要抓手。就像大脑需要多"充电"学习一样，城市云脑越用数据就会越丰富，应用场景就会越鲜活，系统就会越"灵光"、更加智能。虽然当前城市云脑基本框架已经形成，但应用还不够充分。前期，市政府各位领导也分别带队进行过观摩，与市大数据局进行了对接。会后，各区（市）、各部门也要组织机关干部来参观学习，积极学习借鉴目前应用较好的应用场景，充分挖掘城市云脑在精准治理、辅助决策、防范风险等方面的功能，力争再打造 5 个以上跨部门、跨层级、跨行业的综合应用。要加强顶层设计，统一规划、统一开发、统一建设、统一部署应用，加快实现全市"一张网""一个平台""一朵云"。对目前已建成并接入城市云脑的信息系统，市大数据局要加大宣传推广力度。各区（市）要主动对接，不得再重复建设功能类似的系统。各级各部门现有系统中的解决方案、组件、算法等数字资源，要主动向城市云脑平台汇聚；今后新建信息系统时必须优先从中选取使用，决不能重复采购、开发，提高集约节约水平。

三、持续优化数字社会环境

青岛市连续两年推出了 12 个政务服务"一件事"和 12 个城市运行"一个场景"改革事项，在方便市民群众生活和企业办事方面取得了良好成效。要持续用力，再推出一批应用场景项目，打造全国智慧生活城市样板。

已上线的事项要持续完善功能，加强推广应用。"双 12"事项，不能一建了之，要不断更新完善、持续发展。刚才，耿涛同志通报了前两批"双 12"事项评估结果，对评估结果为"好"的事项，要进一步总结提升，不断提高使用体验水平；对评估结果为"较好"的事项，要全面分析问题，查找不足，尽快拿出措施改进提升。特别是一些与市民群众生活密切相关的事项，要尽快完善功能，提升群众获得感。比如"全市一个停车场"，目前虽然搭建了应用平台，接入了 56 万个停车泊位，但数量依然不足、功能还不健全，与市民停车需求还有很大差距。市公安局要牵好头，结合《青岛市停车场条例》的实施，会同各区（市）和城市管理、住房城乡建设等部门对全市停车场开展一次彻底全面摸排，列出待接入清单，一家一家靠上做工作，争取 2023 年 3 月底前有更大进展。市公安局、华通集团要加快对已接入停车场的信息化改造，确保泊位实时在线、停车数据动态更新。4 月底前，要开通停车预约功能，尽快把"青岛停车"应用程序的无感支付、泊位共享等功能完善起来，让市民有切切实实的体验感。比如"一部手机游青岛"，前期"云游青岛智慧文旅平台"已经上线，要以旅发大会为契机，加快导入数据、完善功能、加大宣传，推动更多涉旅企业注册入驻，打造旅游服务的综合平台。还未上线的"涉旅企业管理服务"和"文旅综合监管"2 个子平台，要确保 3 月底前上线。再比如"全市一家医院"，目前已接入医疗机构 235 家，但只有 32 家医疗机构实现了 47 项检查检验结果互认和电子病历跨院调阅，与浙江等先进地区相比还有较大差距。市卫生健康、财政、医保等部门要强化问题导向，尽快制定全市医疗机构间检查检验结果互认管理办法、完善补偿机制，推动扩大结果互认医疗机构范围和项目数量，切实提升群众就医服务的获得感和满意度。

新推出的事项要抓紧抓实。2023 年，围绕社保参保、托育、出行、养老等确定的 12 项"一件事"改革和 12 个"一个场景"改革，各牵头单位要尽快制订专项工作方案，3 月底前，报领导小组办公室，上半年要全面启动建设，10 月，全部实现上线运行。要充分考虑各类群体和市场主体实际需求，广泛征求意见，加强顶层设计、优化功能，确保推一项成一项，让这些便民的应用真正做到好用、管用、爱用。要把每年推出一批"双 12"事项作为一项硬措施固定下来，加快以"一件事""一个场景"为牵引，倒逼机关内部工作流程再造和体制机制创新，进一步提升政务服务效能。

四、深入推进数据共享和应用

要提升政务数据共享管理水平。在数据共享满足率不断提升的同时，许多部门依然反映数据共享的体验度不高，在一定程度上影响了数字化建设成效。近期，市大数据局作了研究分析，主要原因：一是各部门提供共享的数据质量不高，尤其是历史数据电子化工作没有做到位，导致部分数据缺失。二是上级返还的数据不够，一些数据返还不及时。三是具体操作中技术环节还存在问题。针对这些问题，市大数据局要会同各级各部门全面梳理，对于目前需求度高但尚未实现共享或共享水平不高的数据，建立清单，督促相关部门尽快将数据汇聚到全市一体化大数据平台。原则上，除国家法律规定不能共享的数据外，其余数据必须进行共享。各级各部门也要加快推进历史数据电子化，进一步优化业务数据库，提高数据质量；要积极对口向上争取，力争更多国家、省管理的数据返还共享，共同解决跨层级数据共享不畅的问题。市政府督查室要会同市大数据局对数据共享工作开展全面调研和专项督查,定期通报情况。

要加速推动数据要素市场化配置改革。市大数据局要尽快研究制定公共数据管理办法,规范公共数据管理与应用。各级各部门面向社会提供的公共数据服务,要全部纳入青岛市公共数据运营平台统一管理,统一授权对外提供。要做大青岛大数据交易中心,推动海洋大数据交易服务平台加快发展,积极促进区域、行业数据流通交易。要加快推进数据基础制度建设,在数据确权、数据资产评估、数据定价、流通交易等方面积极探索、大胆创新,争取走在全国同类城市前列。城阳区和华通集团要进一步完善公共数据运营模式,并在全市推广成熟经验。

五、持续完善数字基础设施

统筹信息基础设施、融合基础设施建设,加快推进总投资648.2 亿元的 48 个数字基础设施项目,夯实数字底座。

要加快信息基础设施建设。加大力度争取设立国际通信业务出入口局,市发展改革、工业和信息化、网信、公安等有关部门都要积极与上级部门对接,力争 2023 年取得突破性进展。积极推进中国联通西海岸数据中心、中国电信云基地等项目建设,支持中国移动青云数据中心创建国家级大型数据中心。加快建设国家 E 级超算中心,争取超算平台全面融入国家算力枢纽网络布局。加快国家级互联网骨干直联点扩容提质,持续推进双千兆高速网络建设,加大 5G 基站投资建设力度,实现 5G 信号覆盖 80% 以上行政村,千兆光网城乡全覆盖。当前,在积极扩大 5G 基础设施建设过程中,要特别重视设施的科学合理布局。比如,许多群众反映由于网络基础设施建设不到位,地下车库、电梯信号覆盖不足,导致新能源汽车充电桩无法正常使用等问题，也容易造成一些安全隐患。据市通信管理局前期初步摸排，全市 2012 年以后交付的小区中，大约有 1/3 存在信号弱或无信号覆盖的问题。市工业和信息化、通信管理等部门要结合"全市一个停车场"建设，尽快组织全面摸底，排出改造清单、抓好设施布局优化，市城市管理、住房城乡建设等部门要积极配合，加快通信讯号设备建设，切实提高群众对信息化建设的感受度。

要深化融合基础设施建设。加快智慧交通设施建设，推进公路、信号灯、视频监测设备等交通配套设施的智能化升级，尽快完善多功能智能杆规划布局，推出一批无人驾驶试点示范路段。持续推进智慧市政设施建设，继续在热力、电力、电梯、消防、窨井盖、通信、综合管廊等城市生命线工程增设监测系统，进一步提升动态感知和智慧化管理能力。加强安全风险监测体系建设，重点加大高层建筑、森林防灭火、非煤矿山、危险化学品等重点领域感知设备的布设力度，扩大安全风险综合监测预警平台监测范围。加强社会治安感知体系建设，持续推进"天网工程"，再建设一批智慧安防小区。

六、切实把数字青岛建设任务落到实处

数字青岛建设是一项全市性的系统工程，涉及面广、关联部门多，要把近年来形成的好的工作体制机制坚持下去，压实责任、形成合力。

要加强工作统筹。数字青岛建设领导小组办公室要发挥好牵头抓总作用，进一步加强在项目建设、数据共享、资金使用等方面的统筹协调，及时准确掌握工作进度，切实解决好一些跨区域、跨系统、跨部门的突出问题。各级各部门要切实把数字化建设摆在更加重要的位置来抓，主动担当、主动作为，承担好各自的数字化转

型任务。

要强化调度督导。领导小组办公室要坚持工作项目化、项目清单化、清单责任化，强化对重大工程、重大事项的全过程管理。要采取定期调度和重点调度等方式，及时通报工作进展情况，推广创新做法和典型经验。尤其是"双12"各工作专班，每月底前要将工作进展情况报领导小组办公室。市政府督查室要会同领导小组办公室加强对重点工作的督导调度，结果及时报送有关市领导。

要完善评估机制。充分发挥"数字青岛改革建设专家委员会"作用，进一步完善数字青岛行动方案任务的指标体系，及时开展阶段性评估，发现建设过程中的问题；2023年底前，要开展全面评估，包括区（市）综合评估、行业评估和"双12"事项评估等。对政府投资建设的数字化项目，要开展绩效评价，评价结果作为数字政府建设资金分配的重要参考。

耿涛同志的讲话

2022年以来，青岛市将数字化转型作为引领城市发展的战略性、全局性、系统性工程去推动，各项工作都取得了积极成效。据初步了解，青岛市数字政府建设考核位居全省第一，成绩来之不易。但是，也要认识到，对标浙江、上海等先进省市，我们有的工作还有一定差距。

一是数字经济产业龙头项目还有欠缺。在"2022数字经济城市发展百强榜"中，青岛市位居14个数字经济新一线城市之列，较上年提升4位。总的来说，2022年，青岛市数字经济核心产业增长速度较快。但各区（市）的发展很不平衡，有些区（市）体量规模小（市北、李沧、平度、莱西 4 个区（市）第三季度核心产业增加值不到 20 亿元），增速也不快（市北、城阳、即墨、莱西 4 个区（市）三季度核心产业增加值增速低于 10%），数字经济的重点项目少，产业发展活力明显不足。下一步，各区（市）要针对十大重点发展领域，当然也不局限于这十大重点领域，选择适合自己的领域，尽快培育起具有本区（市）特点的数字经济产业体系。

二是数据要素市场化配置工作还有差距。2022 年，我们数据要素市场化配置在点上已经取得突破，率先在全国发布公共数据运营试点突破攻坚方案，公共数据运营平台上线运行；建成全国首个海洋数据交易平台，城阳区率先基于公共数据完成医疗数据产品交易。但从横向对比来看，还存在不足。比如，数据交易规模还不够大，青岛大数据交易中心累计交易金额只有 8000 万元，虽然接近上海市的 1 亿元，与深圳、杭州（深圳数据交易所累计数据交易规模突破 12 亿元，杭州国际数据交易中心交易金额超过 13 亿元）相比，还有很大差距。2022 年 12 月，中共中央、国务院又印发了《关于构建数据基础制度更好发挥数据要素作用的意见》（简称"数据二十条"），北京市经信局提出建设"数据特区"，杭州市数据资源局研究出台公共数据授权运营实施方案，深圳市发展改革委牵头在数据登记管理、数据交易等方面制定了制度规范，全国各地呈现出你追我赶的局面。在这种形势下，全市各级各部门积极探索，争取在全国多出亮点、多作示范。市大数据局要抓紧出台青岛市数据要素市场化配置改革三年行动规划，加强统筹规划和部门协同。各区（市）要在数据应用场景上加大探索，有条件的区（市）可以探索形成产业集聚，推动数据要素生态体系建设。发展改革、财政、国资和各产业主管部门要加快梳理与数据要素发展匹配的政策，研究制定数据要素市场发展支持政策，加速提升全市数据要素市场化配置整体水平。

三是政务服务水平还需进一步提升。经过两年的"政务服务一件事""城市运行一个场景"改革，青岛市政务服务的深度和广度都有了一定提升。但是对标先进城市，青岛市在点上的政务服务水平还有欠缺，应用深入程度不够。比如，在医疗方面，青岛市在全国创新打造了"全市一家医院"，在山东省内率先实现六大类 47 个项目的检查检验结果实现互认，但与浙江的 320 个互认项目还有较大差距。下一步，要借鉴浙江经验，由卫生健康、医保、财政部门联合发文，共同推动更多的检查检验结果互认共享。在停车方面，全国仅有杭州建成了"全市一个停车场"，并接入了 75% 以上的泊位，3700 多个停车场（点）、83 万个泊位开通"先离场后付费"。青岛市"全市一个停车场"也正在迅速推进中，目前已经接入 56 万余个停车泊位，但写字楼、商超等专用停车场的共享停车工作推进相对较慢，系统功能还不完善，共享停车缓解全市"停车难"问题的作用还没有发挥出来。同时，"先离场后付费"等便民服务模式还未推广，智慧停车的市民体验感不强。下一步，要组织各区（市）加快推进相关数据接入，保证停车泊位联网工作实现应接尽接、实时更新，加快推广"先离场后付费"便捷服务。2022年，"一部手机游青岛"正式上线运行，已接入重点景区 101 家、酒店民宿 100 家、文博场馆 110 家，但整体上接入资源较少，还未充分发挥服务游客作用；今年要接入 1.3 万个文化旅游资源。

四是"无证明城市"建设还需进一步深入。2022 年，青岛市全面组织推行减证办、免证办、一码办，高质量完成了国家、省有关试点任务，打造了 40 余类典型应用场景，通过共享证照证明电子化数据，创新推出智能办、免申即享、无感兑现等应用模式。但与国内先进城市相比，青岛市电子证照的应用主要集中在政务和公共服务领域，与市民日常生活相关的社会化应用还不够广泛。下一步，交通出行、景区入园、酒店入住、银行保险、邮政快递、便民生活等领域，要全面推动无证明场景拓展，实现场景"应用尽用"。各级各部门掌握的证照证明要全量制发、同步制发、动态更新，各级政务服务部门也要充分依托"无证明城市"建设成果，进一步深化业务流程再造，全面推进个人事项"一证通办"、企业事项"一照通办"、申请材料"应减尽减"。

五是机关业务数字化转型还需进一步加快。2022 年，"全市一个数字机关"在平台建设、系统集成、应用推广等方面实现创新突破，数字组工、数字人大、数字政协、数字统战等建设也取得明显成效。目前，"山东通"协同办公平台已实现全市党政机关全覆盖，集成各类业务模块 100 余个。但从后台使用情况来看，多数网上业务仍集中在电子公文的"文来文往"方面，在事务处理、签批运转、督查督办、日常管理等方面的协同性不够、应用性不广，运转效能还不高。下一步，各级各部门要深化提升机关各项内部业务全流程"网上办、掌上办、协同办"水平，推动机关内部运转多方位、多领域数字化重塑，在跨层级、跨部门协同办公方面实现优化提升。

六是智慧社区建设还需进一步推进。目前，全市已经打造智慧社区 200 余个，推动 158 个社区纳入省支持建设智慧社区名单。可以这么说，好建的、具备条件的基本上已经建设完成；剩下的，就需要在智慧社区建设、运营模式上进行创新、突破。在这方面，我们很多区（市）都开展了卓有成效的探索，市南区建成全市首个智慧社区运营服务中心"和慧居"，整合政府、企业、社区组织等各方力量，形成了智慧社区"同心圆"建设新模式。但总体来看，由于区（市）建设基础、建设模式、资金投入等不同，智慧社区建设进展不均衡、质量有差异，智慧社区"不智慧"现象在一定程度上仍然存在；特别是部分区（市）智慧社区建设参与企业较多，统筹不够，缺乏对后期运营可持续性、可复制性的深入思考。下一步，要继续加大对智慧社区建设的统筹推进力度，深入挖掘社区应用场景，不断创新、开发、完善、迭代各类特色应用；积极探索模式创新，通过共建、共享、共用等方式，进一步激发市场与社会活力，推动形成良性、可持续的建设运营机制。

七是政务信息化统筹整合还需进一步加强。按照信息化建设规模效应，整合越深、效益越大。目前，城市云脑通用能力平台已经具备为全市各级各部门提供基础支撑的能力。市应急局城市安全风险综合监测预警平台就是从统筹整合的角度出发，建成的应急管理全领域大平台。2022年11月，各位副市长分别到城市云脑调度了各自分管领域数字化转型工作情况，对部门数字化转型工作提升促进很大。各区（市）也要参照市里的做法，各位副区长、副市长都到区（市）云脑中枢去调度一下各自分管领域的数字化转型推进情况。在调研中，我们还发现了几个需要重视的问题。一是共享资源发挥成效不足。例如，市自然资源和规划局已建成"智慧青岛时空大数据平台"，通过城市云脑共享三维一体的地理信息数据及应用开发服务，但有的部门、区（市）仍在自行建设、分散采购地理信息系统，造成标准不一、资源浪费。二是城市云脑接入的多跨融合应用场景不足。例如，市城市管理局、市卫生健康委等部门联合城市云脑打造了环卫、违建、渣土车等一系列跨部门、跨场景应用，发挥了很好的成效，但总的来看，数量依然不足。下一步，各级各部门要充分利用城市云脑这个大平台，在充分整合现有平台、系统、资源的基础上，推进与全市共性平台和部门系统的业务关联、数据共享，统筹谋划建设跨部门、跨领域、跨层级的综合性项目。

八是以数据驱动流程再造和体制机制创新的做法还不够多。在刚才的汇报中，市人力资源和社会保障局通过"大集中、大服务、大协同"，实现了业务模式创新，全国首创社保待遇领取资格"无感认证"模式。市委编办也利用数字化思维在政府职能运行监管方面做了很好的尝试，实现监管机制变革创新，推出了党政部门履职"无感"评估，这说明党委部门在数字化转型领域也是大有可为的。但是，还有很多部门只是把线下业务搬到了线上，做了一部分优化，对标浙江相关部门，我们在以数据驱动流程再造和体制机制创新上还需进一步加大工作力度。

以上提到的这些问题和差距，大家要有清醒的认识，要拿出切实有效的办法，进行查缺补漏，开展问题攻坚，并着重做好以下几方面工作。

一要深化新型智慧城市建设。习近平总书记强调"实施城市更新行动，加强城市基础设施建设，打造宜居、韧性、智慧城市"，这是加快数字青岛建设的根本遵循。要全面贯彻党的二十大精神，以创建"数字中国"标杆实践区为引领，围绕省内勇当龙头、国内争先进位、全球彰显特色的定位要求，统筹推进城市各领域全面数字化转型和数字变革创新，提升数字创新、数字服务、数字治理、数字竞争等各项能力，助力推动高质量发展、创造高品质生活、实现高效能治理，聚力打造"六个城市"，加快迈向"活力海洋之都、精彩宜人之城"，全面推进新时代社会主义现代化国际大都市建设。

二要加快推进变革创新。数字青岛建设本质就是推动各领域各方面的数字化变革创新，唯有秉承变革创新精神，大胆闯、大胆试、大胆干、大胆改，才能走在最前列、开创新局面。要紧扣黄河流域生态保护和高质量发展、绿色低碳转型、经略海洋、乡村振兴等"国之重任"，迭代升级数字青岛建设体系，加强数字化发展投资、规划、建设、运营、运维机制等方面系统性改革，在数字政府、数字社会、数字经济、数字基础设施、数字生态、综合保障体制等方面加快推进全方位变革创新。

三要持续加大标杆场景建设力度。"一件事"和"一个场景"改革，是数字青岛建设为民服务的重要抓手。各牵头单位要集中力量推进 2023 年确定的 12 个政务服务"一件事"和 12 个城市运行"一个场景"，建立"一张改革清单、一张改革流程图、一张改革对比表"，以数字化倒逼行政审批制度改革、办事流程重塑、城市运行韧性提升，打造具有全国影响力的重大标志成果，为数字中国建设贡献"青岛方案"。

（2023 年 2 月 24 日，根据录音整理）

前　言

　　建设数字中国是数字时代推进中国式现代化的重要引擎，是构筑国家竞争新优势的有力支撑。加快数字中国建设，对全面建设社会主义现代化国家、全面推进中华民族伟大复兴具有重要意义和深远影响。党的二十大报告指出，要加快建设网络强国、数字中国。习近平总书记深刻指出，加快数字中国建设，就是要适应我国发展新的历史方位，全面贯彻新发展理念，以信息化培育新动能，用新动能推动新发展，以新发展创造新辉煌。2023 年，中共中央、国务院印发了《数字中国建设整体布局规划》，从党和国家事业发展全局和战略高度，提出了新时代数字中国建设的整体战略，明确了数字中国建设的指导思想、主要目标、重点任务和保障措施。山东省政府出台《山东省"十四五"数字强省建设规划》，对"十四五"时期山东数字强省建设作了整体设计。为贯彻落实数字中国、数字强省规划部署，加快数字化转型，强化数字变革创新，提升城市数字服务、数字治理、数字创新、数字竞争等能力，青岛市第十三次党代会对数字青岛建设作出了具体部署，这是建设新时代社会主义现代化国际大都市的战略选择。

　　数字青岛建设是全面推进青岛高质量发展、创造高品质生活、实现高效能治理的重要手段，是全面提升青岛城市能级和核心竞争力的重要路径。近年来，青岛市深入实施数字青岛发展战略，大力推进数字基础设施、数字经济、数字政府、数字社会、数字生态建设，数字化推进体制机制和顶层设计不断完善，数字青岛实现跨越式发展，连续三年进入全国第一梯队。2023 年 6 月，清华大学数据治理研究中心发布《2022 中国数字政府发展指数报告》，青岛数字政府发展指数在全国 333 个城市中排名第四，位列第一梯队，属于引领型城市。2023 年，青岛市发布《数字青岛发展规划（2023—2025 年）》，提出以"数字中国"标杆实践区为引领，围绕省内勇当龙头、国内争先进位、全球彰显特色定位要求，按照坚持党的领导、整体性转变、全方位赋能、革命性重塑、系统性协同、前瞻性布局总体原则，推进"5 + 12 + N"的"数字青岛 2.0 工程"建设；到 2025 年，数字青岛建设迈上新台阶，形成"数字基础设施先进泛在、数字经济创新活跃、数字政府智慧高效、数字社会全民畅享、数字生态健康有序"的发展态势，城市发展能级全面提升，成为国内宜居、韧性、智慧城市标杆，引领山东半岛城市群数字化转型发展。

为深入学习贯彻习近平总书记关于网络强国、数字中国、智慧社会和国家大数据战略等重要论述,落实山东省第十二次党代会、青岛市第十三次党代会精神，准确把握数字化、网络化、智能化发展趋势，系统总结数字青岛建设取得的进展和实际成效，全面反映青岛市在推动全方位数字化转型、加快建设"数字中国"标杆实践区的典型经验，为数字城市建设提供有益借鉴，青岛市持续深入优化营商环境和推进政府职能转变领导小组办公室、数字青岛建设领导小组办公室、青岛市社会科学院共同编写《数字青岛发展报告》。

《数字青岛发展报告》是山东省首部反映数字城市发展情况的专题报告。本书以"数字青岛建设"为主题，聚焦青岛市推动全方位数字化转型、加快建设"数字中国"标杆实践区，按照数字中国建设、数字强省建设的逻辑体系，分为"总报告"和"数字基础设施篇""数字经济篇""数字政府篇""数字社会篇""数字生态篇""数字场景篇"6 篇。"总报告"全面阐述了数字青岛建设取得的进展情况，分析了面临的机遇与挑战，提出了数字青岛"五大主攻方向""十二项重点行动计划""N项场景应用"的发展方向与思路;"数字基础设施篇"多领域、多层次体现了青岛市传统基础设施智能化升级与网络基础设施能级的全面提升;

"数字经济篇"从数字经济角度,呈现了青岛市产业数字化与数字产业化的融合发展的图景;"数字政府篇"聚焦数字政府建设,深化政务服务流程再造,全面推行"一网通办""一码通城",突出展现了青岛市数字治理的成效;"数字社会篇"聚焦民生需求,打造"数字青岛·智慧新生活之城"的特色品牌;"数字生态篇"通过典型案例,展现了一个全新的正在形成的数字青岛生态体系;"数字场景篇"通过"一件事""一个场景"等典型案例,全过程呈现青岛数字应用示范场景,以数字化赋能经济社会高质量发展。

《数字青岛发展报告》的编写得到各方面领导的高度重视和全方位的支持,可以说是在他们的直接关怀和指导下完成的。中共青岛市委副书记、市长赵豪志多次指示要求,要系统总结数字青岛建设的经验,形成更多可复制可推广的工作机制和创新成果,实现数字青岛建设水平的整体提升;中共青岛市委常委,市政府党组副书记、副市长耿涛在百忙中对本书的编写作了重要指示;青岛市政府秘书长、党组成员,市政府办公厅党组书记李虎成对本书编写提出了许多有价值的指导意见和具体的要求;青岛市政府副秘书长,市政府办公厅主任、党组副书记王清春对本书编写提出了整体性的框架体系;青岛市政府办公厅副主任慕建光对本书编写进行了全过程的具体指导;本书在编写过程中,还得到了各级党委与政府、有关部门和社会各界人士的大力支持。在此,我们谨表示衷心的感谢。

本书的统稿、定稿工作由青岛市政府副秘书长,市政府办公厅主任、党组副书记王清春,市大数据发展管理局党组书记、局长张艳,市社科联党组书记、副主席,市社科院副院长郑海涛完成;市政府办公厅副主任慕建光,市大数据发展管理局党组成员、副局长张福宾,市社科联党组成员、副主席,市社科院副院长李本雄、王春元，市政府办公厅职能转变协调处处长栾珂，市大数据发展管理局发展规划处处长赵睿，市社科院经济研究所所长、研究员毕监武，市社科院编辑部副编审李勇军负责本书的审稿工作；本书的具体编辑、校对工作由市政府办公厅职能转变协调处一级主任科员陶顺君，市大数据发展管理局发展规划处高级研究员邵长恒，市社科院王发栋、隋维娟、王正巍，青岛开放大学网络信息处副教授孙晓芬，市大数据发展管理局李玥、张乙完成；市政府办公厅职能转变协调处一级主任科员陶顺君负责本书编写的组织协调工作；市大数据发展管理局任万鹏、王大龙、邱虹、蓝传锜参与了本书的征稿工作。

需要强调的是，《数字青岛发展报告》定稿时间为 2023 年 10 月末，文中所采用的数据大部分截止到 2023 年的第二季度末，2023 年全年的实际数字仍以青岛市统计局正式公布的数据为准。由于编写水平及时间所限，书中难免存在纰漏和不当之处，敬请广大读者批评指正。

编　者

二○二三年十一月

目　录

数字经济篇

数字政府篇

数字社会篇

数字生态篇

总 报 告

关于青岛市打造全国政务服务线上线下融合试点标杆的调研报告

青岛市人民政府办公厅

2023 年以来，作为国家政务服务线上线下融合和向基层延伸试点城市，青岛市勇于先行先试，大胆突破创新，大力增强数字化服务能力，加速系统融合、流程融合、数据融合、服务融合，推动政务服务事项网上办、掌上办、智能办，较好地满足了企业和群众多层次多样化办事需求，一体化政务服务能力连续 5 年位列全国重点城市第一梯队，"智审慧办""就医付费一件事"等多项经验做法作为典型案例在全国宣传推广。

一、深化数据赋能，推动政务服务线上线下全面融合

加强跨层级、跨地域、跨部门协同管理和融合互通，大力提升平台支撑能力水平，实现线上线下标准统一、服务同质。

（一）强化政务平台一体化服务

依托全国一体化政务服务平台，扎实推进政务服务平台电脑端、移动端、综合自助终端、大厅窗口端等各端深度融合和一体化服务。开展政务服务事项标准化提升行动，组织 39 个市直部门、

10个区（市）、2个功能区对1183项"6+1"类政务服务进行标准化梳理，加快推动政务服务事项"上中台"工作，依托全省业务中台统一向多端输出，推动各端政务服务实现受理标准一致、受理材料一致、受理流程一致。依托省一体化政务服务平台，已实现在线预审、网上核验、数据共享、物流寄递等功能。完成189个移动政务服务应用迁入"爱山东"青岛分厅，关停全市统建的政务服务平台移动端——"爱山东·青e办"APP。目前，"爱山东"青岛分厅已上线"青岛全民健身""青岛政策通"等服务应用354个，其中包含便民服务1400余项、政务服务1万余项。移动端便民服务能力大幅增强，累计注册用户数超700万人，服务人次超2000万人次。

（二）深化线上线下业务协同和数据融合

通过技术赋能、服务创新，持续打造跨域通办联盟"云牵手"＋线下专窗"云见面"的"异地通办"运行机制，扩大"跨域通办线下专窗平台"成员数量，与国家政务服务平台"跨省通办"业务支撑系统优势互补，及时梳理确定需求量大、覆盖面广、办理频次高的政务服务事项，纳入"全省通办""跨省通办"服务范围，切实提升异地代收代办、多地联办服务水平，有效解决企业和群众异地办事"多地跑""折返跑"等问题。目前，已实现321项政务服务事项"全省通办"、165项政务服务事项"跨省通办"。改造数据直达基层对接系统，统建资源目录、供需对接、共享交换、数据异议等9个支撑系统，畅通国家、省数据返还渠道，基层可直接向上级发起基于自身业务需求的数据申请。截至目前，累计申请国家、省接口数564个，调用4475万余次，申请省库表77类，共返还数据1.6亿余条，有效避免了多头填报、重复录入等问题。

（三）推动"鲁通码"多领域应用

充分利用物联网、云计算等技术，加快"码上青岛，一码通城"建设，不断丰富"鲁通码"的应用领域。"鲁通码"已实现在市、10 个区（市）政务服务大厅支持近 7000 项行政审批事项亮码办事，198 个镇街便民服务中心使用"鲁通码"办事，实现了全市镇（街道）以上政务服务场所应用全覆盖。充分发挥各级各部门、市直企业资源优势，通过"亮证"、"亮码"、数据共享、告知承诺等方式，大力推广"免证办"服务，在交通出行、社会保障、金融服务、水电气热等领域打造电子证照应用场景 53 个。在全省率先实现公交码、地铁码与"鲁通码"的融合应用，全市 923 条公交线路的 1 万余辆公交车、7 条地铁线路的 150 座车站和城阳有轨电车示范线均实现亮码乘车核验。全市 42 家二级以上医疗机构、46 家社区医疗机构实现亮"码"挂号、查询等功能，目前覆盖率居全省首位。市民可使用电子证照办理在线工伤认定、社保参保、失业申报、退休申请等服务事项。截至目前，已通过调用营业执照、居民身份证等电子证照，实现市民免提交实体材料 2 万余次。

二、强化集成创新，推动行政审批服务提质增效

围绕让企业群众办事更高效，通过借力数字技术推进业务革新，着力构建"线下不排队、线上高效办"的智慧服务体系。

（一）打造全流程数字审批"一件事"

坚持集成化思维，打破对某一行政审批事项碎片化、条块化的单一改革模式，着眼于从新办到注销、从申报到办结的行政审批服务全生命周期，通过数字化技术，将同一类行政审批事项构建到

一个服务场景，实现从单个事项供给到一体化场景服务的转变，实现申报环节智能引导、智能预检、自动生成材料等功能，推动行政审批服务从"全程网办"向"智审慧办"迭代升级。截至目前，共上线 41 个数字化场景，涉及工程建设、交通运输、社会组织、人力资源、市场主体登记等 15 个领域、1803 个事项。推进平台深度对接和数据双向共享，由"分散供给"向"业务协同"转变，接入 38 项国家级、77 项省级、175 项市级数据资源，将 AI 技术与流程再造充分融合，开展智能辅助审批，一次申报通过率提高 70% 以上，审批效率提高 60% 以上。2023 年以来，累计为企业群众实现申请表单"减填写"19.7 万余次、申请材料"减提交"5.7 万余份，让企业群众享受到了办事"不跑腿"、等待"时间短"、受理"材料少"、内容"都会填"的智慧便捷审批服务。

（二）持续扩大电子证照应用新领域

将市、区两级行政审批部门 60 余枚公章、行政审批专用章全部制作成电子印章，同时实现智慧审批平台、工程建设项目审批管理平台等业务系统与省电子印章系统互联互通。通过业务系统改造、证照模板采集、电子印章系统对接、签章人员信息配置等工作，实现医疗机构执业许可证等 110 类电子证照在线签发，截至目前，共发放电子证照 30 余万张。印发《关于做好船舶营业运输证、印刷经营许可证等 100 类电子证照推广应用工作的通知》，以高效审管联动机制提升电子证照应用成效，提高行政执法效率，切实减轻企业群众办事负担，打造"审批部门发证——企业群众亮证——监管部门查证"的电子证照应用闭环。依托"一体化大数据平台"进行证照数据归集，统一进行电子化转换，将有效期内约 15 万张存量纸质证照全部转换为电子证照，目前已完成存量纸质证照电子化转换。建成并上线运行行政审批电子归档系统，完成与市档案馆电子档案中心对接，应用电子签名、电子签章等技术，自动生成标准规范的行政审批电子档案，并将其推送至青岛市档案馆数字机关档案室归档管理。截至目前，已有 20 余个政务服务事项 2 万余份审批档案可实现"一键归档""一键交接""一键调阅"。

（三）积极应用新技术提升便利化水平

建设委托授权新模式，通过 AI 人脸识别配套电子签名，建立精准可追溯的委托授权和用证授权体系，解决纸质授权难核实和持证者本人需到场等难题。探索远程视频勘验新模式，综合运用高清视频会议等技术手段，实现标准化、规范化、便利化的远程视频勘验功能，将现场勘验转为远程勘验，平均压减勘验时间 94% 以上，实现从"见面才办""现场纸办"向"掌上可办""掌上好办"的跨越式转变。开发远程专家评审模块，在水行政许可领域探索实现申请人、审批人员及评审专家三方在线互动交流、文件共享批注。深化"无人工干预"智能审批，应用人工智能等技术，优化变更、延续、补发、备案等简易政务服务事项业务流程，将行政审批的受理、审核、决定、办结等多个环节合并为系统自动办结一个环节，进一步压缩审批时限，提高审批效率，使企业群众办事更加方便、快捷、安全。建设"市民中心运行管理一张图"并接入城市云脑，覆盖重点项目动态监测、审批办件统计分析、高频热门办件趋势研判等场景，为政务服务业务部门决策提供实时依据和参考。

三、坚持普惠共享，推动公共服务高效便捷

围绕让企业群众办事更方便，推进政务服务向基层延伸，从"能办"向"好办"转变，有效提升企业群众的体验感和满意度。

（一）提升线上线下服务咨询引导智能化水平

优化升级"网上12345"平台，全力打造集服务咨询、搜索、投诉建议、"好差评"于一体的咨询投诉评价"总客服"。上线全省首张高德地图版"政务服务地图"，以"使用方式最简、导引路径最快"为目标，依托"爱山东"政务服务平台，通过整合政务服务线上线下资源，构建起内容丰富、功能多样、智能便民的"政务服务地图"，方便企业群众实时搜索查阅。该地图有效集成市、区（市）、镇（街道）三级150个便民服务场所，融合各类政务服务事项共计2.2万余项，直观展示场所空间地址、实景照片、咨询电话、营业时间、办事指南等20项要素信息，为企业和群众办事提供了基于地理位置的一站式、图形化政务服务地图体验，解决"去哪儿办""就近办"的核心需求。在市民大厅建成权威准确、标准统一、实时更新、共建共享的政务服务问答库，为企业群众提供实时准确的智能咨询问答服务。优化搜索服务功能，针对个人和法人不同办事需求，优化政务服务网站（青岛站）事项分类。

（二）推进政务服务向基层延伸实现"就近办"

推动区（市）、镇（街道）、村（社区）等政务服务事项纳入一体化政务服务平台管理，加强政务服务网（青岛站）基层站点和"爱山东"移动端青岛分厅建设，推动实现高频服务事项线上一网办理、线下就近办理。已在"爱山东"移动端青岛分厅打造手机端政务服务办事大厅，初步实现市级通用审批平台9000余项政务服务事项在移动端受理。加快政务服务向基层延伸，组织270余个市级、区（市）、镇（街道）微信公众号关联"爱山东政务服务"微信小程序，全面覆盖全市144个镇（街道）微信宣传阵地。创建"视联社保"平台，建立视频"问＋帮＋办"服务模式，在不改变窗口经办流程前提下，运用音视频通话、人工智能、身份验证、电子签名等云视频技术，拓展视频办事新模式，让群众在家中或者工作地点，通过模拟现场办理的交互过程，实现远程咨询、在线填报材料、办理结果双向确认及签名、评价等服务，提升了群众办事体验和政务服务效能。围绕群众生活工作需要，着力打造"15分钟医保服务圈""15分钟退役军人服务圈""机动车业务一链办服务圈"等。

（三）拓展和规范政务服务自助服务

通过"政银合作"，布设988台集成式自助服务终端，将政务服务延伸到全市419个银行网点和230个便民服务场所，基层镇（街道）实现全覆盖，市、区（市）两级政务服务大厅实现"7×24小时"全天候自助办理服务。建成青岛市行政审批政务服务自助终端管理平台，对市、区（市）两级自助终端运行情况进行数据统计和远程管理。打通各部门"数据壁垒"，加强政务服务平台互联互通，建成国内资源整合度较高的政银融合综合自助服务平台，汇聚社保、医保、不动产、公积金、企业开办、行政审批、金融等七大领域服务资源，为企业群众提供96项便民业务和961项审批业务全程自助办理，打破群众办事空间限制，减少线下排队，提高办事效率，可办业务数量全国领先。积极探索"政企合作"，通过向企业开放人社数据服务接口，创建全国人社行业首个"政企直连信息化服务"平台，为人力资源企业、大集团企业提供系统级直连服务，企业办理人员劳动合同、就业、社保等业务时，无须到人社大厅或网站办理，通过系统对接，在企业的人力资源管理系统便可一键办理，把传统的"登网站、网上办"提升到"直连办、一键办"。目前，已有海尔、元田等590家企业600万人次享受该服务，比传统"网上办"效率提高3倍以上，降低了企业人力成本，提高了企业运营效率，释放了企业创新创业活力。

（四）加快政务服务平台适老化改造

优化线上政务服务，"爱山东"移动端青岛分厅依托省统一政务服务平台，完成适老化改造和信息无障碍建设，政务服务网（青岛站）实现无障碍浏览，政务服务网站上线长者服务版本。开发建设"青岛市帮办代办智能一体化平台"，综合运用视频帮办、智能帮办等方式，推动实现企业群众线上申请服务、线下享用服务，细致办好"惠民便民、可感可知"的"身边小事"。建立市、区（市）、镇（街道）、村（社区）四级帮办代办服务体系，累计为企业群众提供服务 66000 余次。探索推出"特殊群体入户办""志愿服务暖心办""延时服务全时办"等特色服务，将已有政务服务体系和基层组织相结合，发挥基层网格员作用，有效解决老弱病残孕等特殊群体事项办理问题，让群众零跑腿、办成事，切实发挥兜底保障作用。在市、区（市）、镇（街道）行政便民服务中心设置"办不成事"反映窗口，在政务服务网（青岛站）提供办件投诉功能，建立"办不成事"反映问题受理、转办、督办、回访工作机制，及时解决企业群众办事过程中遇到的疑难复杂问题。

数字青岛发展研究报告

青岛市大数据发展管理局课题组

近年来，青岛市深入贯彻落实习近平总书记关于网络强国、数字中国等战略部署，积极对标先进城市经验做法，将数字化转型作为引领城市发展的战略性、全局性、系统性工程，推动数字化技术、数字化要素、数字化思维、数字化认知全面融入经济、政治、文化、社会、生态文明建设各方面全过程。连续多年进入中国数字城市竞争力百强榜第一梯队、全省首位，名列全球微笑城市百强第 31 位和中国新型智慧城市（SMILE 指数）第 9 位。

一、数字青岛发展的总体情况

（一）数字基础设施不断夯实

网络基础设施能级全面提升，一批国家重点网络基础设施落户我市。开通国家级互联网骨干直联点，建成全国首批"千兆城市"，累计开通 5G 基站超 3.7 万个，行政村 5G 通达率达 92%，网络能力领跑全国。成立上合算力联盟，高标准建设国家 E 级超算中心，布局中国移动（山东青岛）数据中心、中国电信云基地等 49 个大型、边缘数据中心节点，建成全省首个人工智能计算中心，构建省级一体化算力网络核心节点。启用全国首个国家工业互联网大数据区域分中心平台、Handle 全球根节点（青岛），交通、能源、水利、海洋等领域传统基础设施智能化升级持续推进。

（二）数字经济蓬勃创新发展

"工赋青岛"模式在全国推广，海尔、青啤入选全球"灯塔工厂"，海尔卡奥斯工业互联网平台连续 5 年位居全国"双跨"平台榜首，柠檬豆获评 2023 年全国"双跨"平台，新能源汽车、纺织服装等 40 多个特定行业工业互联平台加快发展，获批国家智能化家用电器创新中心（我国家电领域唯一的国家级制造业创新中心）、工业大脑国家新一代人工智能开放创新平台（工业互联网领域首个获批的国家人工智能开放创新平台）。"农业数字化转型"全国领跑，打造亚洲单体规模最大的智慧日光温室"凯盛浩丰"、全国最大的智慧菌棒生产基地"七河生物"，成为全国农业信息化示范基地。"服务数字化转型"全球领先，青岛港多次刷新自动化码头装卸效率世界纪录，全球首艘 10 万吨级智慧渔业养殖工船"国信 1 号"开拓深海。数字产业化加快发展，前瞻布局人工智能、元宇宙、先进计算等数字前沿产业，虚拟现实、集成电路、新型显示等新兴产业园区挂牌运营，4 家企业入选国家软件百强，获批国家首批中小企业数字化转型试点城市、国家人工智能创新应用先导区。

（三）数字治理能力显著提升

全面加强数字政府建设统筹，形成了"一朵云、一张网、一个安全体系"政务支撑框架。建成市级城市云脑和区（市）级中枢，发布省内首个城市云脑通用能力服务平台（UCS），融合全市 455 个应用场景，累计汇聚资源约 18.9 万项，建成先行指标、工业运行、旅游专区等 20 余个市级领导驾驶舱专题，构建起"平战结合""平急转换"一体化城市管理体系。创新打造"全市一个数字机关"，省、市、区（市）、镇（街道）、村（社区）五级办公互连互通，机关公文运转"网上办、掌上办"覆盖率达 100%，实现办文办会全流程"网上办、掌上办"。创新推出"无感审批""不见面审批""无感认证"等政务服务新模式，上线运行 36 个审批服务全流程数字化场景，为企业群众提供"材料免提交""表单免填写"等服务，依申请政务服务事项网上可办率达 100%。一体化政务服务能力总体指数连续五年为"非常高"，数字政府发展水平位列全国 333 个城市第一梯队。

（四）数字社会建设全面推进

新型智慧城市发展水平位列全省第一，全域纳入"山东省新型智慧城市建设试点"，打造"数字青岛·智慧新生活之城"特色品牌。开展全区域全领域试点建设，获批国家智慧健康养老示范基地、在全国率先打造"双 12"民生服务品牌，连续三年每年推出 12 个政务服务"一件事"和 12 个城市运行"一个场景"重点改革事项，打造"城市（社会）管理一张网""全市一个数字机关""义务教育入学一件事""惠企资金申请一件事"等标杆场景。例如，"一码通城"打造全市一个码，42 家二级以上医疗机构亮码就医，924 条公交线路和 7 条地铁线路亮码乘车。"全市一家医院"接入医疗机构扩增至 3500 余家，54 家医疗机构间实现十大类 115 个项目的互认共享。率先实现"鲁医"互任，支持与济南、潍坊、菏泽等城市检查结果互认。"全市一个停车场"平台累计接入停车场超 2700 个，泊位数量超 62 万个，在部分路段开展"先离场后付费"测试。"一部手机游青岛"平台累计上线商家 2200 余家、文旅产品 1.37 万余件。智慧养老、智慧托育等场景加快建设。

（五）数字生态体系加快完善

深入推进数据要素市场化配置改革，形成"以公共数据运营撬动数据要素市场"的发展模式。不断完善公共数据运营"1+1+N"体系，14家市直企业数据纳入公共数据运营范围；在金融、医疗等领域实现数据价值化应用，涉企公共数据直接支持金融信贷综合资金3028亿元，医疗商业核保业务落地并向包头等地输出。研究建设公共数据赋能大模型训练基地，探索打造大模型产业生态体系。率先开展数据资产合规审查、登记、评价、评估的实践探索，做好数据资产入表的准备。青岛大数据交易中心已上架300多个数据产品，海洋数据交易平台累计交易额1053万元。依托城阳区数据要素产业园，挖掘实体数商和服务机构62家。发起成立"公共数据运营全国统一大市场联盟"，积极构建数据要素生态圈。实施"头雁人才"行动，成立院士、国内知名专家等领衔的"数字青岛改革建设专家委员会"；实施"城市合伙人"行动，组建由350余名行业专家为成员的"大数据专业委员会"，成立11家大数据培训基地；建立政务数据首席代表制度，累计开展数字青岛专题业务培训近60次，培训人员超4000人次。高标准举办第十七届中国电子政务论坛、世界工业互联网产业大会、国际虚拟现实创新大会、中国新型智慧城市建设峰会、全国首个数字文化应用发展大会等，打造高端对话和交流合作的平台。以场景开放鼓励社会化资本参与数字青岛建设，撬动了总投资超过1600亿元项目，其中社会投资额占比超95%。

（六）数字化推进体制机制逐步健全

坚持六个统筹，构建高效协同体系。一是体制机制统筹，成立以市委、市政府主要领导为组长的数字青岛建设领导小组，全面统筹推进新型智慧城市、数字青岛建设。二是顶层规划统筹，定期出台数字青岛发展规划，每年滚动制订行动方案及近50个领域（区域）专项数字化转型工作方案，统一指导各行业、各区（市）开展数字化转型。2023年正式启动了为期三年（2023—2025年）的数字青岛2.0建设工程。三是数据统筹，依托一体化大数据平台，累计发布资源目录 9000 余个，物理汇聚数据总量达 115 亿条，实现全市数据资源一本账管理。四是项目管理统筹，制定出台政务信息化项目管理办法，统一规划市级政务信息系统项目，确保全市一盘棋开展数字化建设。五是政务基础设施统筹，全面应用统一的政务云网安全体系，全市 680 个业务系统一云承载，74 个单位专网一网通达。六是共性应用统筹，全面应用"爱山东""山东通"等全省统一平台，其他共性平台均由市大数据局统一建设和推广应用。政务数据、算力、应用系统等资源都通过城市云脑通用能力服务平台（UCS）统一提供服务，赋能各级各部门应用建设，累计节省财政投入 3670 万元。

二、先进地区的建设经验与做法

近年来，各地竞相将本区域数字化转型作为服务国家战略、增强区域核心竞争力和推进治理现代化的关键举措，其中浙江、上海、深圳等地起步较早，值得我们学习借鉴。

（一）浙江

1. 率先开展全面数字化改革

浙江出台《浙江省数字化改革总体方案》，将数字化、一体化、现代化贯穿到党的领导和经济、政治、文化、社会和生态文明建设全过程各方面，在根本上实现全省域整体智治、高效协同，具有极强的引领性、整体性和撬动性。浙江数字化改革本质属性是改革，被摆到了全面深化改革的首要战略位置，成为新发展阶段全面深化改革的总抓手。2021 年，浙江成立由省委书记挂帅的数字化改革领导小组，办公室设在省委改革办，每两个月召开一次全省推进会，理思路、定目标、绘路径，推动改革向纵深发展。

2. 率先提出城市大脑建设

2016年4月，杭州以智慧交通为切入点启动了城市大脑项目。2018年底，城市大脑从交通领域扩展到城管、医疗、应急等领域，推动杭州城市管理智慧化、服务人性化、应急快速化、决策科学化水平不断提升。作为全国首个探索城市大脑的城市，杭州正以社区为切入点，首批聚焦住房、交通、未来社区中"一老一少"等领域，打造城市大脑2.0。

3. 率先推行"最多跑一次"改革

浙江的"最多跑一次"改革，被写入了2018年国务院的《政府工作报告》。近年来依托"浙里办""浙政钉"两个系统，提出了建设"掌上办事之省""掌上办公之省"目标。

4. 率先实施数字经济"一号工程"

浙江省从2017年就提出数字经济"一号工程"。2021年，浙江省数字经济增加值占全省GDP比重达48.6%，较2017年提高超10个百分点，居全国第一。2022年，浙江在深入实施数字经济"一号工程"的基础上提出新目标即数字经济创新提质"一号发展工程"，力争2025年数字经济增加值占GDP比重达60%，规模以上数字经济核心产业营收达3.5万亿元。

5. 率先推进全省域数字社会系统建设

浙江在全国率先打造"浙系列""邻系列""享系列"三大民生服务品牌，上线"浙医互认"等一批便民利民惠民应用。

（二）上海

1. 率先提出"一网统管"

"一网统管"聚焦"高效处置一件事"，将城市运行领域的管理、业务和信息集中到一个网络系统，实时精准发现和排查风险隐患，做到及时感知、快速反应、协同处置。

2. 率先提出"一网通办"

"一网通办"是上海首创的政务服务品牌,已两次写入国务院《政府工作报告》。"一网通办"聚焦"高效办成一件事",努力实现"让企业和市民办事像网购一样方便"。接入事项超过 3500 项、累计办件量超 2.6 亿件,"电子亮证""统一物流"等举措让居民真正体验到办事像"网购"一样便利。

3. 深化体制机制创新

2020 年,上海市成立城市数字化转型成立领导小组,市委书记、市长任组长。同时,将 42 个部门的信息中心全部撤销,人、财、物全部整合到上海市大数据中心,全市信息化项目实行统建统管。此外,上海出台了《上海市数据条例》,为城市数字化转型提供有力的法治保障。大力打造城市数字化转型"1+1+3"政策体系,两个"1"即《关于全面推进上海城市数字化转型的意见》《上海市全面推进城市数字化转型"十四五"规划》;后面的"3"是经济、生活、治理三大领域数字化转型三年行动方案。

(三)深圳

1. 数据交易实现突破

2022 年 11 月,深圳数据交易所揭牌成立,相继发布了《深圳市数据交易管理暂行办法》和《深圳市数据商和数据流通交易第三方服务机构管理暂行办法》,明确了数据交易规则和数据交易行业标准。截至目前,深圳数据交易所已汇聚全国 20 多个省份 663 家生态资源机构,登记备案全国范围内电力数据、税务数据、电商数据、移动互联网行为数据、进出口贸易数据、银联数据等六十大类数据源、790 余项数据产品、13000 余个 API 接口,交易规模突破 16 亿元,并成功实现国内首批场内跨境数据交易。

2. 率先推出"秒批""秒报"改革

2018 年和 2019 年，深圳相继推出了"秒批"和"秒报"改革，即通过政务大数据平台建设，在受理审批环节实行无人干预自动审批，在业务申报环节实行少填或不填信息的无感申办。截至 2022 年，深圳已经有 278 个高频政务事项可以做到"秒批"，250 个政务事项实现了"秒报"。

3. 5G 基础设施全球领先

深圳在全球率先实现 5G 独立组网全覆盖，截至 2022 年 10 月底，深圳累计建成 5G 基站 5 万个，基站密度达每平方千米 24.68 个，位居全国第一。5G 用户达 761 万，5G 用户及流量占比居一线城市首位。深圳拥有华为、腾讯、中兴等一大批 5G 全产业链企业，布局了 5G 中高频器件创新中心、5G 产业创新生态运营中心、5G 联合创新中心等重大支撑平台。

三、数字青岛建设面临机遇与趋势

全球新一轮科技革命和产业变革已经成为推动经济社会转型发展、培育经济发展新动能、推动社会提档升级和构筑国际竞争新优势的重要手段。数字技术正在驱动新一轮产业革新并重塑区域竞争新格局，世界各国都把数字化发展作为创新发展、赶超发展和突破发展的新抓手。我国经济社会发展面临的潜在风险及挑战增多，国内外环境复杂性不确定性加剧，对技术应用、产业发展和社会治理提出了新要求，要求城市发展必须更具前瞻性、全局性和风险可控性。推进数字基础设施部署、技术产业发展和应用融合创新，已经成为引领各地经济社会高质量发展的新引擎，各省市纷纷加大系统布局和统筹力度，竞相发力推动数字化转型，抢抓数字化发展的重大机遇。

（一）数字经济成为引领经济发展的主航道

纵观世界文明史和社会发展史，人类先后经历了农业革命、工业革命、信息革命，每一次科技革命和产业变革都给生产力带来质的飞跃。当前，人类社会正在进入以数字化生产力为主要标志的全新历史阶段，能不能适应和引领数字化发展，成为决定大国兴衰的一个关键。面对更加不稳定不确定的世界经济复杂局面，数字经济在国民经济中的地位更加稳固、支撑作用更加明显，展现出了顽强的韧性，数字经济已经由新兴经济转变为国民经济发展的引领力量，约占 GDP 的 40%。从全球来看，2021 年，全球 47 个主要国家数字经济增加值规模达到 38.1 万亿美元，占 GDP 的 45%。其中，中国数字经济规模达到 7.1 万亿美元，占 47 个国家总量的 18% 以上，位居世界第二。从我国来看，2012 年以来，我国数字经济规模占 GDP 的比重不断提升，数字经济年均增速显著高于同期 GDP 平均增速。2021 年我国数字经济规模达到 45.5 万亿元，同比名义增长 16.2%，占 GDP 比重达到 39.8%。预计到 2025 年，数字经济规模将超过 60 万亿元，占到 GDP 五成以上。

（二）数据要素成为新型生产要素

数字经济是一种与传统的农业经济、工业经济完全不同的经济形态，具有极强的活力与动力。驱动农业经济的生产要素是土地、劳动力，驱动工业经济的生产要素是资本、技术，驱动数字经济的生产要素就是数据。数据要素与数字技术结合，带来了生产方式变革、商业模式变革、管理模式变革以及思维模式变革。社会各界越来越认识到，数据是数字经济的核心关键要素，是数字经济的血液，也被誉为是数字化时代的"石油"。全球数据规模快速增长，2020 年全球新增数据规模为 64ZB，是 2016 年的400%，2035 年新增数据将高达 2140ZB，呈现指数级增长。根据国家工业信息安全发展研究中心等机构联合发布的《中国数据要素市场发展报告》，2021 年我国数据要素市场规模达到 815 亿元，数据要素对我国 GDP 增长的贡献率为 14.7%，呈现持续上升状态。2022 年市场规模接近 1000 亿元，并且在"十四五"期间有望保持 25% 的复合增速。

（三）数字基础设施成为新型基础设施

2020 年，中央层面首次提出"新型基础设施"，包括 5G 网络、特高压、城际高速铁路和城市轨道交通、新能源汽车充电桩、大数据中心、人工智能、工业互联网七大领域。其中大部分属于数字基础设施范畴。数字基础设施大致分为信息基础设施、融合基础设施两个方面。其中信息基础设施包括以 5G、光纤、物联网等为代表的通信基础设施，以数据中心、超算等为代表的算力基础设施及以人工智能、区块链为代表的新技术基础设施；融合基础设施主要指深度应用数字技术，支撑交通、水务、能源等传统基础设施转型升级。数字基础设施作为经济社会发展的信息"大动脉"，既能贡献关键性投资，也能夯实未来高质量发展的底座，是数字中国建设的关键基础支撑。近年来，从中央到地方出台了一系列政策、规划，加快建设以 5G、光纤宽带、工业互联网、数据中心等为代表的数字新基建。截至 2022 年底，全国 5G 基站数超过 231 万个，"东数西算"八个国家算力枢纽节点加快推进，算力规模达到全球第二，算力核心产业规模达到 1.8 万亿元。

（四）数字技术成为核心竞争力

数字技术是"大智移云物"为代表的新兴技术，其中"大"是指大数据，"智"是指智能化，"移"是指移动互联网，"云"是指云计算，"物"是指物联网，彼此相互促进，使信息技术渗透到社会生活、生产的方方面面。数字技术对经济发展具有极大促进作用，我国 2022 年 GDP 增长 3%，而规模以上电子信息制造业增加值同比增长 7.6%，是 GDP 的增速 2 倍多，起到了重要的拉动作用。据分析，信息化程度每提高 10%，GDP 增长 0.5%~0.62%。

四、数字青岛发展的思路与措施

未来，数字青岛建设将持续深入贯彻数字中国、数字强省工作部署，以"数字中国"标杆实践区为引领，围绕省内勇当龙头、国内争先进位、全球彰显特色定位要求，按照坚持党的领导、整体性转变、全方位赋能、革命性重塑、系统性协同、前瞻性布局总体原则，推进"5+12+N"的数字青岛 2.0 工程建设，力争将青岛打造为国内宜居、韧性、智慧城市标杆。

（一）五大主攻方向

主要是围绕"五新"、打造"五高"，分别为：夯实数字基础设施新底座，促进城市高性能运行；培育数字经济竞争新优势，推动经济高质量发展；开创数字政府建设新局面，推动政府高效能治理；开启数字社会发展新时代，创造社会高品质生活；构建良好数字生态新秩序，强化环境高安全保障。

1. 夯实数字基础设施新底座，促进城市高性能运行

适度超前布局未来网络，全面统筹"全市算力一张网"、"全市感知一张网"、"空天地海"一体化网络建设，加快新技术创新平台建设，布局量子计算等前沿和前瞻技术，鼓励数字技术开源社区发展，培育新型"算力＋生态"体系，推进交通、能源、水利、海洋、市政等领域传统基础设施智能化升级，形成千兆带宽、万物互联、E 级算力发展格局，成为北方重要的数据信息通信枢纽节点

和全国新型数字基础设施标杆城市。

2. 培育数字经济竞争新优势，推动经济高质量发展

加快人工智能、集成电路、虚拟现实、新型显示、先进计算、网络安全等产业集聚发展，推动制造业数字化转型，普及推广智能生产模式，加快服务业提质和升级，发展特色高效数字农业，加快提升智慧渔业、智慧港口等行业数字化智能化水平，建成国家级数字产业集群。

3. 开创数字政府建设新局面，推动政府高效能治理

全面建设高效协同的施政履职数字化工作模式，推动"一网一云"支撑、"一网通办"服务、"一网统管"治理和"一网协同"运行等四大体系建设，提升数字治理能力，创新服务模式，数字政府水平保持全国第一梯队。重点统筹物联感知共享平台建设，深化视频资源综合治理，探索多维数据深度融合利用的"空天地网"立体化城市管理模式，构筑新型城市治理的数字化应用场景。

4. 开启数字社会发展新时代，创造社会高品质生活

推动教育、医疗、养老、托育、社区等领域公共服务数字化升级，围绕智慧医疗、智慧出行、智慧养老、智慧教育等领域，推出一批"人无我有、人有我优、人优我强"的标杆场景，构筑全民畅享的数字生活新图景，打造全国智慧新生活之城样板。

5. 构建良好数字生态新秩序，强化环境高安全保障

加快数字化发展投资、规划、建设、运营、运维机制等方面系统性改革。建立数据产权、共享交换、流通交易、收益分配、安全保护等数据基础制度和规范，加快推动公共数据、社会数据在各领域共享应用，促进数据要素市场流通，提升数字安全保障能力，培育一批数据商和第三方专业服务机构，建成具有全国影响力的数据要素流通中心。

（二）12 项重点行动计划

重点行动主要有三条主线。一是聚焦机关运行数字化创新，政务服务品牌塑造、"一网统管"样板打造，助推实现智能之治典范城市，全域"无证明城市"，全场景数字化运营城市。二是以建设世界一流智慧绿色港口为契机，打造引领型现代海洋城市。三是围绕构建"一超多专"工业互联网平台发展体系，培育具有全国竞争力的数字产业集群，在全国率先建立活跃有序的数据要素市场。围绕三条主线，部署国际信息通信枢纽建设行动、城市智能中枢提档升级行动、世界一流智慧港口建设行动、数字产业集群培育行动、工赋青岛模式推广行动、全球数字海洋引领行动、政务服务"一件事"改革行动、城市运行"一个场景"改革行动、数字机关集成改革行动、社会治理"一网统管"行动、"无证明城市"全面推进行动、全国数据要素市场化配置改革先行区培育行动等12 项主要行动。

1. 国际信息通信枢纽建设行动

一是推进重点领域5G 虚拟专网建设，开展50G-PON 网络试点；二是推进重点区域光分配网络（ODN）改造升级，实现千兆光网城乡和农村全覆盖；三是升级优化青岛国家互联网骨干直联点；四是积极申请建设国际通信业务出入口局、跨境数据传输通道、新型互联网交换中心等国家关键重大网络基础设施；五是积极争创国家5G 融合应用先导区，培育5G、千兆光网"双千兆"网络融合应用；六是高标准建设国家 E 级超算中心，建立与八大国家枢纽节点的算力联动机制和跨区域算力调度机制。

2. 城市智能中枢提档升级行动

一是围绕城市感知中枢，全面整合政务领域感知终端及监测平台推进，推进物联感知设施跨区域跨部门共享；二是围绕城市数据中枢，推进全市一体化大数据平台建设，加快 CIM 系统普及应用，构建市政管理、交通运行、生态保护、应急救灾等城市管理服务应用场景；三是围绕城市治理中枢，推进一体化城市云脑建设，全面赋能业务流程再造和应用场景创新。

3.世界一流智慧港口建设行动

一是推动港口生产管理与5G、人工智能、卫星互联网、物联网、数据中心等新技术和新基建设施深度融合；二是推广董家口先进经验，加快建设智能管控平台，打造标准化和规范化作业模式；三是加快"智能空轨集疏运系统"等全球首创技术应用推广；四是推动海关与港口查验全过程信息无缝衔接、无纸化服务，推进港口、航运、铁路、公路等环节数据的互联互通。

4.数字产业集群培育行动

鼓励各区（市）依托产业优势，集聚国家战略资源，推进差异化、特色化的数字经济协同发展空间布局。其中，市南区重点发展数字贸易、数字航运金融，建设数字贸易智慧结算中心、国际航运贸易金融创新中心，打造日韩消费集聚区；市北区重点发展人工智能、工业互联网，打造人工智能应用与服务产业高地、工业互联网创新发展主阵地；李沧区重点发展数字经济园区，打造国际一流的互联网企业成长生态平台；崂山区重点建设国家高端智能化家用电器创新中心、虚拟现实国家级制造业创新中心及虚拟现实产业园，加快打造世界级智能家电先进制造业集群、中国虚拟现实之都；西海岸新区重点发展新型显示、集成电路，加快建设新型显示产业园、集成电路产业园；城阳区重点发展轨道交通装备全产业链，打造先进制造业集聚区；即墨区突出海洋科研院所、高等院校和科技领军人才优势，发展海洋信息技术产业；胶州市依托"上合示范区"，重点面向"一带一路"沿线国家相关产业提供标识解析、算力、卫星通信等服务，打造上合组织国家大数据合作创新先行区；平度市重点发展特色高效数字农业，加强数字技术与种植业、畜牧业、种业深度融合；莱西市重点发展智慧农业、先进制造业，加强数字技术与现代农业线上线下融合，打造以有研稀土为核心的新一代信息技术制造业区。

5. 工赋青岛模式推广行动

一是以重点行业工业互联网平台培育为抓手，加快推广普及数字制造新模式，支持卡奥斯工业互联网平台联合产业生态资源研制工业互联网操作系统，引领全球平台技术发展；二是加快推进国家级工业互联网平台示范园区建设，推动工业互联网标识解析节点建设；三是面向新能源汽车、生物医药、智能家电、轨道交通装备、船舶海工装备等重点行业领域，建设一批智能生产线、智能车间、智能工厂。

6. 全球数字海洋引领行动

加快实施全球数字海洋引领行动，推进全市海洋经济高质量发展，打造具有国际竞争力的现代海洋产业体系，助力引领型现代海洋城市建设。一是深化"经略海洋一张图"改革，构建海洋信息综合感知网，建设集空、天、陆、海一体的海洋立体化监测体系；二是加快崂山实验室、海洋科学大数据公共服务平台项目建设，培育新型"算力+生态"体系；三是发展海洋数字装备，培育水下机器人、水下智能设备、深水探测等新型海洋装备研发和生产规模；四是发展智慧海洋牧场，建设智慧渔业超大型养殖工船；五是推进海洋生态系统智能模拟研究设施、智能航运科学实验设施建设；六是推进青岛航运发展研究院和智能航运产业园建设。

7. 政务服务"一件事"改革行动

实施政务服务"一件事"改革行动，通过深入推进"一网通办"改革，将分散在各部门办理的"单个事项"集成为企业和群众视角的"一件事"，实施业务流程再造，以数字化建设支撑破解公共服务中的重点、难点、堵点问题，有效提升社会和群众对数字青岛建设的体验度、获得感和满意度。一是深入推动"一件事一次办"改革纵深发展，实现办事服务由"多地、多窗、多次"向"一地、一窗、一次"转变；二是推动更多关联性强、办事需求量大的跨部门、跨层级政务服务事项实现"一件事一次办"；三是优化办理要素和业务流程，线上线下同源发布、同步更新"一件事一次办"事项办理标准化工作规程和办事指南，积极推进极简办、集成办、全域办，实现惠企利民政策"快申快享""免申即享"。

8. 城市运行"一个场景"改革行动

实施城市运行"一个场景"改革行动，以"一个场景"建设为导向，推动城市运行"一网统管"，以数字化建设支撑破解城市治理中的重点、难点、堵点问题，有效提升社会和群众对数字青岛建设的体验度、获得感和满意度。一是推动"一个场景"改革，全面梳理制造、交通、教育、农业、政务、医疗、金融等领域场景清单；二是有序推动重点领域应用场景建设，做强核心功能类场景、做精社会民生类场景、做优城市治理类场景；三是探索实施应用场景"揭榜挂帅"工程；四是组织开展督查考核和评估评价，探索建立第三方评估和公众评价制度。

9. 数字机关集成改革行动

一是深化"全市一个数字机关"建设，加强机关内部数字化变革创新，实施机关内部协同事项"一件事"改革，形成机关业务全方位、全覆盖、全贯通的数字化运行和职能监管体系；二是推进政府机关系统集成建设，依托"山东通"平台推动多跨应用场景建设，搭建全市数字机关协同办事和交流学习互动平台，提升机关运行效能；三是强化机关办文、办会、办事"网上办、掌上办"平台支撑能力，推进系统迭代升级，打造跨层级、跨区域、跨部门、全链条的协同运转模式，实现机关工作人员"一号登录、一网办理"。

10. 社会治理"一网统管"行动

一是加速推进城市云脑赋能行动，深化全市数字化资源"一网统揽"，丰富"城市云脑"应用访问渠道，构建协同配合的多渠道、多场景的数字化、可视化决策指挥应用服务体系；二是打造"三级平台、五级应用"智能化融合指挥体系，推进"多网格融合"。完善联动指挥、联勤巡防、联合执法、线上线下融合等机制。提升城市运行一体化和智能化能力，实现"一屏观全域，一网管全城"。

11. "无证明城市"全面推进行动

一是深化数据赋能，优化创新政务和公共服务流程，积极打造"无证明城市"，引领国家电子政务发展风向标；二是全面拓展电子证照证明应用场景，大力推行减证办、免证办、一码办，全面推广"一码通城"，持续深入推动部门电子"证""照""卡""码"互通融合；三是着力提升证照数据质量，规范电子证照证明制发，强化证照数据"应归尽归"，推进个人事项"一证通办"，企业事项"一照通办"；四是加速推进证照证明清理和告知承诺减证、政务服务事项标准化、电子证照证明应用深化、电子证照证明数据供给等行动。

12. 全国数据要素市场化配置改革先行区培育行动

一是建立可持续的公共数据开放长效机制，以公共数据运营试点为突破口，引导公共数据和社会数据开放共享和融合应用；二是推行政务数据"首席代表"和政务数据专员制度；三是健全数据资产评估体系，建设场内场外相结合的数据交易体系，强化市场主体数据全流程合规治理；四是发展一批大数据创新服务标杆单位，培育一批资产评估、合规认证、数据经纪等第三方专业服务机构

（三）N项场景应用

N项场景即智慧应急、智慧医疗、智慧出行、智慧养老、智慧

托育、智慧渔业等场景，切实打造一批"人无我有、人有我优、人优我强"数字化转型标杆，推动数字化技术、数字化要素、数字化思维、数字化认知全面融入经济、政治、文化、社会、生态文明建设各方面全过程。

（四）保障措施

1. 加强组织领导

坚持党对数字青岛建设的领导，加强数字青岛建设领导小组对数字青岛建设规划、项目、数据、技术、应用的统筹管理，确保统建共用、集约建设、互联互通、开放共享，坚持一张蓝图绘到底。建立数字经济发展联席会议协调机制，加强对全市数字化建设的顶层设计和战略指导，加强重大事项、重点项目、重大问题的统筹调度。建立数字青岛建设的政策清单、任务清单，形成技术发展路线图，持续推进、动态更新。各级各部门应根据职能制订数字青岛具体工作方案或计划，明确阶段性目标和时间节点，确保各项工作按时按质推进。

2. 加大政策扶持

强化数字经济领域重大项目用地、用能等要素资源优化配置和重点保障。推动数字基础设施纳入城市空间规划、城市更新建设等体系。充分发挥财政资金的导向和杠杆作用，构建以财政投入为引导、企业投入为主体、金融市场为支撑的多元化投入体系，加大对数字青岛建设的资金保障力度。鼓励银行等金融机构设立特色融资产品，加大数字科技创新支持力度，开发科技融资担保、知识产权质押融资等产品和服务，提供多元化融资渠道。

3. 加强人才保障

完善具有竞争力的人才政策体系、鼓励通过兼职挂职、技术咨询、项目合作等方式汇聚人才智力资源。推动实施"城市合伙人"计划,以市场化方式引进、培育形成一批拥有重大关键技术或能够提升产业层次的创新创业人才和团队。倡导高校专业群联合世界 500 强企业或行业领军企业,共建特色产业学院,对标"最新最高最优",共同开发专业与课程标准,攻克"卡脖子"技术和工艺,推动行业标准制定,培养一批具有场景创新意识和能力的专业人才。加强企业家队伍培养,定期组织企业家赴国内外知名数字经济企业、研究机构考察学习。推广政务数据首席代表制度,统筹推进本单位、本系统数字政府建设各项工作。加大数字化培训力度,提高各级领导干部数字化转型思维能力和专业素质。健全以创新能力、质量、实效、贡献为导向和企业评价相结合的科技人才评价体系。

4. 完善规章制度

深化数字青岛建设投资、规划、项目建设、数据要素、财政、税收、金融、人才等领域改革,强化制度创新,更好适应数字化发展规律需要。建立健全数字政府投资运营、政务基础设施、政务服务、政务信息资源共享交换、公共数据授权运营、政务数据开发利用等相关规章制度。积极争取数据要素市场化改革先行先试政策,依法探索数据产权、流通交易、跨境流动、收益分配、安全治理等相关制度。

5. 优化发展环境

深化"放管服"改革,秉持包容审慎的监管原则,探索建立数字经济新监管模式,建立完善信用分级分类监管机制,加快新技术新业态监管制度建设。完善知识产权保护体系,加强知识产权综合行政执法。落实市场准入负面清单制度,加快构建科学高效的营商环境制度体系。实行政府权责清单制度,推进涉企政务服务优化,依法探索以投资项目承诺制为核心的极简审批,提升信息类企业开办、财产登记、纳税、跨境贸易等便利度。推进社会信用体系建设,强化事前事中事后全过程监管，健全守信联合激励和失信联合惩戒机制。积极营造诚实守信的网络交易环境和安全放心的网络消费环境。弘扬科学精神、工匠精神和企业家精神，加强科普工作，营造崇尚创新、鼓励探索、宽容失败的社会氛围。积极参与数字领域国际合作。

课题组组长：张福宾　青岛市大数据发展管理局党组成员、副局长
课题组成员：赵　睿　青岛市大数据发展管理局发展规划处处长
　　　　　　孙晓芬　青岛开放大学网络信息处副教授
　　　　　　邵长恒　青岛市大数据发展管理局发展规划处高级研究员
执　笔　人：孙晓芬　邵长恒

数字基础设施篇

建设 UCS 平台
推进政务数字资源共享共用

青岛市大数据发展管理局

  2017 年 5 月《国务院办公厅关于印发政务信息系统整合共享实施方案的通知》(国发办〔2017〕39 号)指出,要建设"大平台、大数据、大系统",形成覆盖全国、统筹利用、统一接入的数据共享大平台,在全国启动了政务信息资源共享的工作。山东省人民政府积极响应国务院号召,加强全省政务信息资源共享和大数据方面的工作,下发了《山东省人民政府办公厅关于印发山东省政务信息系统整合共享实施方案的通知》(鲁政办发〔2017〕75 号),按照"先联通,后提高"的原则,有序推进政务信息资源共享工作。2020 年 11 月,山东省人民政府办公厅《关于加快推进新型智慧城市建设的指导意见》明确了工作目标:围绕"优政、惠民、兴业、强基",加快建设以人为本、需求引领、数据驱动、特色发展的新型智慧城市。青岛市人民政府结合青岛市实际,制定《关于进一步加快新型智慧城市建设的意见》,明确提出集约化建设青岛市城市云脑。各区(市)、各部门优化整合各自已有业务系统,建设城市云脑区(市)中枢、城市云脑部门专项系统,并按照统一的标准和规范,接入市城市云脑,实现系统互通、数据和应用共享。2021 年 12 月,国务院《"十四五"数字经济发展规划》明确提出,深化新型智慧城市建设,推动城市数据整合共享和业务协同,提升城市综合管理服务能力。

　　为加快新型智慧城市建设，提升城市云脑建设与赋能应用水平，持续推动数字化变革创新，青岛市在省内率先提出建设城市云脑通用能力服务平台（United Capacity System，UCS）。城市云脑通用能力服务平台将全市通用政务数字资源汇聚融合后作为标准化能力进行发布、共享、开放，形成"能力服务超市"机制，统筹推进技术融合、业务融合、数据融合。推进全市数字资源统筹共享，深化数字化资源"一网统揽"，创新数字资源供给侧改革，推动城市云脑从"能用"向"易用""好用"提升。

一、主要做法

　　以全市通用政务数字资源的共建、共享、共用为原则，基于云原生、大数据、物联网等技术，建设城市云脑通用能力服务平台（UCS），将全市基础设施、数据资源、组件（含算法）服务、应用资源等数字资源汇聚融合后作为标准化能力进行发布、共享、开放，形成"能力服务超市"机制，以模块化搭建、积木式组合赋能各类业务应用建设和迭代，统筹推进技术融合、业务融合、数据融合。

　　由市级统建统管，各区（市）分级授权使用，并向街道（镇）一级延伸推广，实现跨部门、跨层级、跨业务、跨领域的政务数字资源共享调用。实现全市数字资源"一本账管理、一站式浏览、一揽子申请、一键式审批、一平台管控"，创新数字资源供给侧改革。

　　UCS平台涵盖资源编目、资源注册、共享审批、效能评估、安全管控等功能。UCS平台作为能力汇聚与共享媒介，主要功能流程为能力上架、能力申请、能力下架、新需求发布，包括：UCS平台作为能力中枢提供汇聚、共享服务；市、区各部门作为能力资源共享方进行本部门资源上架、下架；市、区各部门作为能力使用方进行需求能力查阅及申请；市、区各部门作为能力使用方进行新需求发布。

共享门户作为 UCS 平台的首页，展示平台当前市数字资源的汇聚情况、能力资源使用情况及平台活力，主要包含各类能力资源的快速检索入口、能力汇聚、热门能力、最新能力、推荐能力、工作动态等模块。

二、特色亮点

青岛城市云脑通用能力服务平台从顶层设计、平台建设、资源对接、场景赋能等方面有序推进全市政务数字资源共享共用工作。

（一）顶层设计：印发赋能方案、制定标准规范

印发《城市云脑 2022 年赋能攻坚方案》，明确"标准规范完善""能力服务统揽""资源汇聚融合""重点领域赋能""多元保障提升"五大专项行动目标。

印发《青岛城市云脑通用能力服务平台管理办法》，规范城市云脑通用能力服务平台建设及运行管理工作，推进全市通用政务数字资源共建共享。

起草《城市云脑群通用技术规范》等 6 项云脑规范体系标准规范。

制定《城市云脑 2022 年赋能攻坚方案建设推进表》，梳理能力共享清单、能力需求清单"两张清单"。

（二）平台建设：建设 UCS 平台

推进城市云脑通用能力服务平台建设，集成资源编目、资

源注册、共享审批、能力申请等核心功能，汇聚了组件 127 类、应用 205 个、GIS 图层 70 个，具备对外统一赋能和资源汇聚的能力。

（三）资源对接：形成能力共享清单、能力需求清单

组织面向 17 个委办局，针对城市云脑赋能 14 个相关领域的资源共享和资源需求情况开展摸底工作，整理能力共享清单和能力需求清单。累计收集可共享数据资源 110 余类、组件资源 30 余类、应用云资源 30 余类；累计收集数据资源 50 余类、组件资源 40 余类、应用和云资源 20 余类需求资源。

（四）赋能场景：赋能文明创城、道路污染监管等场景建设

文明创城场景通过截取便民摊点周边监控信息，结合标准地址、AI 算法等进行事件发现。道路污染监管场景融合视频共享平台、出租车走航大气监测数据、工地扬尘数据、渣土车等数据，结合视频智能分析算法，通过数据分析定位可疑渣土车和工地，通过调用周边监控，辅助城管、环保等部门开展相关执法工作。

（五）青岛城市云脑通用能力服务平台具备创新优势

1.观念创新，快速摸清全市政务数字资源

重新梳理政务数字资源的概念。政务数字资源不仅包含数据资源，还包括数字基础设施资源、组件（含算法）服务、应用资源。赋予每个资源唯一标签，对所有的数字资源进行全生命周期管控。通过对全市各类政务数字资源梳理、比对，快速摸清全市多年来的信息化、数字化建设成果。

2. 模式创新，高效赋能政府企业数字化改革

遵循"统筹协调、分级管理、规范有序、集约建设、汇聚共享、安全保障"的原则，加强数字资源管理，规范共享流程，明确主体责任，促进开放共享。通过对数字资源跨层级、跨部门、跨地区高效配置，实现了数字资源一揽子申请、一平台调度。支撑各委办局、开发单位通过 UCS 平台，对各领域数据资源进行跨部门、跨地区、跨层级的高效共享和调用，有效支撑城市治理数字化改革。

3. 机制创新，统筹推进全市数字资源共享管理

UCS 平台由市级统建统管，各区（市）分级授权使用，并向街道（镇）一级延伸推广。一级建设，三级使用，实现跨部门、跨层级、跨业务、跨领域的政务数字资源共享、调用。市大数据发展管理局统筹推进全市数字资源共享管理，并指导各区（市）数字资源共享利用，区（市）大数据主管部门负责本级数字资源共享管理，推进本级数字资源共享利用。通过构建数字资源管理制度，对数字资源进行统一的标准化定义；制定考核制度，各部门及各区（市）新建政务信息化项目，在方案中将所产生的政务数字资源同步编入 UCS 平台资源共享清单，同时 UCS 资源汇聚及赋能基层情况列入各区（市）数字政府年度考核。推动全市应用统筹协调、数据高效配置、组件共建共享，各区（市）、各部门都可以通过 UCS 平台进行数字资源的共享、申请和调用。

三、应用成效

在省内率先提出建设城市云脑通用能力服务平台，通过汇聚、融合、赋能三个环节，实现基础设施、数据服务、组件服务、应用系统等数字化资源"一网统揽"，打造一体化"能力服务超市"。

目前，能力服务超市在能力汇聚方面，汇聚了组件服务 127 类、应用资源 205 个、GIS 图层 70 个；能力共享方面，为城市管理局、

水务管理局、公安局、生态环境局等 14 个部门及市南区、李沧区、城阳区等 4 个区（市），提供走航大气监测数据、环卫作业数据、建筑工地数据、积水点数据、视频监控数据等 100 余项数据资源；OCR 分析算法、语音识别算法、积水识别算法、人群聚集算法等共计 27 个算法组件。

创新基于区块链电子证据平台的仲裁模式
推动商事争议解决质效"双提升"

青岛仲裁委员会办公室

党的十八届四中全会作出的《中共中央关于全面推进依法治国若干重大问题的决定》提出"完善仲裁制度，提高仲裁公信力"改革任务。2018 年 12 月，中共中央办公厅、国务院办公厅印发《关于完善仲裁制度提高仲裁公信力的若干意见》（以下简称"两办《意见》"），明确"研究仲裁大数据建设，加强对仲裁大数据的分析应用，推动与相关部门数据的互联互通，构建多方参与的网络治理协作机制,有效化解涉网纠纷，促进仲裁与互联网经济的深度融合"。青岛仲裁办抢抓机遇，自觉将创新仲裁模式融入数字中国战略，打造基于区块链电子证据平台的商事仲裁模式，以数字化赋能商事争议解决提质增效。《基于区块链电子证据平台的商事仲裁新模式》于 2022 年被评为山东自贸试验区制度创新案例并面向全省推广、入选 2022 年山东省新型智慧城市优秀案例扩面打榜活动榜单。

一、主要做法

（一）寻标对标，深入调研

两办《意见》印发后，先后派出两个调研组，赴衢州、武汉、海南和深圳等地仲裁机构学习线上仲裁、智能仲裁等经验做法，了解信息化平台搭建、专业制度机制保障、专家人才队伍建设、推动形成共识等情况，深入查找数字经济时代市场主体防范化解纠纷面临的痛点、堵点、难点问题，形成专题调研报告，为推动两办《意见》落实、创新仲裁模式提供决策参考。

（二）守正创新，谋定而动

坚定仲裁工作的中国特色社会主义方向，适用仲裁是国际通行的商事争议解决方式、无地域管辖限制等特点，着眼数字经济时代广大市场主体纠纷解决需求与传统裁判模式之间的矛盾，聚焦电子证据举证难、质证难、认定难等问题，在广泛调研的基础上，对如何创新仲裁服务作出前瞻性判断，决定发展基于区块链电子证据平台的特色仲裁模式。

（三）强化保障，笃行致远

坚持制度先行，制定专门仲裁规则及配套制度规定，以制度建设推动仲裁流程再造；创新技术应用，搭建国内首个基于5G网络切片技术的区块链电子证据平台，以新技术应用推动创新服务模式落地见效；强化专家人才保障，依托互联网仲裁院集聚一批专家仲裁员，以专家人才队伍建设推动新的服务模式按预期运行。

二、特色亮点

（一）为市场主体免费提供全生命周期数据可信存证服务

区块链电子证据平台与企业数据平台对接，对涉及合同签署、履行的全过程交易数据实时固化、加密上传至区块链电子证据平台，利用区块链可追溯、不可篡改和多个节点共同维护的特性，为市场主体提供实时、透明、可追溯的可信数据保全服务。

（二）对电子数据进行结构化、标准化、要素化处理，解决"举证难"痛点

区块链电子证据平台为上链企业开通了客户端，企业按结构化、标准化、要素化要求将交易数据存储至区块链电子证据平台，并可随时根据存证编号一键调取数据，申请仲裁时可将所存数据一键提交仲裁机构，克服了电子数据分散、取证难问题。

（三）实现"证据自证"，破解数据可信难题

纠纷发生后，当事人通过区块链电子平台，对其提交的电子证据原文与已存储在该平台上的哈希值进行自动校验，即可对电子数据的真实性作出认定，不再需要借助公证、鉴定、证人作证等途径予以佐证。

（四）打通数据壁垒，实现跨链信息共享和协同

通过发起成立法治区块链链盟，推动仲裁、司法、公证、征信等机构数据平台对接，打破"信息孤岛"，实现多个领域跨链信息共享和协同。目前，链盟成员单位包括青岛仲裁委员会、青岛市司法局、青岛金家岭金融聚集区、青岛市工程咨询院、青岛市黄海公证处、宁波仲裁委员会、杭州市国立公证处等。

（五）坚持标准先行，数据安全有保障

制定《青岛仲裁委员会互联网仲裁电子证据平台接入规范》，对申请上链企业主体资格、电子数据类型与格式、电子数据的完整

性、有效性、清洁性、不可篡改性、接口标准等进行审核，经审核通过的方可对接区块链电子证据平台。

（六）创新制度供给，争议解决成本更低

制定专门仲裁规则，明确相关案件适用电子送达、线上书面审理、通常由一名仲裁员组成仲裁庭审理、审理期限为 30 天等，提高仲裁效率。制定专门仲裁费收取标准，相较普通仲裁案件仲裁收费标准大幅下调，大大减轻当事人解决纠纷的经济负担。

（七）打造专门平台，可批量化处理仲裁案件

打造适应专业仲裁规则的仲裁办案系统，并与区块链电子证据平台无缝对接，当事人可将经过区块链电子证据平台核验的电子证据、仲裁申请书等批量化一键导入仲裁办案平台，实现批量申请、批量受理、批量送达、批量组庭、批量审理、批量裁决。

三、实践效果

区块链电子证据平台通过中央网信办区块链信息服务备案，并已在供应链金融、大宗商品贸易、区域性股权交易、数字易货贸易等应用场景得到运用，目前存证量已达 200 余万条。法治区块链链盟部分成员之间已实现互联互通、查询互认，数据协同能力得到提升。基于区块链电子证据平台的商事仲裁新模式降低了违约风险，减少了上链企业的纠纷发生，营造了诚实守信营商环境；提供了"智能合约—自动履行—履行不能一键申请仲裁—批量仲裁"便利化仲裁服务，缓解案多人少压力，有助于快速恢复交易秩序；更好保证裁判结果的公正性、可预期性，进一步提高了仲裁公信力，对企业数字化转型具有积极推动作用。

推进一体化应急指挥平台建设
构建应急管理新格局

青岛市应急管理局

在应急管理部和山东省应急管理厅的指导部署下，青岛市应急管理局紧紧围绕"以信息化推动应急管理能力现代化"的总体要求，坚持强化实战导向和"智慧应急"牵引，抢抓"十四五"应急管理科技创新、信息化发展机遇，推进一体化应急指挥平台建设，通过打通平台、形成联动，推动应急指挥的精准化、科学化、智能化、高效化。

一、主要做法

（一）采用"1+N"模式，实现业务动态扩展

青岛市一体化应急指挥平台采用"1+N"的建设模式，其中"1"是一套应急指挥调度系统，"N"是N个专题研判模块，通过模块化的建设思路，打造一套搭积木式的指挥调度平台，在不需要变化指挥调度功能的基础上，可以快速扩展不同的灾害专题，并能够完整支撑指挥调度能力，实现应急业务的集中管理和动态扩展。通过采用"专题库＋主题库"的方式，将各个专题的数据分类存储于专题库，实现统一平台的多专题数据隔离、应急指挥独立调用、单灾

种指挥调度分类支撑的技术目标。目前，系统已按照"1+N"的方式完成了森林防灭火、防汛抗旱、地质灾害、航空救援等13个专题研判模块的建设。

（二）打通多种信息渠道，实现应急业务"五化"构建

采用多种成熟信息化手段，打通多维度的信息渠道，形成多网联动的指挥效果，同时利用针对性的指挥调度功能，全面实现应急业务的"五化"构建。

1. 值守智能化

利用语音文字转换、检索引擎、结构化预案等多个支撑模块的设计建设，全面支撑日常值守过程的标准化和流程化，同时提升值守响应速度。

2. 值班便利化

充分融合可视化值班排班、日常交接班管理和统计报表分析等功能，对传统值守排班业务提供辅助支持，减少排班值班过程中的人工投入，提升值班管理的便捷性和操作性。

3. 指挥扁平化

针对指挥调度过程，采用多种视频融合展示，队伍资源统一调度的管理设计，第一时间打通数据回传链路和任务派发渠道，从而在传统树状管理结构的基础上形成信息扁平化交互的能力。

4. 管理精细化

目前，平台中需要展示与调用各类应急物资、应急队伍等相关资源的数据信息，通过将所有资源数据进行可视化管理和资源库单独存储的方式，可以提升应急管理局对于应急资源的管理水平，形成资源数据二次维护能力。同时系统采用后台菜单级权限管理，

可以实现多级菜单的精细化管控。

5. 场景模式化

由于平台整体采用的"1+N"的建设模式，可以实现根据应急事件的快速切换响应，不同灾种的专题研判能力可以随时单独支撑不同类别的应急指挥调度业务。

（三）打造平战结合的业务应用场景，提升指挥处置五项核心能力

通过"1+N"的系统架构，结合应急业务"五化构建"的功能设计，系统整体的业务能力覆盖应急管理部门平时管理和战时指挥的综合业务场景，达到平战结合的辅助工作能力。同时通过不同的技术手段和应用功能，实现应急处置五项核心能力——应急情报获取能力、信息传输能力、分析判断能力、指挥部署能力和组织协调能力的提升。

二、特色亮点

（一）基于智能算法的指挥调度辅助决策，实现"五个自动"

通过对各类事件处置预案的结构化解析，结合实际的业务处置流程，在事件处置过程中利用智能算法提供各个阶段的辅助决策功能，实现指挥救援"五个自动"：自动判定响应等级、自动分析影响范围、自动分析响应范围、自动匹配周边资源、一键自动任务下派。

（二）整合多方数据，提升数据决策分析能力

除了应急管理局、其他委办局和官网数据外，系统在建设过

程中，对于数据的治理工作采取多方采集、取长补短的策略。利用保险公司、运营商等企业掌握的专项数据，多方位提升应急管理局的数据维度和丰富度。用海量的、专业性的数据，提升应急救援决策能力，做到指挥救援快分析、高精度、无"死角"。

三、应用成效

一是结合青岛市应急管理局实际情况，充分整合已有的信息系统和应急信息资源，实现了应急数据精细化管理、图形化可视管理。建设服务门户、专题研判、数据资源中心等几大板块，全面提高了应急指挥决策的针对性和高效性，增强了应急指挥救援能力。

二是应急救援提升效果明显，依托应急指挥平台成功处置"4·19"崂山西麓山林火灾，有力支撑应对6月份和10月初降水量历史极值、汛期334座水库同时溢洪等多项历史极值时，未发生次生、衍生灾害。

创新应用"鲁通码"
深化"一码通城"建设

青岛市大数据发展管理局

2022 年以来，山东省大数据局印发《山东省"鲁通码""企业码"平台建设工作方案》《2023 年"鲁通码"建设运营实施方案》等，对各地市"鲁通码"建设作出指导。青岛市根据省相关部门要求，结合本地实际情况，围绕建设全国领先新型智慧城市的战略部署，聚焦移动互联网在转变政府职能、高效便民服务中的优势，在国内率先全域推动实施"一码通城"工作，开展刷码、亮码、亮证在政务服务、交通出行、便民生活等各领域创新应用。通过便捷的数字化手段、丰富的多场景应用，实现服务市民生活，辅助城市治理的目的。

一、主要做法

（一）加强顶层设计，科学规划

青岛市根据省相关部门要求，结合本地实际情况，连续 3 年将"鲁通码"建设工作列入市办实事事项，相继出台了《加快推进"一码通城"工作实施任务清单》《深化"无证明城市"建设优化营商环境 2023 年工作方案》等文件，规划了"一码通城"建设重点任务。

作为首个试点地市完成全省统一码引擎服务部署，实现市级分平台与省级主平台对接互通。构建"码上青岛"一体化服务体系，推进建设城市服务多领域、多场景"一码通用"的可持续发展新模式。

（二）聚焦重点领域，突破关键

以政务服务、交通出行、医疗健康作为"鲁通码"应用推广的重点领域，在各领域采用研制标准、试点先行、以点带面的工作思路，探索形成有效的场景建设方案和应用推广路径。例如，在公交码、地铁码对接过程中，联合"鲁通码"省、市平台，青岛公交、青岛地铁共同制定"鲁通码"交通领域接入应用规范，选取部分线路或在实验室环境下，全面系统验证规范可行性，多次修正应用标准，最终在10个区（市）所有线路开展大规模升级并不断优化完善，交通领域的对接工作在全省起到示范作用。

（三）坚持循序渐进，久久为功

从对接一个政务服务系统开始，先易后难，层层递进，完成一项、验证一项、上线一项，确保场景接进来、用起来，坚持不懈，以钉钉子精神扎实推进场景落地。同时，会同相关业务部门，不断探寻"鲁通码"的创新应用方向，服务智慧城市建设大局，积极对接便民生活、志愿活动、发票业务、人才服务等应用领域。

（四）注重系统防护，保障安全

搭建完善的"鲁通码"运行监控维护体系，实现24小时运行监管，对全部系统接口、数据库等实现全自动监控报警，全面保障系统安全稳定运行。强化网络和信息安全管理，提升对重要敏感数据和个人隐私信息的安全保护水平。强化敏感信息和关键信息基础标准体系，确保安全可控。建立健全管理体制和安全机制，规范"鲁通码"服务平台日常运行管理，强化监督检查，确保"鲁通码"服务类应用的建设和应用的安全。

二、特色亮点

（一）数字青岛"金名片"

建成山东省首个"鲁通码"市级平台，打造全市一个码——"鲁通码"，形成管理、服务、监管、发布"四位一体"平台体系，实现了发码、展码、验码等功能，支持多场景、高并发应用，实现了"爱山东"APP、微信、支付宝等多端对外发布。为各领域"二维码"与"鲁通码"多码融合、互认互通提供全流程的平台支撑。

（二）聚合高频场景

各领域"一码"应用。"鲁通码"采用统一的数据标准和业务模式，积极融合场所码、公交码、地铁码、医保码、人才码等多个码，构建"码上青岛"一体化服务体系，在政务服务、交通出行、医药卫生、公共场所管理、文化旅游、基层社区管理、商贸流通、内部事务管理等领域普及推广刷码应用，构建城市服务多领域、多场景"一码通用"的可持续发展新模式。以统一的"鲁通码"综合服务门户串联全市各相关领域"码上"服务，一码办事、一码就医、一码统管、一码通游、一码入场、一码管理、一码出示等应用场景已上线运行。

（三）聚焦福利权益

定制打造特色专题。根据"鲁通码"的不同使用场景，定制不同的特色专题。结合 2022 数字青岛消费季，开展"鲁通码"支付宝端健康礼包夏日特惠红包申领活动，领取红包及权益，提升"鲁通码"应用价值和居民获得感，打造"鲁通码"作为数字化运营载体的属性。

三、应用成效

（一）一批创新场景全省引领

在全省率先实现公交码、地铁码与"鲁通码"融合应用，全市924条公交线路的1万余辆公交车，7条地铁线路的148座车站，城阳有轨电车示范线均实现亮码乘车核验。在全国范围内，也成为继上海、杭州、福州、南宁、绍兴后实现"三码合一"的城市。42家二级以上医疗机构实现亮码挂号、查询等功能，覆盖率暂居全省首位。市南区打通"国家基本公共卫生服务系统"，13家公立社区医疗机构和33家民营社区医疗机构实现亮码挂号、建档等功能。市北区实现社区志愿活动参与人员亮码核验登记信息。平度市实现亮码在自助设备领取党员徽章、口罩等场景。

（二）基础服务场景不断延伸

实现在青岛市民中心、10个区（市）政务服务大厅、198个镇（街道）便民服务中心使用"鲁通码"办事，基本实现了全市镇（街道）以上政务服务场所"鲁通码"应用全覆盖。西海岸新区162个社区政务服务"直办间"支持亮码办事，市南区八大湖街道便民服务中心支持亮码开具介绍信，城阳区政务服务中心实现亮码使用自助文件柜，"鲁通码"办事场景不断向基层延伸。全市已超过4000家酒店支持亮码（短码）办理酒店入住，覆盖率不断提升。打通崂山、湛山寺、即墨古城等旅游景区预约核验系统，实现亮码核销入景区。市南区、崂山区、即墨区部分机关单位实现亮码登记通行，市南区、崂山区、城阳区、西海岸新区 200 余个小区支持小区居民亮码通行或外来人员亮码登记。

（三）便民利民服务效果显著

通过深化"一码通城"建设，方便了市民的日常生活。市民办事亮码即可免填写个人信息、提供电子身份证件。无须使用实体卡或下载各类乘车 APP，一码即可乘坐全市公共交通工具。在医院，无需使用就诊卡等实体证件，可全流程亮码就医。在酒店，可亮码（短码）实现快速登记入住信息，提供实时人脸照片，无须使用酒店设备进行拍照。在小区，亮码即可实现信息登记，解决了手写信息登记流程复杂、信息无法核验等问题。

打破信息孤岛壁垒　构建智能全域视联网

青岛市李沧区大数据发展管理局

为深入贯彻国家要求，全面落实青岛市委、市政府对李沧区提出的"在智慧城市方面率先走在全市前列"工作要求，近年来，青岛市李沧区政府以"阳光李沧"建设为总抓手，以高水平的"双招双引"，推进新旧动能转换，推动高质量发展。

一、构建智能全域视联网推进情况

智能视频监控系统作为智慧城市的重要组成部分，以其能够形象、真实地反映被监控对象的特点，已经成为现代城市管理、监测、控制的重要技术手段。目前，李沧区还没有统一的视频监控系统，各职能部门的视频资源因应用需求不同而自成体系，视频资源发挥的作用也仅仅局限于本体系内，形成视频资源信息孤岛。

2019年，李沧区政府组织编制了《李沧区新型智慧城市总体规划设计（2019—2021）》，文件提出：要坚持资源集约，数据驱动，统筹"天网工程"和"智慧李沧"视频需求，利用好已建视频，结合各部门对视频的需求，通过视频云提供综合服务，实现视频资源多部门综合利用，集约化建设"平安李沧"。

构建李沧全区一体化城市公共视频监控联网应用体系已成为大势所趋，李沧全域视联网建设旨在覆盖全区重点行业领域、重点公共区域、重点公共部位，满足各部门在水利防汛、国土资源保护、应急管理、森林防火、海岸线保护、综合执法、公共安全等方面对视频信息的需求，发挥视频监控联网应用整体效益，进一步提升人民群众安全感、满意度，实现"全区统筹、全域覆盖、全网共享、全时可用、全程可控"的工作目标。李沧区拥有非常丰富的高塔资源，共有存量基站 1077 处，其中地面铁塔站 875 处。因基站具备稳定的供电、传输条件，具备 7×24 小时的维护保障能力，满足全域视联网的建设需要，借助其得天独厚的资源优势，可实现全域视联网高质量、高效率的快速部署，通过资源共享模式可有效减少重复投资，降低建设成本。

李沧区作为创新引领、动能强劲的活力之区，承担着着眼未来、智慧先行的任务，全域视联网的快速部署，必将抢占新型智慧城市建设高地攻势，为加快建设开放、现代、活力、时尚的青岛点燃新引擎、提供新动能、激发新活力。

二、主要做法

李沧区全域视联网服务项目设置 69 处高点视频监控；存储及后端平台 1 套；各委办局自有视频监控系统融合接入 1 套。

（一）视频前端点位建设内容

共设置高点监控 69 处，利用高点挂高资源安装。其中，配置观测型热成像中型云台摄像机 31 台，主要针对海洋监控、森林防火、秸秆禁烧、地质灾害、危险品化工园区等进行监控；配置全景网络摄像机 23 台，主要针对公园广场等人群聚集地全面监控、道路交通等进行监控；配置高倍红外 AI 高清网络球机 15 台，主要针对采砂盗石、违章建筑、化工园区、工地、河道水库、国省道进行监控。

李沧区全域视联网服务项目采用上述设备实现对李沧大部分

区域实现视频覆盖，对山区及森林、海岸线、化工园区、人流密集聚集地、重要河流及水库等重点场景实现重点覆盖。监控覆盖范围内可实现实时监控、录像取证、周界防范、违法行为主动告警等功能。综合考虑各部门的实际需求，统一部署监控点位，对多个部门都有需求的点位进行设备复用，实现视频资源共享。监控前端的建设结合现有监控点位布局情况，避免在同一区域内重复建设。

在前端监控点位置选择方面，按照以下原则：一是视频信号满足业务需求。视频信号的清晰度、覆盖范围、智能化程度等要满足业务需求。例如，防火及滞留人员监控场景提供热成像信号，高空场景提供全景视频信号，区域监控场景选用高倍球机。二是以高点监控为核心，结合现有低点监控，在重点区域搭建"高低搭配"的智能视联网。三是高点监控挂载位置离地垂直高度 25 米及以上的点位应不少于 90%，优先使用位置和高度更高的视频监控设备挂载平台，提供更广范围的视频信号覆盖，且挂载设施应具有完备的接地及防雷设施。四是综合考虑各部门的实际需求，统一部署监控点位，对多个部门都有需求的点位进行设备复用，实现资源共享。五是监控前端的建设结合李沧区已有监控点位布局情况，避免在同一区域内重复建设。

（二）监控中心建设内容

建设一套各部门共享的视频应用平台，视频汇聚接入能力不低于 20000 路，视频并发转发能力不小于 2Gbps，平台应支持各个品牌视频接入，数据中心端建设内容主要有视频应用分析平台软硬件以及相关的接入和安全设备，实现统一的资源管理，统一的认证和权限管理，视频资源的统一汇聚、存储和共享分发，智能控制和智能分析以及对外开放能力。视频存储容量不低于 30 天。前端摄像机按照不同类型，分别接入相应的视频管理模块。其中视频汇聚模块对前端热成像摄像机，高倍球摄像机和低点球机等进行汇聚管理，并实现相关业务展现；AR 实景地图应用模块对全景摄像机进行数据处理和标签化业务展现。

（三）定制开发内容

新建一套视频分析应用平台，主要侧重于各种物联感知设备的接入以及各类感知数据的汇聚、存储、转发和共享，同时集成智能分析、大数据处理等能力，满足多种场景下的业务应用。除了满足基础视频应用功能外，还根据业务需求定制开发相应的分析展示功能。

（四）委办局自有监控整合共享

李沧区全域视联网服务项目整合了政法委、公安、交通、教体、审批中心、公园管理处等多个委办局的存量视频监控系统，再共享给其他委办局使用。

三、特色亮点

新建一套视频应用平台，主要侧重于各种物联感知设备的接入以及各类感知数据的汇聚、存储、转发和处理，同时集成智能分析、大数据平台、数据处理等能力，满足多种场景下的业务应用。除了满足基础视频功能外，还根据业务需求定制开发相应的分析展示功能。

（一）整合全区公共区域存量监控再充分共享

整合多个委办局的存量视频监控系统，通过整合之后再共享给其他委办局使用，真正打破了原有的"信息孤岛"，充分实现了共建共享。

（二）监控功能亮点

1.环保管控方面

重点关注秸秆禁烧、垃圾违规堆放点，各类粉尘，重工业加工等有污染性企业位置，以及河道生态环境。

2.防火管控方面

重点关注树木密集容易发生火灾的山林区域、坟场密集祭扫火灾多发区域、纪念堂附近，对热成像监控范围内的着火点实现自动告警。

3.水利防汛方面

重点关注需要监控的主要河道、水库等区域。实现对水位、水面漂浮物日常安全管理等进行监控。

4.海岸线保护方面

重点关注排污口、港口码头、垃圾倾倒区域等，实现对近海范围内岸线监控。

5.社会治安、治理、交通方面

重点关注城区人口密集区域、主要道路、重要街区、重点园区。

6.应急管理方面

重点关注化工园区、森林火灾、水涝灾害、地质灾害等易发区域，为自然灾害防治、应急处理提供技术手段。

（三）高点监控功能亮点

利用铁塔高点视野广、利用摄像机光学变焦等优势，实现对宏观大场景、局部细节的精准定位，挂载监控设备可实现2~3千米精确覆盖，覆盖面积是小监控杆的30多倍，少量监控点就能实现全域覆盖，基站电源及传输配套齐全，系统部署速度快。

高点 AR 全景需实现对部分重点要害部位的态势实时展现。通过 AR 全景摄像机获取监控点大场景视频，既可关注整体大范围监控，又兼顾局部细节联动。利用 AR 场景画中画、全景多目标跟踪、联动定位、图层过滤、标签业务多样化呈现、人群聚集分析等功能，做到视频资源的可查询、可搜索、可描述、可报警、可联动，改善监控系统的应用模式，实现应急指挥、态势监测、治安防控、综合调度的系统功能。

高点防火热成像是采用智能烟火检测技术，利用前端监控摄像机结合高清一体化可见光和热成像，可实现对烟火的智能识别和森林火点的实时在线监控。当发现火源时，系统会实现火警报警，同时系统能给出火点画面，通知相关部门管理人员进行处置；对船只违规出入、海沙盗采、虾池海参池复建、海域生态环境等进行监测监管，提高监管质量与效率；对可能进行秸秆焚烧的田地区域进行巡航监测，一旦发现火情能及时报警；可以通过热成像实现远距离探测和搜索因地质灾害被困人员；对于一些重点危险化学品学化工园区的仓库，可以通过热源检测火点，实现报警；热成像摄像机基于热属性探测，可对隐藏在暗处或草丛中的人进行高效探测，实现隐蔽处人员探测功能。

高点高倍球是在距离地 20 米或以上的位置布设高倍球机及配套设施，以实现方圆数百米到数千米乃至更远范围的视频图像监控。城市应急指挥监控、重点目标监控、城市治安监控等都急需在普通图像监控的基础上，补充在较高位置的远距离图像精确监控和具体目标特写拍摄的视频监控手段，配合 AR 全景既兼顾大场面、又实现高点到高点的联动应用。实现周界安全防范、生活垃圾检测和违建等非法侵占监控、河道和海岸线监控，以及特定场景的细节监控等。

四、应用成效

李沧区全域视联网服务项目，通过信息网络、空间信息系统、数据中心等基础设施平台建设，整合全区各项业务和资源，实现城市管理、社会治理、生态环保、应急管理等部门业务协同和智慧化管理运行，更加全面、精细、动态、科学地提供政务管理服务，进一步提升社会治理效能，包括服务期间设备安装，运行维护、数据整合等内容。

下一步，将推进李沧区各委办局的共建共享，针对现有的监控点位进行一部分补点，同时加大对原有视频监控的应用，主要是通过算法分析，实现更多智能化的应用。

构建"数字仓库"综合体
助力金融发展新模式

中国（山东）自由贸易试验区青岛片区管理委员会

数字仓库建设主要解决的问题是贸易"四流"中最大的短板——物流。通过数字化建设，解决货物安全管理的问题。实现标准化、流通数字化，从而降低贸易成本，也为产业平台、金融机构、政府部门穿透式监管提供基础场景和底座。

目前，国内的仓库数字化建设多以银行金融机构为主导，主要围绕动产，仓单质押融资业务的贷前贷中贷后风险管理需求，聚焦于货物的实物管理，没有实现仓储业务的全流程数字化和管理的智慧化，虽然投入了很多成本进行数字化改造，但并没有实现货物安全管理和高效管理需要的智慧化数字化管控，仍然依靠人力定期巡查监控，存在货物和 WMS 账目、业务单据等无法时时关联问题，误报率高，缺乏有效数据交叉验证，更无法提高仓储作业的水平和效率，无法直接服务贸易，降低贸易成本。

青岛自贸片区数字仓库建设首创了仓储业务数字化，聚焦于提升业务的效率、安全，数据的采集和交叉验证，不仅提升了仓储企业的数智化，降低了成本，提升了服务，增加了盈利能力，更重要的是为区域的新一代贸易提供了扎实的数字仓库场景和底座，提高了贸易的安全和流通效率；标准化降低了贸易的成本，实现贸易的升维，同时为基于业务数据交叉验证构建数字信用的数字金融创新提供了场景，实现数字仓库建设促进数字金融创新发展的目标。在大宗商品流通仓库，高度智慧化、数字化建设等方面属于全球首创。

一、主要做法

（一）顶层设计数智化，打造软件平台强化业务数据支撑

创新性构建集仓储管理、园区运营、仓单管理及政府协同监管于一体的系统平台，开展顶层数字化模块设计。

数字仓储系统：实现与物联网链接，实现存储货物信息的传输和处理。

数字园区系统：实现对货物进入园区后相关数据的抓取，与智慧园区系统实现相互配合与协调。

数字仓单系统：实现对仓单的实时管理与流转，打造多元化的线上仓单交易应用场景。

数据中台系统：实现与金融、海关、外汇、监管、消防等有关部门多个系统间的信息采集，通过中台实现多个监管部门数据交互。

（二）硬件设施标准化，推动对异构设备数据的统一融合

统一设备连接、数据规范、场景引擎等技术标准，实现异构设备数据的融合，提供统一可信的技术和数据服务。通过建设 AI 视频、存证管理、货物管理、作业管理、告警管理、智能消防、智能安防、数据统计等模块，将采集的物联网数据与仓库管理系统货物数据结合，运用区块链技术，形成新型仓储标准管控。通过实时监控、动

态感应、自动核查等高效作业，实现仓库物资的安全管理。

（三）监管机制智慧化，推动跨部门数字化监管协同创新

通过物联网实现数据实时获取，结合平台的数据交互融合实现智慧监管功能。在平台上集成金融、外管及海关等部门数据接口，通过开放平台和网关，将脱敏的仓储及流通信息提供给监管部门，实现大宗仓库业务数据的存证管理及部分数据统计功能，更加有效地帮助相关部门制订布控方案。创新环境监测与消防实时联动，为消防、应急等部门有效作业提供数字化抓手，实现智慧监管和安全监管，确保生产安全、风险可控。

（四）数据安全制度化，保障网络数据安全管理

从网络安全、数据安全、治理机制建设三大方面入手，推动网络安全技术、硬件的投资建设；建立明确的数据安全管理的职责权限及分工体系，参与国家信息安全等级保护认证，保障数字仓库整体数据安全管理。

二、特色亮点

（一）推动监管部门实现流程再造

利用数字仓库实现大宗商品贸易链条中商流、物流、资金流和信息流的互联互通，助力数字仓单质押融资操作更高效便捷，解决贸易企业在业务开展起步阶段数字化程度低、资金短缺等痛点，同时为海关、税务、市场监督、安全、消防、应急等部门打通"数治"化的"高速公路"，为实现流程再造破题，为构建统一大市场

流通体系奠定基础。

（二）带动供应链全链条转型提升

从推动行业转型角度提供了数字化基础设施硬件支撑，通过智慧化手段有效降低仓储管理人力成本近40%，一方面解决航运物流企业数字化转型中数据动态收集、可信互证以及数据互通的难题，另一方面解决了产业互联网平台建设投入大、门槛高、重复投入、缺乏标准的问题，打造高标准的物流互联网。同时高精度仓储物联管理，能充分掌握区域仓储情况、货物储备情况，微观上服务客户带动业务，宏观上摸清底数、调整结构。

（三）驱动企业获取资金提量增效

伴随着数字仓库的投入使用，全国首笔基于政府数字基建——数字仓库的提单转仓单质押融资业务在青岛自贸片区顺利落地。基于数字仓库平台的"AI看货"及资金交易信息实时同步功能，仓储方、贸易商、金融机构均能便捷、实时、清晰地看到货物、货主、保管仓库、资金流转等信息，确保货物"物""权"明晰安全，将金融服务注重的企业主体信用向物权信用转变，有效破题新注册企业首贷难。对于主体信用良好的企业，能进一步提高资金周转率50%以上。

三、应用成效

（一）纵向延伸，丰富场景链条升级

加快推动数字仓库标准化输出，以数字仓库为原点进行供应链数字化纵向拓展。通过仓储标准化接入、数据互联互通、可信机制建设等，带动供应链管理、交易、融资的数字化应用不断丰富，促进大宗商品贸易全链条数字化转型。

（二）横向拓展，创新模式集中赋能

通过数字仓库数字场景不断丰富，横向拓展公共服务领域更多可落地的服务模式，探索叠加按货物按状态分类监管，增加金融授信"数""量"，适时降低货物保险费用，减少仓库巡检及货物拆检频次等。实现集中赋能，大面积推广。2022年4月21日，企业以提单转仓单质押的模式成功从建设银行青岛自贸片区支行获得31.6万美元的融资贷款。

四、下一步打算

建立数据安全防范体系，在确保数据安全前提下，打造数字可信产业链条。

数字仓库后台的大数据中心将富集各类用户数据，作为最新的生产要素，将为数字贸易、数字金融、数字治理、数智监管等提供基础要素资源，同时也是整个数字产业链的基础资源，安全可证是数据化向资产化的基础。数字平台相关数据的重要价值意味着需要未来更高的安全和管理要求。下一步青岛自贸片区将从网络安全、数据安全、治理机制三个维度继续发力，推动网络安全技术和数据安全治理的技术，提速对相关数据安全硬件的投资建设；制定成熟的数据权限及管理分工架构，并积极参与国家信息安全等级保护三级认证的评定，为数字仓库全面的数据安全管理提供强有力的支撑。

构建上合数字底座
服务"一带一路"高质量发展

胶州市大数据和智慧城市建设中心

为贯彻落实二十大精神和习近平总书记关于实施国家大数据战略，建设网络强国、数字中国的战略部署，围绕上合新区各领域数字化转型，加快整合要素资源，建设上合数字底座，实现城市"慧思考"、社会"慧协同"、产业"慧融合"、设施"慧感知"，更好地服务于上合组织国家、"一带一路"沿线国家及东北亚国家地方经贸合作，支撑上合新区高质量发展。

以建强城市云脑、赋能数字经济、服务经贸合作为着力点，整合用好 Handle 全球根节点，"星火·链网"骨干节点和海尔卡奥斯、浪潮云洲、数字工博等线上平台，建设上合组织国家大数据合作中心、世界工业互联网之都智算中心，赋能上合国际超级枢纽港、胶东临空综保区和胶东经济圈一体化发展，打造中国北方工业互联网示范区，努力推动胶州迈入中国北方数字经济第一方阵，为开拓国内国际双循环，构建面向东北亚以及上合组织国家、"一带一路"沿线国家地方经贸合作的大数据底座。

一、主要做法

（一）成立专班团队，制订实施方案

成立上合数字底座建设工作推进专班，设立了综合部、项目部、监理部、研究院等"三部一院"办事机构。聘请数字领域专家，强化智力支撑，组建上合数字底座攻坚团队，围绕工赋上合、上合超级港、RCEP、"一带一路"、智慧城市、数字乡村等领域数字化转型，深入政府部门、企事业单位调研，全面摸清基本需求和实际情况，规划"521+N"数字底座系统架构，编制《上合数字底座建设方案》，确定三年建设任务。

（二）建设上合数字底座

数字底座总体架构为"521+N"模式，即由5个技术层（基础架构层、公共平台层、数据管理层、AI赋能层、逻辑管理层）、2个公共支撑体系（统一标准体系、统一用户体系）、1个安全运维保障、N个应用场景构成。

1.5个技术层

一是基础架构层。建设基础云平台及存储能力，为数字底座提供硬件和云平台支持。

二是公共平台层。建设智能算力平台，对接星火·链网（胶州）骨干节点及 Handle 根节点，实现安全计算；建设物联感知平台，实现城市运行状态实时感知，汇聚全市视频监控数据，提供视频数据服务；建设融合平台，融合星火·链网（胶州）骨干节点及 Handle 根节点提供的服务能力；构建地理信息平台，用于构建城市三维数据模型，提供城市时空地理信息服务。

三是数据管理层。实现大数据量多源异构数据的汇聚、交换、存储与计算。通过数据集成、开发、治理等，建立场景所需的主题库、专题库和业务库，实现数据的全生命周期的管理、治理和运营，打造全链条智能服务支撑。

四是 AI 赋能层。建设包括数据赋能中台、视频赋能中台、虚拟引擎中台及业务引擎中台。提供成熟模型服务，提供 AI 模型开发能力；提供视觉算法模型，赋能视频场景应用；实现数字模型快速构建、实时渲染，最大限度还原物理世界；提供应用统一接入、智能调度、多维分析、辅助决策、统一用户管理等各类业务逻辑处理能力。

五是逻辑管理层。包括用户管理、后台管理、能力开放模块。用户管理包括建立统一用户认证、权限管理等模块，对外部业务接入进行统一管理；后台管理主要对数据进行统计分析、可视化展示。能力开放模块主要建设对外开放能力，使数字底座更具可扩展性。

2. 两个公共支撑体系

一是统一标准体系。建设数字底座建设过程中的标准规范体系，从技术规范、参考指南、机制建设、管理要求等角度出发，制定统一、开放、可操作的标准和规范。

二是统一用户体系。为数字底座提供集中式的用户身份管理，对新老系统的用户账户、组织机构、部门等进行集成和管理，实现数字底座内新老应用统一身份、统一认证、统一授权、统一审计，用户可在各应用场景中无感穿行。

3. 安全运维保障

建立数字底座建设及运营过程中的安全体系和运维体系。加强对信息、设施、机房、流程、人员等管控，建设统一的安全管理体系。运维体系以场景为依托，打造覆盖云网边端的全场景业务运维服务能力，实现从资源性能管理到智能运维体系的演变。

4. "N" 个应用场景

主要建设数字底座支撑的青岛市应用场景，包括智慧城市、智慧云脑、工业互联网、乡村振兴、智慧上合、智慧临空、上合超级港、RCEP、"一带一路"等场景。

（三）组建上合算力联盟

充分发挥头部企业优势，联合各运营商和全国一体化算力网络国家枢纽内蒙古节点、国家数据中心北方节点、新疆克拉玛依市云计算产业园，以上合数字底座为中心，组建上合算力联盟。融入"东数西算"国家战略布局，促进算力资源统筹和集约化应用，加快"东西双向互济、陆海内外联动"开放。发挥浪潮集团联盟秘书长单位优势，建设上合数字底座算力联盟总部基础设施，制定联盟章程和运作规则，开展联盟总部经济产业发展策划，打造上合数字底座云资源合作创新策源平台。

（四）举办数字底座发布和算力联盟成立大会

2022 年 10 月 28 日，成功举行以"云聚上合，算利万疆，共赢未来"为主题的上合数字底座启用暨上合算力联盟成立大会。数字经济及算力领域的院士、专家和学者、行业领军人物、企业家代表等相聚一堂，交流思想、碰撞智慧，共商数字转型变革、共谋算力产业未来。与会嘉宾代表共同为上合数字底座启用揭牌，发布了《关于构建上合算力联盟打造上合组织国家大数据合作创新先行区的实施意见》。

二、特色亮点

（一）落实"一带一路""东数西算"国家战略

上合算力联盟将为上合组织国家、"一带一路"沿线国家、地区开展数字化转型提供可复制、可推广的整体性系统性解决方案，统筹"一带一路"沿线和沿黄区域部署的算力资源，推动"边、端、云、网、智"高端资源互动耦合，打造上合组织国家、"一带一路"沿线国家算力产业融合发展生态圈，共同推动"东数西算"工程落地落实。

（二）先进的云平台

分布式云支持将算力部署在业务所需的位置，能更好适应政企数据本地化和低时延处理的需求。通过中心云、本地云、边缘云延伸到业务场景，提供安全合规、异构融合、行业原生、统一运管的全栈产品服务。使数字基础设施快速覆盖到所需区域，解决用户对数字技术的迫切需求。数字底座云平台是由云中心（X86设备）、云平台（OpenStack、Ceph、CKE）、云服务（IaaS、PaaS、SaaS）、云管理（BSS、OSS、RegionBOSS）和云安全模块组成的云计算平台，可提供涵盖IaaS、PaaS、DaaS、SaaS多达200+云服务产品，满足各类应用不同云化场景需求，为数字底座提供基础算力、存储、网络和安全支持。

（三）成熟的数据平台，智能的AI平台

数据平台既面向政府侧，将相对离散的数字资源（数据资源、应用资源、云资源、组件资源）进行有机整合和关联，实现全面资产的"一本账"管理，并通过"超市化"资源供给门户，打通生态共建共享通道，实现"一站式"浏览、"一揽式"申请；围绕数据全生命周期提供数据集成、数据治理、数据服务、数据分析、数据调度、数据安全及数据共享支撑服务，提升数据治理和整合共享能力。面向社会公众侧提供数据开放、政企数据融合等服务，实现开放数据向社会公众集中、有序开放和规范利用，有效提高政府公共服务水平。

AI平台包括机器学习平台、AI开放服务、数据标注、智能对

话、文字识别和数据可视化等部分。通过"前店后厂"模式，提供一体化资源管理、工厂式加工生产、超市化资源供给、一体化运营运维的数字化运营服务体系，构建"平台＋服务＋应用"的生态链，快速落地并发挥价值。

（四）全面的支撑平台体系

构建统一、智能的集约平台支撑体系，是建设数字政府的重要基础。因此，要统筹云、数、网资源，形成互联互通、协同联动、数据赋能、安全可靠的平台支撑能力；要强化信息技术应用创新，充分整合现有信息基础设施，构建智能集约的平台支撑体系，全面夯实数字政府建设"底座"。上合数字底座的"521+N"总体架构中包含了从物理硬件到智慧应用全方位的定义和描述，实现了"云、网、数、用"融合、平台集约化、数据云化、服务智能化，为上层智慧应用建设提供一体化服务。

三、应用成效

（一）有效整合算力和数据资源

一是2022年7月完成了数字底座基础云平台部署，具备了对外提供服务的能力。同时，云资源统筹管理平台建设完成，有效整合了大数据中心、运营商和数字底座云平台的算力资源，通过算力智能调度机制，实现算力资源统一编排、统一输入输出。为各类应用提供灵活、按需、一致的服务体验，为数字化转型奠定基础。

二是2022年9月20日完成包含数据共享交换、数据汇聚治理、AI赋能、视频赋能、物联感知和区块链等功能的大数据一体化支撑平台部署。数字底座总体架构建设基本完成。

截至 2022 年 10 月 16 日已汇聚数据 1.7 多亿条，对外提供数据服务累计 1.4 亿条。依靠数据支撑平台的数据汇聚和治理能力，根据人口信息数据模型，整理形成人口库。根据人口数据打分机制对人口底数进行智能更新。通过人口信息标签，将人口信息多元化、多维度、实现"人口画像""人际关系分析"，赋能人口相关场景应用。

（二）有力支撑智慧城市及各政府部门信息系统建设

1. 支撑胶州市城市云脑建设

胶州城市云脑围绕"1+3+N"总架构，整合智慧交通、执法监督、安全生产、环境保护、智慧街区等 25 个应用场景，接入 2.2 万路视频资源，实现城市运行状态的全面感知预警、决策支持、协同联动、应急指挥等功能。

2. 其他政府部门平台建设支撑

截至 2022 年 11 月，已有上合综合服务平台、农业农村局产权交易平台、组织部网格化基层治理平台等多个平台部署、迁移到数字底座。数字底座有效支撑各部门智慧城市应用建设，为智慧城市建设发挥了巨大作用。

（三）为算力资源统筹整合提供保障

2022 年 10 月 28 日，上合算力联盟正式成立，制定了上合算力联盟章程。章程明确了联盟的宗旨与任务，联盟组织机构和联盟会员等内容。联盟的成立为上合数字底座整合新疆克拉玛依市云计算产业园、运营商等头部企业在"一带一路"沿线和黄河流域部署的算力资源，提供了组织基础。为融入"东数西算"国家战略布局，促进算力资源统筹和集约化应用，加快"东西双向互济、陆海内外联动"开放，加强上合组织国家和"一带一路"沿线城市的交流合作，不断扩大算力联盟"朋友圈"提供了有力保障。

多式联运"一单制"助推贸易便利化

胶州市物流工作推进服务中心

2018 年 6 月 10 日,习近平总书记在上合组织青岛峰会上宣布:"中国政府支持在青岛建设中国—上海合作组织地方经贸合作示范区。"2018 年 7 月 26 日,胶州市通过整合中铁联集青岛集装箱中心站、山东济铁胶州物流园、山东省港口集团青岛港、山东高速、中铁多联五方优势资源,全面建设上合多式联运中心。

目前,上合多式联运中心成功融入双循环发展新格局,成为上合组织国家及沿黄流域的重要出海口,成为"一带一路"国际合作新平台。开通国内外班列 24 条,构建起"东接日韩亚太、西联中亚欧洲、南通东盟南亚、北达蒙俄大陆"的国际物流大通道,可通达 15 个"一带一路"及上合组织国家的 43 个城市。2019 年上合多式联运中心获评"国家多式联运示范工程",2021 年 2 月助力青岛(山东唯一)入选全国 20 个加快建设的国际性综合交通枢纽城市。上合多式联运中心为推行"一单制"奠定了基础,提供了必要保障。

一、多式联运"一单制"的意义

多式联运提供的是一种高效率的服务,但目前真正做到"一次托运、一次付费、一次签单、一票到底"的多式联运很少。随着标准化集装箱的广泛使用,多式联运的形式也越来越多样化,我国多式联运的票证单据没有完全统一，货物在转换运输方式时需更换联运单证，增加了货物换装时间。多式联运"一单制"不仅可以解决"多式"运输的规则不同、单据不通的问题，还可以解决国际铁路联运规则不统一、铁路运输单证无物权属性、缺乏贸易结算和融资功能的问题。

2021 年 3 月 10 日，商务部办公厅印发《关于做好 2020 年度国际货运代理企业业务备案等有关工作的通知》（商办服贸函〔2021〕101 号），指出："支持有条件的地区积极探索使用具备物权凭证属性的国际多式联运提单，鼓励中国货代协会国际多式联运提单的试点使用，加快发展'一单制'全程服务。"2021 年 3 月 15 日，山东省商务厅印发《山东省推进中国—上海合作组织地方经贸合作示范区建设领导小组 2021 年工作要点》（鲁上合协办发〔2021〕1 号）指出："把握《区域全面经济伙伴关系协定》（RCEP）和中欧投资协定机遇，加快建设上合多式联运中心，优化提升多式联运综合服务平台功能。"在商务部支持下，中国国际货运代理协会牵头开展国际铁路多式联运提单物权化工作，制定出符合中华人民共和国国内贸易行业标准 SB/T10800—2012 规定的多式联运提单即 CIFA 提单，为推行"一单制"提供了政策保障。

上合多式联运中心创新模式，实现全省首例"一单制"。上合多式联运中心创建"站港一体"的海公铁联运模式，首创全国海关在途监管系统，实现海陆空铁四式联运。开通"胶黄公交化"铁路班列，将码头核心功能转移到胶州，打造青岛港胶州陆港。上合多式联运中心与中国国际货运代理协会合作，试点推广多式联运 CIFA 提单。2021 年 5 月 6 日，上合示范区首批多式联运"一单制"提单货物搭乘"齐鲁号"欧亚班列由俄罗斯塔利奇车站发出，经满洲里口岸入境，全程采用"公路—铁路—公路"多式联运方式，最终抵达上合示范区青岛多式联运中心，由胶州海关监卸，标志着山东省及上合示范区多式联运"一单制"工作取得新突破。

二、主要做法

上合多式联运中心"一单制"实现了新型智慧城市智慧物流的模式创新，惠民惠企。

（一）"一单制"及其长远意义

多式联运"一单制"的"多式"是基础，"联"是核心，"一单"是改革承载。在跨方式（两种运输方式或以上）、跨部门（运输部门、海关、检验检疫等）、跨边境的运输中，托运人（即货主）与承运人之间，只需一份多式联运提单，便相当于签订了全程运输协议。提单包含了货物的基本信息、计费规则、交接服务等所有内容。在"一单制"执行过程中，多式联运承运人通过"一次委托、一次收费、一单到底"为托运人提供全程运输服务。

胶州市为提单"赋权"、与金融结合的成功案例，已初步证明推广使用 CIFA 提单具有以下长远意义：一是缓解企业临时性资金压力，提供更多融资渠道；二是为企业增加流动资金，丰富经营活动；三是减少单据流转环节，提高运输、沟通效率和贸易便利性；四是严格把控提单流转实现更为严格的货权控制，提升国际贸易安全性。

（二）上合多式联运中心"一单制"实施路径

第一步，揽货。上合多式联运中心班列运营公司，以补贴优惠运价，揽收适于推行"一单制"的进口货源。责任主体为上合多式联运中心班列运营公司。

第二步，提单备案，开立信用证。国内进口商根据出口商提供的提单样本提前在开证银行（即进口商开户行）备案，并开具国外出口商为受益人的信用证。责任主体为进、出口商。

第三步，出口商发货，签发提单。上合多式联运中心班列运营公司与发货客户约定欧洲/中亚国家端交货地点，收到货物检查无误，且境外发运起票成功后，向出口商签发提单，明确上合多式联运中心班列运营公司全程运输责任。责任主体为上合多式联运中心班列运营公司。

第四步，提单议付，资金安全流转。出口商取得正本提单及其他相关单据后，交至境外出口商银行申请议付；出口商银行核对单据无误后，将正本提单等寄至国内进口商银行；进口商银行核对单据无误后，依据信用证条款向境外出口商银行付款。责任主体为银行。

第五步：在途、在库监控。上合多式联运中心班列运营公司负责全程物流操作及货物在途、在库监控。责任主体为上合多式联运中心班列运营公司。

第六步：提单赎单，进口清关。货到目的地后，国内银行通知进口商付款赎回提单。进口商赎回单证后完成清关。责任主体为进口商。

第七步：提单提货。进口商凭正本提单向上合多式联运中心班列运营公司申请提货，上合多式联运中心班列运营公司对提单进行核实无误后，协调上合多式联运青岛中心站放货。责任主体为上合多式联运中心班列运营公司、上合多式联运青岛中心站。

（三）上合多式联运"一单制"的主要价值及经验做法

1.上合多式联运"一单制"的主要价值

一是促进运输组织变革，降低运输成本和交易成本，提高系统效率，促进绿色发展；二是丰富运输服务供给，精准匹配现代生产方式与生活方式，提升经济运行效率效益；三是扩大运输服务的连续可达范围，拓展经济辐射空间和区域发展空间；四是融合现代信息技术、金融服务等，联动现代产业链、供应链，打造系统化产业组织优势和服务衍生优势，提升国家整体竞争实力；五是深度影响要素跨区域流动，形成空间聚集与辐射，主导交货方式和结算规则，重构国际物流及经贸运行规则。

2. 经验做法

多式联运"一单制"融资项目是一项综合性的体系，主要牵扯到的节点有国外仓库、国外铁路起运站点、口岸站、国内铁路目的站点、目的站仓库以及金融机构等。作为组织主体，多式联运"一单制"不仅要统筹安排好各节点的功能匹配和作业能力，而且要组织好各运输方式的高效衔接和单据的及时流转。

控制风险。目前主要在回程即进口至胶州的班列试行多式联运"一单制"，这样可以做到对货权的完全把控；境外段运输选择成熟可信的合作方，以确保对海外仓和境外段运输的把控；逐步引入保险机构，为国际多式联运提供全程保险服务。

建立政企银常态化沟通机制。由于整个链条牵扯环节较多、运输周期较长，"一单制"推行的过程中也会遇到一定的问题，为迅速解决这些问题并及时调整实施方案，与相关政府部门、境外代理以及金融机构建立常态化多元沟通机制。

三、特色亮点

（一）应用与结算方式的示范性与创新性

目前，中国国际货运代理协会大力支持在上合示范区试点运行具有上合特色的亚欧大陆桥多式联运提单，试点成功后，将率先在上合组织国家进行推广。该提单将适用于全运输方式（铁铁／海

铁 / 铁海铁等）、全贸易场景（进口 / 出口 / 过境），并通过"CIFA
提单 + 信用证结算"的方式，创立陆地贸易新规则。

（二）融资与监管方式的示范性与创新性

下一步将信用池系统引入"一单制"服务体系。主导建立上
合示范区融合多式联运"一单制"的"供应链金融平台"，会员企
业贸易订单上链流转，物流信息全程可溯，银行机构根据链上约定
付款条件自动付款。企业使用 CIFA 提单的每一笔交易都作为"信
用沉淀"，计入平台的"上合企业信用池"。最终实现金融机构的
融资、借贷服务以企业信用值及链上贸易的真实性为依据，无须更
多保证金。为中小企业免除资金占用压力，提高企业运转活力，促
进区域贸易进一步增长。

（三）国内行业领先位置

在国内属于较早实现多式联运"一单制"的省份。

（四）经济效益和社会效益

完成融资近 100 万美元，有效地降低了客户的融资成本。

通过打造外贸提单系统、信用证体系，以多式联运提单作为
媒介，将货物的交易变成单证的交易，贸易单据处理由原有的"多
头接洽"转变为"一窗受理"，有效提高了外贸交易的便利性。

四、应用成效

上合多式联运"一单制"使用的是符合中华人民共和国国内
贸易行业标准 SB/T10800—2012 规定的多式联运提单即 CIFA 提单。

目前，上合多式联运中心已运输"一单制"班列三列，货值

1142315 美元，实现融资 913852 美元，在省内完成了多式联运"一单制"零的突破。一是通过此次尝试制定出标准统一的单证规则，制定推行科学合理的单证标准，形成具有统一规则的多式联运提单，关联物流运输全过程信息。二是优化完善服务规范，甄选出"时间最优""价格最优""路线最优"的可配置运输方案，尽力打造"一份合同、一张单证、一次付费、一单到底"的全程运输模式。三是开创"一单制"金融创新，为合作企业开辟新的融资渠道、降低融资成本。推动上合示范区多式联运"一单制"试点，提升多式联运提单的物权及金融属性，打造具有上合特色的亚欧大陆桥多式联运提单。

青岛北岸算力中心赋能智慧城市治理

青岛北岸数字科技集团有限公司

近年来，青岛市积极落实山东省《关于加快构建山东省一体化大数据中心协同创新体系的实施意见》《山东一体化算力网络建设行动方案（2022—2025 年）》等要求，按照"2+5+N"的全省一体化算力网络总体部署，根据城市定位、资源基础、经济发展水平、产业结构等情况，统筹优化大中型数据中心、智能计算中心、边缘数据中心算力和通信基础设施发展，有序引导一体化算力网络建设。

目前，青岛市已完成数字青岛新一轮规划即《数字青岛发展规划（2023—2025 年）》，一体化算力网络建设是其中的重要内容。未来三年，青岛市将根据数字强省规划部署，围绕"数字基础设施先进泛在"的建设目标，着力推动信息基础设施超前部署，加快融合基础设施智能升级。到 2025 年，将实现 5G 网络城乡全面覆盖，建成区域数据中心、新型互联网交换中心等国家级关键网络基础设施，基本建成"空天地海"一体化支撑体系，形成千兆带宽、万物互联、E 级算力发展格局，成为北方重要的数据信息通信枢纽节点和全国新型数字基础设施标杆城市。

青岛北岸算力中心项目位于青岛市城阳区的青岛轨道交通产业示范区，建筑面积 40607.79 平方米，占地面积约 34 亩，机房设备区面积 11860 平方米，预计能承载机柜数量为 3136 架，建设标准为国标 A 级机房，总投资 18.35 亿元。

重点吸引以新城建、轨道交通、数字城市为核心业务上下游产业资源，打造新城建产业和智能制造产业发展集群，带动区域大数据产业生态体系发展，不断积累行业数据并打造数据资产运营平台，推动城阳区的数字化转型。

一、主要做法

青岛北岸算力中心建成后，将为青岛北岸片区乃至全国提供以下服务，带动区域数字化转型。

（一）中车工业云平台

以搭建中车工业云平台为核心，构建计算、存储、网络等基础资源池，形成产品运营监控中心、业务运营分析中心、仿真验证分析中心和容灾备份中心，服务中车和北岸轨交产业上下游企业。

（二）算力服务

打造城阳区算力底座，为数据要素产业园提供算力支撑，以算力中心的算法赋能政府及企业，同时建设智算中心，发展智算中心业务，引入人工智能、算法大模型等先进技术，联合 AI 头部公司建立人工智能生态创新中心等生态运作组织，进行企业交流、初创孵化、技术赋能、人才培训、技术方案对接，产业推广等活动，促进和推动人工智能产业集约集聚发展，全面为智慧社区、智慧园区、智慧交通、智慧出行、工业互联网等应用领域进行 AI 赋能。

（三）政务云服务

基于北岸算力云平台搭建电子政务平台，打通分散资源，增加业务协同，实现政府资源的合理配置，结合大数据、物联网和人工智能等技术，为实现城市经济运行、综合管理和综合服务提供精准数字保障，在确保政务数据资源安全的前提下，提升了管理和运行效率。

（四）数据要素

北岸控股集团结合近两年在新城建及数字产业领域的探索实践经验，依托北岸算力中心构建全链条数据要素底座，打造全省首个数据要素产业园，2023 年 4 月份正式揭牌运营。依托数据要素产业园，不断挖掘、培育、引进数商，打造数据资产登记、评估、入表、交易、融资和司法保障的先行案例。同时，开发以公共数据为核心的多场景数据运营平台，开展数据场景研发、数据流通交易、融资多项业务，实现数据流通交易的场景落地，打造城阳区样板，并形成示范效应进行全国推广。

（五）机柜租赁

按照国标 A 级数据中心标准打造高端定制化数据中心，提供稳定适宜的物理环境、安全可靠的网络环境、高效周到的运维服务。为片区企业和国内互联网公司提供机柜租赁服务，同时接入统一的系统管理平台，资源调配更轻松，使系统安全、可靠、稳定、高效运行。

二、特色亮点

根据山东省工业大数据中心规划布局要求，推动构建基于"一群两心三圈"的区域发展总体格局，依托于工业基础雄厚的胶东经济圈，借助中车集团在轨交行业的"链主"优势，青岛北岸算力中心项目成功申报为"山东轨道交通设备行业云中心"，是山东省工业互联网的重要节点。

青岛北岸算力中心为北岸集团自主开发的 CIM 平台、BIM 平台、智慧园区、智慧社区等数字化平台提供云服务，为片区数据要素产业园、数字科技产业园、新城建产业园等八大产业园提供算力基础，为国内互联网公司提供算力服务和云服务，为城阳区政府政务云系统提供算力支撑。不断积累公共数据和行业数据，深度挖掘数据价值，打造数据生态，开发数据运营平台实现数据变现。

三、应用成效

（一）社会效益分析

通过青岛北岸算力中心项目建设，搭建新城建"一脑"平台，打造精准治理、多方协作的数字政府，构建以人为本、惠及全民的数字社会新体系，培育高端集聚、新兴繁荣的数字经济新格局，形成具有青岛北岸特有的城市大脑，在夯实基础、精准治理、惠及民生、产业转型等方面具有重要意义。

1. 有利于夯实城市智能基础设施，强化基础支撑能力

通过新城建"一脑"平台的建设，加大数据汇聚共享力度，提升新一代信息基础设施，推动泛在感知增智，构建数据基础支撑平台、数据共享交换平台、应用支撑平台，打造技术融合、数据开放、流程再造、业务赋能的智慧中枢，建成聚合场景服务的城市大脑，有效整合片区内已有公共基础设施，实现片区基础设施资源的集约化建设、集中式管理，减少重复投资，形成完善的以"一脑"平台为基础、大数据为核心青岛北岸基础支撑体系，为青岛北岸智慧化"新城建"建设运营提供基础支撑保障。

2. 有利于构建数字社会，提高公共服务水平

"以人为本、惠及民生"是智慧城市的核心理念，青岛北岸"新城建"建设项目充分发挥智慧化、数字化在资源整合、部门协同、模式创新等方面核心优势，通过城市安全管理、智能建造、智慧社区、智慧化市政基础设施等应用建设，使信息技术充分融合进民生服务中，使民众能够享受真正的信息化成果，基本公共服务均等化水平稳步提高，社会治理实现普遍参与，公共安全得到切实保障，社会保持和谐稳定，群众幸福感、获得感明显增强。

3. 有利于提高城市承载能力，满足生态文明建设需求

通过青岛北岸"新城建"的建设，优化城市空间与产业布局，增强城市规划建设的科学性和前瞻性，实现城市空间集约高效利用、生活空间宜居舒适，推动空间集聚发展向人口资源环境均衡、经济社会生态效益统一方向转变，有效提升城市运行管理领域的智能化和精细化，推进城市的绿色发展、循环发展和低碳发展，促进生态文明建设和文化品质内涵提升。

（二）推动数字化转型

为中车集团、北岸控股集团、所属全级次企业产业发展提供必要的连接、计算、存储、分析、安全五大数字化基础服务保障，增强业务连续性和信息系统可靠性，提高信息化资源综合利用率，降低总拥有成本（TCO）和运营维护成本，有效支撑中车、北岸数字化转型。

（三）打造大数据生态基础

青岛北岸算力中心全面建成后，可以支撑地方政府、地区重要企业相关工业互联网和数字化转型的数据中心需求，吸引以新城建、智慧城市、数据中心为核心业务上下游产业资源，打造新城建产业和智能制造产业发展集群，带动区域大数据产业生态体系发展，成为区域内最具影响力的大型绿色数据中心之一。

搭建数据湖仓一体化分析平台
助推港口数智化建设

青岛港集团

　　港口数智化建设中，港口生产业务方面有生产业务系统支撑，但对于与市场相关的指标、项目、客户，由于垂直管理目前不具备数据化管理能力，追踪手段不足，对于大数据分析应用缺乏工具支撑，除集装箱公司外其他装卸公司不具备数据实时分析能力。青岛港集团与公司之间的业务数据获取以公司分头报送、集团人工汇总、表格统计分析的模式为主，客户数据分散在各个公司的市场人员手中，不利于集团对于客户信息的实时掌握与快速决策。港口生产业务流程中有货主、货代、贸易商、代运人等多种角色，在港口生产系统中的装卸船只记录港口结费人；在港口疏运环节，如果是代理办理提货手续，只记录代理，没有实际的货主信息；如果是贸易商的货物，几经货权周转，只有最终提货，才能知道货主，种种现实造成生产数据无法有效支撑客户市场分析，需要对数据进行整合才能发挥价值。港口客户管理延续以前的模式，以客户经理负责制和手工保存数据为主，无统一管理、统一流程、统一模式，造成客户管理工作水平参差不齐。

一、主要做法

（一）分析港口客户业务链条

对港口客户业务链条进行分析，发现客户的数据分散于多个系统，数据结构多态，不进行数据整合难以发挥成效。通过充分调研客户的数据采集、加工、处理、汇聚、分析等需求，确定采用湖仓一体的数据基础架构，以便有效应对大规模、多样化、高时效、智能化的数据应用需求。

（二）搭建港口客户运营多维分析模型

与营销类客户不同，港口客户以企业为主，现在流行的客户管理运营模式不适用于港口。充分考虑港口客户的特点，将客户分为基本属性、分级属性、业务属性、指标属性、行为属性、财务属性等，搭建港口客户运营多维分析模型。基本属性指客户企业基本信息、简介、高管信息、股权结构及企业风险、大事记等。分级属性按照客户自身的隶属关系，对客户进行标签化，如一级客户、二级客户、三级客户等，在进行客户分析时，可以选择分析客户的层级，如分析一级客户时，将下属的二级客户和三级客户的数据都归入。业务属性是按照客户在港口的作业过程，分为货源计划、船舶计划、装卸船数据、港存数据及集疏运（汽车、火车、管道、转水）数据等。指标属性是按照年度、月度和货类指标任务分解到客户的指标数据。行为属性是指市场人员对客户的维系行为，如走访、短信、电话等记录数据。财务属性指客户应收款项、已收款项等。依据客户市场管理的全流程，将信息获取、客户走访、客户建档、业务争揽、合同商务、货源管理、业务数据、计费核实、业务回款、客户分析和绩效考核 11 个大过程，分解为 47 个流程标准，提升市场管理效率、创新市场工作模式、增强变化预警及应对强化客户、挖掘业务能力。

（三）搭建灵活多变、快捷部署的开发架构

对当前主流的系统框架进行研究，采用先进的 SpringBoot+MyBatis Plus+Redis+Vue 框架进行搭建，建立前、后端分离的分布式技术框架体系，适合快速迭代的开发模式，并且可以快速集成到 Spring Cloud 微服务框架中，集成后可采用 Rancher 进行容器化部署，加强程序发布时的容错性及图形可视化，建立统一、规范、稳定、可靠的信息交换平台，满足各业务系统之间高效实时协同和柔性可扩展，实现对客户基本数据、业务数据及外部数据的统一管理和共享。在系统部署方面，采用自行搭建的 GitLab+Jenkins 进行自动化部署，加强了系统发布时的容错性。

（四）搭建多业态数据融合的湖仓一体化平台

基于湖仓一体化架构，集成了散杂货生产系统、件杂货生产系统、液体散货生产系统、集装箱生产系统、船舶智能调度系统、财务数据、天眼查企业信息及外部市场资讯等数据，对数据进行标准化处理。按照业务的需求，将数据加工形成相关主题数据，建立泛港口市场客户数据生态，向各级决策层提供数据实时展示，使各级决策层随时随地掌控经营动态核心指标，实现数据源于业务、再回归业务的数据循环。

（五）建立客户运营分析全生命周期流程

全面梳理客户运营分析全流程，形成以货源管理为源头，船舶为主线，汇聚项目、指标及团队三条辅线，分解到公司，按照统一数据标准将港口作业流程中有关客户运营各节点的数据串联，形

成客户多维度分析的数据基础。

二、特色亮点

通过港口客户运营分析模型的建立及实践，为基层公司市场人员提供了必要的客户分析工具，可以随时看到客户的作业情况、港存情况及集疏运情况，向客户提供精准服务，为开拓市场、争揽货源创造良好的外部环境，为港口数智化建设提供数据基础。

三、应用成效

（一）全面梳理并清洗客户数据，打通市场与生产数据

便于市场人员及时掌握客户信息及作业信息。通过归集生产客户数据，解决当前企业客户数据不一致、不完整等问题，为业务开展、客户分析提供坚实的数据基础。

（二）实现港口客户市场分析智能化

实现港口从"数字化"到"数智化"。实现港口客户、业务数据及外部市场多主题域数汇聚，打造数智化核心竞争力，利用数据对推出客户费率政策、争揽货源等进行科学决策，提高客户决策效率 5% 以上。

（三）提升精准客户服务效率，优化了市场开拓环境

通过利用合适的技术手段激活客户数据，挖掘出更多的客户价值，推动港口数字化转型，实现了数据驱动市场，创新市场工作模式，增强变化预警应对能力。

（四）建立标准化市场拓展流程，发挥市场价值

实现了从货源计划、船舶到港、船舶作业及集疏运一体化的客户流程再造，并集成市场人员客户维系行为和客户社会属性，实现了港口客户一张图，打造了全新的、具有港口特色的客户管理理念。

（五）实现以客户为中心，提升客户满意度

通过客户市场标准，使企业以客户为中心资源，并将这些资源优势集中发挥于客户和潜在客户身上，通过缩减周期和成本，寻求扩展业务所需的新市场和新渠道，不断提高和改进客户价值、满意度、盈利能力以及客户的忠实度，进而不断改善和提高企业的经营状况。

（六）建立流程标准，提升管理效率

依据客户市场管理的全流程，将信息获取、客户走访、客户建档、业务争揽、合同商务、货源管理、业务数据、计费核实、业务回款、客户分析和绩效考核11个大过程，分解为47个流程标准，提升市场管理效率、创新市场工作模式、增强变化预警能力及应对客户、挖掘业务能力。

搭建数字建造平台
推动建筑业智能化转型升级

青岛国信胶州湾第二海底隧道有限公司

近年来，党中央、国务院高度重视数字化发展，不断加强顶层设计和总体布局，做出建设数字中国的战略决策。顺应数字化、网络化、智能化的科技发展趋势，以 BIM 技术为基础，数字建造管理技术发展迅猛，在促进绿色交通基础设施发展、提高交通基础设施行业数字化水平、推进智慧城市建设和实现工程建设领域转型升级等方面发挥着巨大作用。

在青岛市《推动智能建造三年行动计划》的指导下，青岛国信集团立足自身多业态建设、运营优势，以胶州湾第二海底隧道项目为依托，建设数字建造平台（以下简称"平台"），采用 BIM 技术、商业智能（BI）、大数据、电子签名签章、区块链技术、基于 5G 的泛在融合感知技术等新一代信息技术，解决以下问题：一是丰富工程数字建造标准体系内容，解决标准体系中缺少智慧隧道评价标准的问题。二是形成工程管理各项业务与电子签名签章的深度融合模式，解决施工数字化管理线上、线下"两张皮"的问题，重塑业务逻辑，推动基于 BIM 模型的数字化工程档案移交工作。三是建立数据采集、处理与全过程的可信化传递机制，以 BIM 模型集成智慧工地现场作业数据与施工管理数据，重构工程管理框架，推动建筑企业数字化转型发展。四是建立工程施工期与运维期一体化平台，解决施工建造与运维平台独立而导致的数据断链问题，促进数字城市要求下的工程建管养一体化的实质性发展。

一、主要做法

平台建设遵循"总体规划、分工程分期实施、业务需求先行"的原则，以胶州湾第二海底隧道工程为依托，开展平台相关研究实现工程建造的智能化、过程的数字化、管理的信息化；后期形成数字建造新模式向其他建设项目推广，并在推广过程中结合新建设项目的需求不断完善数字建造平台功能，塑造"智慧国信"新品牌。

（一）工作目标

一是精细化管理施工现场，严格控制工程成本。平台以 BIM 模型为数据载体，采用电子签名签章等技术，使用线上验工计价等闭环管理的手段，促使施工进度严格按照计划执行、严格按照实际施工情况计量。

二是标准化管理全过程数据，顺利实现依托工程数字化建设转运营。全面梳理设计和施工阶段的业务数据，结合资产及运营管理需求，创立全过程全周期数据交换体系。

三是推广数字建造平台，充分释放数字建造的价值。融合系统功能，扩展数字建造平台功能，最终为集团建设项目提供统一的管理平台，并通过项目积累充分释放数字建造的价值。

（二）功能需求分析

以依托土建工程、机电设备工程、服务管理用房和设施及附属工程等为对象，融合应用 BIM 技术、物联网技术、电子签名签章、5G、大数据、区块链、商业智能等新一代信息技术建设数字建造平台，规划了协同管理、智能建造、智慧工地三大内容。

协同管理包括进度管理、质量管理、成本管理、履约评价、材料管理、电子档案管理、BIM 模型管理、设计交付管理、风险与安全管理、应急管理、科研课题等功能模块；智能建造需集成并应用地质动态信息、盾构机等智能设备的信息；智慧工地需集成并应用现场实时数据，如人员管理、机械设备管理、渣土管理、混凝土管理、环境监测、应急通信、远程视频监控、定位管理、施工监控量测、拌和站监控管理、管片厂监控管理、试验室监控管理等数据。通过智能建造、智慧工地建设应用，采集施工现场多源异构数据并及时可靠的传递至协同管理各个功能模块作为业务开展的依据，实现本工程动态设计、工序验收、工程计量、电子档案等场景闭环管理，为智慧运维提供数据可信、过程可溯、运维可用的数字孪生模型及工程数据，避免各阶段数据断链，提高施工大数据的可应用能力，打造新时代数字示范工程，为同类项目提供借鉴。

二、特色亮点

（一）建立统一标准体系，实现全生命周期数据的有效传递

基于保证项目数字化工作统一性、协调性和兼容性的需要，开展项目标准体系的制定。具体包括：编制项目数字化总体规划和实施方案，确立数字化应用目标、工作要求和相关策略；通过制定编制项目级数字化标准，明确建模交付、分类编码、数据接口和技术

应用等标准；通过制订各参建方数字化工作实施方案，指导其 BIM 技术应用和数字化工作开展。在此基础上，通过统一 BIM 建模平台与建模标准，将设计 BIM 模型的信息充分传递到施工，避免施工模型重新翻模。进入施工阶段，通过建立 BIM 模型与工程编码的映射关系，实现工程进度、质量检验等关键资料及结构化数据关联，并传递至运维阶段，从而改变传统点对点的交流方式，切实发挥 BIM 协同管理价值。

（二）全要素"业财档评"闭环管理

平台中 BIM 模型是与工程设计是一致的，当施工单位完成某一里程段施工后，在施工现场，通过平台填写施工记录等内容，同时借助电子签名签章技术，支持施工记录表等档案资料在线填报、在线审批、自动归档，保证工程数据的准确性、资料的及时性。同时，为确保项目质量，平台将锁定验收人员的位置信息，收集试验室报告、拌和站混凝土数据，只有多方数据都满足要求后，工序才能通过验收。完成验收之后，施工单位可以通过平台自动生成可计量的凭证，供施工单位申报进度产值及工程进度款，做到"工完账清"。最后，由于平台记录各参建单位大量的平台使用数据，因此可以通过主客观结合的方式，评价各参建单位的施工行为、管理行为，达到规范各参建单位行为的效果，全面提升项目的数字建造管理水平。上述所有数据信息均通过 BIM 模型作为展现载体，最终实现"计划—工序—质检—进度—计量—档案—履约评价"的闭环管理。

（三）融合北斗定位系统，实现隧道内高精度定位

结合隧道工程施工技术要求和施工过程人员、车辆、设备等管理相关技术规定，以及施工安全管控的相关技术要求，本项目研

发了一种全面、系统、多层次的融合定位模式，实现隧道内人员、车辆、设备高精度定位支撑，解决了施工现场安全监管和施工人员、车辆、设备统一监管的问题。

三、应用成效

（一）实际成效

1. 一套数字化标准体系

为串联工程建设期与运维期的需要、贯通各类管理系统功能、规范项目参建各方行为，实现数字化施工管理，建立形成一套数字化标准体系。体系内容包括：《建模标准》明确了命名规则、交付格式等内容，实现设计、施工、运维各阶段各专业模型间的传递路径与继承关系；《数据标准》明确各阶段各业务之间的数据采集、传递机制，实现各阶段各业务之间的数据共享；《智慧隧道评价标准》明确智慧隧道建设的基本组成，构建智慧化等级标准等内容，避免建设的盲目性和资源浪费。

2. 一个数字建造平台

数字建造平台以 BIM 模型为数据集成与传递的载体，集成项目协同管理与智慧工地两大功能，聚焦施工过程管理，衔接项目运营管理。

通过协同管理建设应用，监管施工进度，实现远程掌握工程实时形象进度、验收进度等管理需求；管控施工质量，实现现场数据不合格、混凝土等材料不合格不能通过验收等强控要求；控制施工成本，实现未验收不计量、计量及支付数据全过程溯源等动态控制要求；深度融合电子签名签章，实现全线上处理业务工作，具备电子移交工程档案的条件。

通过智慧工地建设应用，基于 5G 的泛在融合感知技术，采集现场多源异构数据并及时可靠地传递至协同管理各个功能模块，工程管理各项业务以现场作业实时数据为依据，辅助管理决策。智慧工地建设主要包括人员管理、特种作业设备操作人员识别及工作状态监控、现场主材监管、围岩等级动态识别、试验室试验检验、作业环境监测、远程视频监控、监理机器人应用等内容。

3.一个数字化实施团队

项目推进过程中，通过组织多维度、多场次、多人次的培训活动，培养一个专业的数字化团队。这个数字化团队成员来自建设单位、设计单位、施工单位、监理单位、咨询单位等多专业领域，通过本项目实践后，将在更多项目中发挥更大作用，根本性推动建筑业数字化、智能化转型升级。

（二）获奖情况

获市级以上科技奖励 6 项，包括中国公路学会科学技术奖特等奖、山东省科学技术奖三等奖、北京市科学技术奖一等奖、青岛市科学技术奖一等奖。

数字化升级青岛中山路　赋能城市更新

山东金东数字创意股份有限公司

以中山路为主的老城区是青岛城市的起点，更是青岛市市南区城市更新最值得挖掘内涵、重塑更新的区域。科技与时尚为城市旅游注入了新动能，数字旅游从概念导入进入了市场实践新阶段。

为让青岛历史城区焕发新的活力，金东数创为青岛市中山路老城区提供了一种新思路——利用数字技术，打造线上线下、虚实共生的元宇宙街区。在街角驻足，透过裸眼 3D 大屏"与宇航员击掌"，在城市记忆馆，坐一趟沉浸式光影巴士，感受百年老街的发展变迁……"老建筑＋新消费""原场景＋新体验"等业态场景，种种创新之举，让老城频频出圈，人气越来越高，实现了老城区的文化复兴，享受到了数字创意带来的红利，助力中山路"上云用数赋智"。

一、主要做法

在更新改造建设的过程中，采用了动态捕捉、裸眼 3D、AR 导览、MR 体验的新技术手段。通过 AI+AR 技术带来的超现实虚实融合景观，还有数字人"青岛小嫚"的打造，与现实世界叠加，提供差异化的视觉体验和趣味参与，提升用户体验，形成独特的吸客能力。

打造的 LED 立体沉浸式影院创新实现"全景＋立体"呈现形式，真正打破屏幕边界，实现全沉浸体验。突破影片全景立体制作技术，同时独立开发播控系统，解决了超 8K 分辨率影片解码、分发、拼接、矫正、同步问题。创新性研发了异型 LED 图像映射技术，解决了传统投影显示实现全景效果差、光污染大的根本问题，同时异型 LED 定制解决了常规 LED 拼接色差问题。创新性引入环境特效系统，配合全沉浸画面，让观众全感官沉浸。

利用沉浸式体验技术，将"裸眼 3D"的视觉冲击力与影片趣味性结合，生动展现中山路经典建筑及视觉元素形式，以及互动创意游戏展现中山路老字号，营造巨幅弧角 L 形裸眼 3D 影片大屏的体验形式。通过 3D 裸眼大屏展示设备以及虚拟现实技术和动画特效，极具创意地展现中山路及沿线的宽广高大的建筑场景，并将写实风格的建筑进行艺术化处理，变成波普风格的时尚玩具。以建筑为代表，带出周边多个网红打卡地与历史街区地标，引导游客前往游览。旨在通过这种虚实场景的紧密关联，让历史街区重新活化，呈现出一条年轻时尚、生动有趣的百年中山路街区。

项目应用于展览展示、文化旅游、党建教育、科普教育、全景直播等相关领域。以专属化主题内容定制、情景式创意空间设计、视觉化图文故事表达、沉浸式数字媒体体验、智能化交互信息感知、娱乐化参观体验导入、跨界式资源整合呈现、完善化项目管理控制等八大核心理念，为观众打造有生命的空间体验，让观众瞬间沉浸其中、身临其境。

二、特色亮点

（一）异面融合播控系统

媒体播控服务器作为沉浸式视频呈现的关键设备，其核心功能为视频播放和拼接融合，相对于常规家用视频播放软件，专业媒体服务器需要解决超大分辨率（8K 以上）、高帧率（60Hz 以上）的视频解码，点对点多路帧同步输出显示，可作为主控也可支持被控，支持多种同步控制协议，同时通过其内置的拼接融合功能将多个显示设备或多块 LED 显示屏拼接成一副完整的画面。

本项目媒体播控系统由金东完全自主研发，该系统在视频编解码格式、异型 LED 点对点映射等方面提出诸多创新型方案及发明。

支持超高分辨率图像播放：此处专指采用 DDS 图像格式的序列帧进行播放。DDS 文件是一种无需 CPU 进行解码的图像文件格式，可以直接被显卡读取显示，效率极高。显示速度取决于电脑的数据传输速率。主流配置 PC 安装了高速固态硬盘，可以每秒 30 帧的速度播放 4k×4k 或 8k×2k 分辨率的图像序列。或者以 60 帧的速度播放一半分辨率的图像序列。足以应对常规的大屏显示运用。

三、应用成效

（一）活用数字创意，中山路屡获大奖

中山路街区裸眼 3D 大屏，中高 27 米、长 50 米，面积超过 1400 平方米，是目前北方最大的裸眼 3D 大屏。天主教堂光影秀运用了 3D 投影技术，通过计算机图形学中的平行投影和透视投影的方法，叠加运用裸眼 3D、14K 分辨率投屏等多种科技手段，在天主教堂的巨大楼体上显示三维物体，让丰富的视觉画面打破物理空间，实现楼体与动画的完美融合，产生强烈视觉冲击力。

城市记忆馆中，特别打造 5G CAVE 立体影院，实现 360 度裸眼立体沉浸，彰显城市文化。在负一层，创新性打造虚实结合的光影巴士新型沙盘，搭配 MR 数智魔镜、手机 AR 识别，为这些数字活化点设计并制作三维模型与历史资料视频，通过虚实结合的方式，让游客了解青岛的历史肌理，开馆一周即上榜 2022 国庆节假期山东十大热门景区。还有肥城路跨街亮化的星空团、银鱼巷亮化提升的特效大屏、轨道投影等，都通过数字创意赋能，让中山路项目成

为青岛历史城区保护更新、提升商圈新业态新消费场景的代表作。

"光影中山路"项目凭借对数字创意在线上线下的综合运用，屡获文旅领域大奖：2022年12月11日，入选由中国旅游研究院（文化和旅游部数据中心）发布的"潮品牌 新势力"2022中国旅游创业创新案例。2023年1月10日，入选全联房地产商会城市更新分会颁发的"2022年度（第六届）中国城市更新和既有建筑改造典型案例"，被评为科技创新类典型案例。2023年1月13日，入选新旅界"文旅风尚榜——2022数字文旅标杆项目"。2023年10月，入选文化和旅游部"沉浸式体验文旅项目定制运营"优秀解决方案。

（二）上云用数赋智 老城化身新网红

青岛百年老街中山路通过数字科技赋能，披上了新"光影"，成为青岛历史城区保护更新、提升商圈新业态新消费场景的代表作。中山路2022年7月开街一周之内，累计吸引市民、游客70万人次，周边商超营业额比以往增长约30%，巅峰时期增长约66%；2023年春节期间人流量翻倍，周边餐饮企业营业额成倍增长，在2023青岛·第二届上街里·啤酒节期间，中山路区域日均接客量达32万人次，日均营业额超500万元，较2022年啤酒节同期，人流量同比增长400%。中山路的银鱼巷及天主教堂区域再次成为年轻人的社交地和地标感打卡地。不仅如此，金东还在持续为中山路的"上云用数赋智"持续赋能，银鱼巷AR漫游、AR中山路等后续项目的相继上线，让中山路成为数实融合、数字化文化新场景的典范。

近年来，青岛市市南区不断推进数字变革创新，通过数字创意手段挖掘中山路文化IP，利用5G沉浸式技术，激活释放青岛文化特色和IP价值。数字空间与物理空间、数字技术与文化创意深度融合，为中山路打造新体验、新业态和新模式，推动青岛文旅"上云用数赋智"，在高质量发展的道路上跑出"加速度"。

数智赋能新型数据中心
打造乡村振兴"智慧云脑"

青岛农村商业银行股份有限公司

随着银行业数字化转型的不断深入，信息系统与业务发展高度融合，数据中心作为信息系统的专用核心场所，是保障信息系统安全运行的重要基础。因此，为进一步提高数据中心机房的安全性、可靠性、节能性、支撑性，充分发挥数智赋能、智慧云脑坚实底座作用，青岛农村商业银行确定建设总行数据中心。

数据中心严格以《电子信息系统机房设计规范》中A类机房规范为标准，本着"立足当前、着眼长远"的原则，以满足未来8～10年发展需要为目标，采取"统一设计、分期实施"的方式，打造了布局合理、功能完备、设施先进、安全可靠、绿色环保、投资合理、青岛金融行业规模最大的现代化一流的数据中心，为服务地方金融、践行乡村振兴战略保驾护航。

一、主要做法

数据中心于2017年11月建成投产，建筑面积3735平方米，供电容量2000kVA，为青岛地区金融行业容量最大、等级最高的数据中心。主要包括主机房、网络机房、空调机房、电信机房、消防气体钢瓶间、配电室、电池室、监控中心、办公区、备品备件室、介质室、柴油发电机房等功能区域。

（一）基本原则

数据中心严格遵循"先进性、安全性、节能性"三项原则。一是先进性。数据中心全面采用了云计算、大数据、SDN、5G、VPDN等先进技术，划分了7个逻辑区域，借助自动化、智能化、虚拟化能力，使数据中心网络能力得到全面提升。数据中心完成了IPv6深度改造，实现了IPv4与IPv6双栈部署，形成了"IPv6+SDN+DNS"深度融合与应用的新一代数据中心新基建。二是安全性。主要体现在严格按照《商业银行数据中心监管指引》及《电子信息系统机房设计规范》A类机房标准进行规划设计，场地设施全部按容错系统配置，双路市电、双组UPS、双组柴油发电机、网络通信线路双路由、精密空调"N+1"备份冗余，确保场地设施不因设备故障、电源维护、电信运营商等因素导致信息系统运行中断，确保业务连续性。三是节能性。主要体现在充分采用业界先进的自然冷却、封闭冷通道、湿膜加湿、智能灯控等节能技术，减少数据中心能耗，节能减排。

（二）关键技术

1.绿色节能数据中心

绿色节能是数据中心的重要指标，主要采取了三项节能措施。一是自然冷却技术，机房中能耗最高的空调选用了SDC智能双循环节能空调，在室外温度低于10摄氏度时自动停止压缩机工作，利用室外自然冷源冷却进行节能。二是封闭冷通道，高密机房采用封闭冷通道设计，在增加计算资源的同时大幅减少风量、冷量的损耗，提高空调制冷效果。三是新风预处理。数据中心采用了具有露点温度处理功能的新风处理机，使新风送风温度达到机房内空气的露点温度，降低空调的能耗。此外，还采用了智能灯控、UPS 节能高频机等一系列措施降低数据中心能耗。

2. 云化高效数据中心

数据中心采用了新一代的 IT 基础架构，当前安装服务器机柜 146 面，CPU 总算力约 240TFLOPS，部署了华为、新华三等国内领先的云计算、大数据、超融合等基础设施，实现了资源的快速分配、数据的高效处理。

3. 智能管控数据中心

数据中心通过了 ISO20000 和 ISO27001 资质认证，连续两年获评中国计算机协会数据中心运维样板工程项目，打造了"全、快、多、准、智"为理念的一体化监控平台，ECC 监控中心作为数据中心的"眼睛"，部署了 16 块 DLP 无缝拼接大屏，实时监控分析 IT 基础设施、应用系统的运行状态，确保服务的安全性和连续性。

（三）数据资源

在数据资源整合方面，打造了湖仓一体"四化"T+1 全量数据平台，将"湖里"和"仓里"的数据无缝打通、自由流动，实现数据驱动下的业务转型，全面支撑未来数字化金融服务智慧城乡业务场景落地。数据中心接入了 16 个外部数据源，整合保管历年重要信息数据约 2PB，为全市 352 个银行营业网点、900 万个个人客户、35.5 万个企业客户提供服务。其中数据加工系统采用"MPP+Hadoop"双引擎大数据处理混搭架构，实现了数据的高效处理，内外部数据的互通互联和有效整合，打破了数据孤岛，每天新增数据量约 350G。同时数据中心注重数据的安全保护，相继出台了数据管理相关办法，不断完善数据的采集、加工、存储及服务的全生命周期管理，切实保障网络数据安全。

（四）运营模式

在运营方面，数据中心通过了 ISO20000 和 ISO27001 资质认证，连续两年获评中国计算机协会数据中心运维样板工程项目，近年来取得发明专利 8 项、软件著作权 29 项。

1. 搭建规范运维体系、设立科学评价标准

以 Uptime M&O 体系、CQC8302 等技术规范为参考依据，结合青岛农商行自身多年运维管理实践经验，编写总行数据中心运维管理规范，同时通过将运维规范中的各项内容量化成全面、科学、详细的关键指标与标准，实现运维的科学闭环管理。

2. 运用 RPA 创设虚拟智能劳动力

多方面改造创新，打造青岛农商行专属"数字动力"。青岛农商行根据自身情况与 RPA 的技术优点，从业务、技术和组织三个方面进行创新，打造了青农商专属版 RPA 机器人，实现了烦琐重复人力工作的替代。

二、应用成效

青岛农商行依托科技赋能，锐意创新金融服务模式，聚力乡村振兴，实现助农、强农、支农、支小金融服务，数据中心运营了 160 余套信息系统，作为青岛农商行的智慧大脑，在服务"三农"方面发挥了中流砥柱的作用。

1. 打造智慧云缴费平台

云缴费覆盖水、电、气、热、物业、教育、财政非税、校园一卡通缴费等多个缴费场景，完善民生基础设施，实现了"全链路、全渠道、全天候"的全域服务，提升了快速响应群众需求、中小企业赋能的能力，为智慧城市、智慧政务、智慧生活建设夯实基础。

2. 打造小微云乡村振兴金融 + 综合服务平台

该平台在全市 1800 个农村建立了普惠金融服务点，服务覆盖面超过 5000 多个行政村庄，打通了农村金融服务"最后一公里"，成为青岛农商行助力乡村振兴发展的重要通道。该平台可实现村民不出村办理小额现金存取款、缴费充值等基础金融服务，并与社保、公积金等单位进行数据业务打通，实现了七大类共计 120 余项政务服务。

3. 打造芯生态 GBbC 聚合支付平台

该平台围绕政府、企业、商户、客户四大群体，打造开放包容、价值共享的金融服务生态圈。目前平台累计入驻商户 17 万个，2022 年度交易量 1.3 亿笔，青岛地区触客 500 万。

三、经验总结

数据中心的建设与运维是一项复杂而烦琐的工程，下一步青岛农村商业银行将利用先进的体系理论和数字化手段，持续探索数据中心运维数字化管理之路，不断提高数据中心服务保障能力，持续打造布局科学、节能高效、安全可靠的绿色数据中心，夯实数字发展底座，助力地方金融高质量发展，为青岛经济建设贡献农商行力量。

数字经济篇

热力图·产业图·作战图

——打造"一区多园"智慧管理平台

青岛市科学技术局

国务院发布的《关于促进国家高新技术产业开发区高质量发展的若干意见》（国发〔2020〕7号）指出，要继续坚持"发展高科技、实现产业化"方向，以科技创新为核心着力提升自主创新能力，围绕产业链部署创新链，围绕创新链布局产业链，培育发展新动能，提升产业发展现代化水平，将国家高新区建设成为创新驱动发展示范区和高质量发展先行区。习近平总书记指示高新区要"又高又新"，为深入贯彻习近平总书记的重要指示，切实推动青岛高新区实现数字化转型，围绕辅助科学决策、支撑精准服务的建设目标，打造青岛国家高新区"一区多园"智慧管理平台。

平台通过开发"三张图"，即"一张热力图""一张产业图""一张作战图"，精准定位青岛高新区发展现状，辅助园区管理看清摸透"一区多园"产业布局，加强辖内科创要素多边合作、资源共享，促进园区科研机构、企业及产业集群快速高质量发展。

一、一张热力图，精准定位青岛高新区

"一区多园"智慧管理平台利用数字化技术，整体勾画了一张全国高新区热力图，热力图涵盖全国169家国家级高新区的排名及

核心发展指标。从产业发展层面来看，热力图包含169家高新区辖内的企业数量、纳统企业数量、高新技术企业数量、高新技术企业占比及发展趋势、产业集聚情况、经济效益等；从科技创新层面来看，热力图包含169家高新区的科研经费投入、科研人员投入等；从全国视角来看青岛高新区成立30年以来，与周边高新区对比存在的区域优势，与同类副省级城市的高新区对比具有的产业特征。与标杆城市高新区对比，有助于探索青岛的发展瓶颈、了解青岛的发展潜力，客观、精准地定位青岛高新区发展状态、趋势和未来空间。

二、一张作战图，看清摸透产业生态格局

聚焦青岛高新区发展，深入研究科技部高新区管理政策，充分对标2021年3月科技部修订印发的《国家高新技术产业开发区综合评价指标体系》。该指标体系涵盖5个考核维度和46个考核指标，与2013版考核体系相比，新指标体系增加了"绿色发展"相关指标，更加强调优质企业、高成长企业和数字产业的培育。对标"5+46"考核指标体系，在"一区多园"智慧管理平台基础上，建立子园区评价指标体系和青岛高新区作战图。

通过"一区多园"智慧管理平台，促使辖内企业、科研机构、投融资机构、人才导向创新链聚集，向轨道交通产业链聚集，向生物医疗产业链聚集，向新一代信息技术产业聚集，使多个产业集群构成"一区十园"的产业生态格局。

作战图利用大数据技术将各类科创要素汇聚到平台上，利用电子围栏技术将高新区内的各类要素进行精准定位，形成科研机构数据库、科研成果数据库、企业数据库、投融资机构数据库、政策规划数据库、配套环境数据库等六大数据库，旨在补齐数据短板，全面支撑"一区多园"产业图景。

三、产业服务，园区、产业、企业服务全覆盖

青岛国家高新区"一区多园"智慧管理平台绘制了一张服务园区、服务产业、服务企业的作战图，落实到"一区十园"的各个分园区，为园区和企业提供相关数字化服务。

（一）"园区画像"

运用大数据从多维度刻画每个分园区的总体发展现状和资源分布情况。比如，从科创策源能力角度描绘科研机构的数量、分布、科研成果等要素，从企业发展全生命周期角度描绘各类企业的数量和发展阶段、投融资机构的跟进情况，以及各类产业的聚集程度和强度，从而摸透科创要素的发展优势和瓶颈，理清产业生态链条，优化园区各产业领域关键指标的多维度可视化监测和综合管理。与此同时，持续查找产业链的短板和断点，实时跟进招引和企业培育，用数字化延链、补链、强链。

（二）"高企培育"

通过对比研究国家高新技术企业认定标准，建成包含经营状态、知识产权、参保人数、注册时间、负面信息等五层指标的高企培育遴选体系。从青岛市 202 万个市场主体中，每月动态筛选出高企培育对象，将筛选的准高企发送至区市提供挖潜参考。通过信息化、数字化手段搭建高企培育平台，助力全市科技企业数量保持较快增长。2022 年，全市新认定高新技术企业 2504 家，总数达 6680 家，占全省 25%。

（三）"企业画像"

实时监测辖内 13.93 万家高新技术企业所处的生命周期、主营

业务和产品列表、政策申领和行业资质、营业收入、利税、研发投入、研发人员、知识产权、投融资活动、企业信用等信息，实时评估企业的科创板属性和企业上市条件、优势、短板。运用数字化手段清晰了解企业的真实需求，让数据多流转、企业少填报，既提高了工作效率，也变被动受理为主动作为，一方面能更扎实更主动地为企业服务：企业需要融资，即帮其对接投融资机构；企业需要配套，即帮其链接全国的上下游企业；企业需要技术，即精准匹配企业需求和辖内或全国的科技成果。另一方面是形成政策推送器，通过梳理适合园区内企业发展的所有政策，逐条研究分解，将分解后的政策与辖内符合条件的企业进行匹配，将政策精准滴灌到有需要且满足条件的企业。

青岛高新区"一区多园"智慧管理平台在青岛国家高新区"一区多园"现场观摩会暨青岛市国家高新区管理委员会第一次全体会议正式启动。目前，平台已汇集国家级、省级重点实验室、技术创新中心、新兴研发机构等 47 家，产出有效发明专利 6.5 万项，培育 13.93 万家企业，其中科技型中小企业 2344 家、高新技术企业 2036 家、上市企业 25 家。平台的建立获得科技部火炬中心的高度认可，在科技部火炬中心官网进行《"一区多园"：让青岛高新区"各擅胜场"》宣传报道，青岛电视台、腾讯网、大众报业、中国工业新闻网等媒体均进行了重点报道。

数字助力　数据赋能
推动畜牧业高质量发展

青岛市智慧乡村发展服务中心

强国必先强农，农强方能国强。农业强国是社会主义现代化强国的根基，推进农业现代化是实现高质量发展的必然要求。推进畜牧业数字化建设是推进农业农村现代化的必由之路，也是加快产业转型升级、提升核心竞争力的必然选择。为解决传统畜牧业监管面广，监管对象量大，任务繁重；安全监管风险点日益增多，防疫安全、畜产品和投入品质量安全、生态环境安全、行业生产安全监管压力日益增大；基层监管队伍人少事多责任重、技术装备和手段落后，难以进行有效、全面的监管等问题，2014 年，青岛市坚持把握都市型现代畜牧业发展定位，围绕保供给、保安全、保生态、促发展目标，按照"顶层设计、统一开发、分级负责、互联互通、信息共享"的原则，建设了青岛市畜牧业安全监管信息平台。2016 年，平台全面投入使用。2021 年，为加快转型升级步伐，推进畜牧业现代化进程，本着"强监管、守底线、促发展"的原则，立足市畜牧业安全监管信息平台多年积累的数据资源，充分释放数据要素价值，采用"1+5"的架构（1 个领导驾驶舱，5 个重点专题——强制免疫补贴、病死动物无害化处理、动物和动物产品检疫、动物屠宰、数字标识追溯），打造了集实时监管、统计监测、风险预警、决策分析于一体的智慧畜牧数字化应用场景，实现了数字化、可视化实时动态监管。

一、主要做法

（一）建设多项功能全国领先的青岛市畜牧业安全监管信息平台，形成线上线下监管合力

依托物联网、大数据、移动互联网、空间地理信息等现代信息技术，建设青岛市畜牧业安全监管平台，包含畜牧生产、检疫监管、兽药饲料、疫病防控、屠宰管理、无害化处理等14个平台模块，以及安全生产、兽药GSP检查、养殖场日常检查、官方兽医电子签到、动物疫病监测采样、畜牧强制免疫"先打后补"、奶牛性控冻精补贴、非洲猪瘟检测等20个监管移动端模块，实现全市7.6万余家主体的线上、线下协同联动监管，切实提升了监管能力，多项功能为国内首创。

（二）打造全链条闭环的智慧畜牧数字化应用场景，助力畜牧服务能力再提升

1. 领导驾驶舱

按照"一场一码、一畜一标"的理念，以动物防疫和畜产品安全为主线，建设14个监管图层，实现全市7.6万余家养殖场（户）、兽药饲料生产和经营企业、屠宰场、无害化处理厂等监管主体的落图管理及畜禽养殖、物资储备、强制免疫、动物疫病监测、病死动物无害化处理、产地检疫、畜禽屠宰、产品检疫全业务链条的数据统计分析，为行业监管和领导决策提供强有力数据支撑。

在全市52个基层动监站全面推行网格化管理。以基层动监站为管理单元，实现任务分解到网格、压力传导到网格、督导检查到网格、统计数据到网格、责任追究到网格，织密监管网络，显著提

升了监管效率。

通过在规模畜禽养殖场、屠宰场、病死动物集中无害化处理厂等畜产品安全隐患易发场所关键部位安装1300余个视频监控点位，实现对饲养、生产、屠宰等环节的网上实时监控和全面监管，进一步加强了线上监管能力。场景设置未免疫企业及未无害化申报风险预警功能，帮助基层监管人员做到问题早发现、隐患早排除，筑牢安全屏障，保障畜产品质量安全。

2. 强制免疫补贴专题

在全国率先启动畜禽强制免疫"先打后补"系统的建设应用，开创养殖场（户）"自主申报、线上审核、直补到户"的新局面。通过该专题可以实时掌握不同畜种的企业申报数量、动物免疫数量、疫苗补贴数和补贴金额，及时监督各级主管部门免疫工作审核进度，有效提高动物防疫和补贴资金的数字化监管。

3. 病死动物无害化处理专题

打造无害化申报便民服务新模式，养殖场（户）零跑腿即可享受到病死动物申报、人员上门收集、病死动物集中处理及补贴资金申领。无害化处理专题可帮助监管部门实时掌握全市6家无害化处理企业的病死动物处理情况，查看申报、收集、处理等环节的数据、定位、现场照片等信息，切实加强无害化处理监管，有效防止病死动物流入市场，确保市民餐桌安全。无害化处理变化趋势及异常申报记录可为动物疫病防控提供预报预警，督促、提醒工作人员及时核查，避免动物疫病发生。

4. 动物和动物产品检疫专题

利用青岛市调入调出及本地流通的动物及其产品检疫出证数据，结合全市畜产品进出口数据，多维度对畜产品市场保有量、生产形势进行分析研判，加强监测调度和市场预警，为青岛市动物及其产品的供给提供决策依据。

5.动物屠宰专题

通过动物屠宰专题建设，实时掌控屠宰收购、屠宰检疫、瘦肉精检测、非洲猪瘟检测、检出病害物、未入场异常提醒等重点环节变化，实现动态预警。

6.数字标识追溯专题

以动物数字标识为主线，构建从标识发放、养殖、防疫、无害化、产地检疫、屠宰、产品检疫整个生命周期的可追溯体系，实现动物及动物产品来源可追溯、去向可查证、责任可追究。未防疫开具产地检疫证、产地检疫证未经过入场查证验物等多项风险预警有助于问题早发现、早处置，严防畜产品质量安全事件发生。

二、特色亮点

一是完成国内首个移动端和电话双线并行申报模式的病死动物无害化处理系统的建设应用，实现病死动物无害化处理全程在线监管，防止病死动物流入市场，确保市民餐桌安全。二是在全国率先启动了畜禽强制免疫"先打后补"系统的建设应用，开创养殖场（户）"自主申报、线上审核、直补到户"的新局面。三是打造动物数字标识可追溯系统，构建从畜禽养殖到屠宰、流通等全流程的追溯体系。四是国内首个同农业农村部畜禽规模养殖场直连直报平台实现视频监控对接共享的平台，实时线上监控畜牧重点企业重点部位和病死动物无害化处理车的实时定位和视频监管，在国内处于领先水平。

三、应用成效

通过现代信息技术与畜牧业的深度融合，推动畜牧全业务链条的数字化改造，实现养殖场、兽药饲料生产经营企业、屠宰场、无害化处理厂等监管对象的落图管理及养殖、防疫、检疫、屠宰、无害化各个环节的线上监管，有效提升畜牧业综合监管能力与服务水平，切实加强畜牧业防疫安全、畜产品质量安全、生态环境安全和行业生产安全监管，推动畜牧业高质量发展。

平台自 2016 年 1 月投入运行以来，为来自农业农村部、中国动物疫病预防控制中心、中国奶业协会、中国动物与流行病学中心、山东省畜牧兽医局、吉林省畜牧业管理局、江苏省畜牧兽医局、新疆维吾尔自治区畜牧厅、湖南省畜牧水产局、贵州省畜牧兽医局、济南市畜牧兽医局、潍坊市畜牧兽医局等 300 余个参观考察团做了现场操作演示，并获得一致好评。

2017 年 5 月 18 日，农业农村部于康震副部长听取市畜牧业安全监管信息平台建设情况汇报后指出，青岛市畜牧业监管信息平台引入"互联网＋"理念，实现线上线下一体化监管，彻底改变了传统的监管模式，是畜牧兽医工作的革命性变化；监管信息平台功能非常齐全，把养殖、防疫、用药用料、检疫、屠宰等各个环节都纳入平台监管，这是国内领先的、完整的"互联网＋畜牧业"成功应用案例，具有很强的创新性，为全国畜牧兽医行业做出了表率。

获得部、省、市各级部门普遍认可。2017 年 9 月荣获"2017年度山东省农业农村信息化示范基地"称号，2018 年 4 月获"青岛市优秀大数据应用案例"荣誉称号，2019 年 11 月被农业农村部信息中心推介为"2019 数字农业农村新技术新产品新模式优秀项目"，2020 年 4 月入选《2020 年青岛市新技术、新模式和新装备等农业科技成果目录》，2021 年 9 月荣获"2021 青岛信息化优秀解决方案奖"，2021 年 12 月被山东省农林水工会委员会授予"全省农林水牧气象系统工作创新竞赛优秀成果三等奖"，2022 年 1月入选"青岛市 2021 年大数据创新应用典型场景"，2022 年 8 月获评"2022 城市数字化转型优秀实践单位"，2022 年 12 月被推介为 2022 全国智慧农业建设优秀案例。

打造全省首个数据要素产业园
激活数据要素交易价值

青岛市城阳区大数据发展管理局

伴随国家"数据要素二十条"、《数字中国建设整体布局规划》出台，城阳区结合得天独厚的区位优势及数据要素产业基础，打造山东省首个数据要素产业园。

一是国家层面对数据要素作出重要部署。为了更好地激活数据要素发展潜能，中共中央、国务院印发了"数据要素二十条"并提出一系列重要政策措施，如建立保障权益、合规使用的数据产权制度，建立合规高效、场内外结合的数据要素流通和交易制度，建立体现效率、促进公平的数据要素收益分配制度，以及建立安全可控、弹性包容的数据要素治理制度等。这些举措以促进数据合规高效流通使用、赋能实体经济为主线，以数据产权、流通交易、收益分配、安全治理为重点，对加快构建数据基础制度体系作出全面部署。

二是区内集聚三个功能区。第一个是位于城阳区的国家高新技术产业开发区，以新一代信息技术产业和智能制造产业作为支柱产业，集聚了青岛市 80% 以上的机器人企业，拥有国家级孵化载体 17 家，市级以上技术创新中心 68 家，高新技术企业 482 家，国家科技型中小企业 522 家，万家注册企业中高企数量位居山东第一。第二个是青岛轨道交通产业示范区作为市级功能区，有中车四方股份等龙头企业及 220 余家核心配套企业、高新技术企业

283 家，中车四方股份建成全市唯一机械行业标识解析二级节点，示范区入选省级工业互联网培育园区。第三个是青岛胶州湾综合保税区，围绕发展保税加工、保税物流、保税服务三大产业，推进跨境电商、展示交易、保税维修、融资租赁四大新型业务，现有企业 200 余家，形成以泰科电子、星电高科为主力的电子信息等四大主导产业，跨境电商出口额达 1.43 亿美元。

三是超前布局数字经济产业。围绕"四区一园"布局建设青岛新中心、湾区活力城，在全市率先出台《城阳区加快制造业数字化转型实施方案（2023—2025 年）》，成立了软件和信息服务产业链专班。打造了半导体、中电科、储能、先进传感器等专业园区，谋划发展算力、低轨卫星、数字电磁信息等产业，京东、中电科、物元半导体、鹏辉能源、和而泰以及翼方健数、算能科技、时识科技等国内行业头部企业陆续落户。

一、主要做法

城阳区围绕"五个一"建设思路，先行摸索区内数据要素产业基础情况，经综合研判后，初步确定了"一园多区、全域打造"的青岛市数据要素产业园建设思路，规划打造工业数据专区、高新专区、海洋数据专区、算力专区等七个专区，探索工作推进体系、生态培育体系"两大体系"，成体系谋划推进数据要素产业园建设，全力打造数据流通交易最活跃、数商企业集中度最高、数据产业发展生态最优的数据要素产业集聚区。

（一）摸清底数，准确掌握数据要素产业基础情况

率先开展全区摸排行动，全面掌握全区数据要素产业基本情况，经综合研判，确定最优打造方案。城阳区数据要素产业基础厚实，由设施设备和软件信息服务商等构成的上游产业优势明显，拥

有 32 个工业大类，先进制造业占比超过 40%；数字经济核心产业营收达到 500 亿元，建成市级以上智能工厂、数字化车间和自动化生产线 116 个，市级工业互联网平台 6 个。以新一代信息技术产业和智能制造产业作为支柱产业的高新区已积厚成势，轨道交通产业示范区入选省级工业互联网培育园区，天安数码城被评为省级成长型数字经济园区。

（二）创新思路，全域打造"一园七区"

1. 主园区，即工业数据专区

主园区位于轨道交通产业示范区，载体面积 2 万多平方米，是中国唯一集高铁地铁整车生产、轨道交通关键核心系统研发制造、国家基础应用技术协同创新平台于一体的产业集聚区，拥有近千家工业企业、147 家规模以上工业企业。除轨道交通产业优势明显外，城阳区还拥有 32 个工业大类，产业链条完善，应用场景丰富，先进制造业占比超过 40%。数字经济核心产业营收达到 500 亿元，过 100 万元数字企业超过 700 家。将主园区设置在这里，并明确为工业数据专区，就是将"促进数据合规高效流通使用、赋能实体经济"这一主线贯穿始终。新引进的第三方专业服务机构首先入驻主园区，目前主园区内已落地数据要素实体企业 20 家，签约和在谈待签约 23 家，形成"上下楼就是上下游，产业园就是产业链"的发展格局。

2. 高新专区、天安数码城专区

高新区和天安数码城集聚了大批数字经济关联企业，是数据要素产业的上游产业，这两个专区主要为数据要素流通提供软件和信息服务。

3. 综保专区

综保专区主要围绕保税加工、保税物流、保税服务、跨境电商、电子信息等方面产生的数据，通过覆盖全区、服务全市的跨境电商综合服务平台，拓展国际贸易与跨境电商交易，充分发挥跨境数据优势，激活数据要素潜能，实现数据要素价值。

4.海洋数据专区

与崂山实验室达成初步合作意向，将海洋数据交易纳入数据要素产业园范畴，截至目前，海洋数据专区数据交易规模已达200多万元。

5.深企睐青专区

深圳大数据研究与应用协会牵头，从深圳引进专门从事商业数据交易的会员企业10家以上，组团发展，建立专区，独立运营，形成规模效应。

6.算力专区

随着数字经济时代的全面开启，算力就像农耕文明时代的水利、工业文明时代的电力一样，成为新的关键生产力。城阳区把分布在全区范围内的移动青云、联想盛阳和动车小镇等3个大数据中心和翼方健数、物元半导体、算能科技、时识科技等算力算法设施设备、关联企业，以及下一步参与算力调度交易的"四大运营商"等提取出来，设置算力专区，为算力调度交易早布局、打基础。

二、特色亮点

为更好统筹数据要素产业园建设运营，打造数据流通交易最活跃、数商企业集中度最高、数据产业发展生态最优的数据要素产业集聚区，成体系谋划推进数据要素产业园建设，初步探索形成了工作推进体系、生态培育体系"两大体系"。

（一）数据要素产业园工作推进体系

研究制定了"组织领导、规划引领、运营推进、落地实施"等四级工作推进体系。组织领导层级，成立了由区委、区政府主要领导担任班长的数据要素产业园攻坚专班，统筹负责产业园建设及组织领导工作；规划引领层级，聘请专业机构，编制数据要素产业园发展规划，引领产业园发展方向；运营推进层级，将发展规划的宏观设计转化为具体行动，通过确立功能定位、成立数据运营合资公司、引进专业咨询机构、出台扶持政策等举措，将产业园建设化为实实在在的思路和行动；落地实施层级，通过举办国内高规格论坛、活动赛事等，引进企业、机构，畅通运营、交易，使规划思路真正落地生根、开花结果。

（二）数据要素产业园生态培育体系

根据"数据要素二十条"有关内容，建立了为数据交易双方提供数据新产品开发、发布、承销和数据资产合规化、标准化、增值化服务的数据商生态图谱，数据集成、数据经纪、合规认证、安全审计、数据公证、数据保险、数据托管、资产评估、争议仲裁、风险评估、人才培训、数据咨询等第三方专业服务机构生态图谱。通过整合已有的、挖掘潜在的、引进必要的、培育本土的，累计整合挖掘数据要素实体数商和服务机构 54 家、签约待落地 22 家、在谈待签约 29 家、拟注册培育 5 家。

三、应用成效

青岛市数据要素产业园作为全省揭牌的首个数据要素产业园，全市专题会议确定"海发集团、城阳区政府要尽快研究将青岛大数据交易中心迁至数据要素产业园有关事宜，集中实现数据资产登记、评估、交易等数据要素流通业务，力争走在全国前列"，目前产业园已初步具备了数据要素流通条件。

（一）基本闭环"四链合一"

1. 产业链方面

顺应数字产业化、产业数字化发展趋势，在智能制造、节能降碳、绿色建造、新能源、智慧城市等重点领域，引进、培育和而泰东北亚智能制造基地、中电绿网、阳光氢能科技、海克斯康等一批数字产业化数据商，推动数据产品标准化，发展数据采集汇聚、分析计算、加工治理等产业，打造具有竞争力的数字产业发展集群。

2. 资金链方面

成立数字化转型基金。目前，中车转型基金和同创新兴基金已分别达 40 亿元和 6 亿元规模，为园区建设、运营、产业孵化等方面提供金融支撑。

3. 人才链方面

依托国家部委、科研院所优势，加快高层次人才队伍培养，构筑数据链应用"蓄水池"，备足产业链发展"发动机"，联合工信部人才交流中心共建数字经济产业人才赋能基地（"专精特新"加速器），搭建数字经济产业人才集聚与培养的赋能平台，助力数据要素产业提质增效、快速发展；成功引进哈尔滨工程大学青岛创新发展基地，9 月份将进驻学生 400 名，围绕航空航天、海洋、储能、仪器仪表等重点产业，谋划了一批关键技术攻关和产业培育计划项目，推动翼方健数、中科星图、青特等龙头企业，与哈工程共同谋划搭建一批校企联合实验室；引进西安电子科技大学青岛计算技术研究院，搭建产教融合研究生联合培养基地，在人才培养、产业应用等方面推动成果转化落地，促进产教科研创新融合发展。

4. 技术链方面

引导企业和科研机构推动数据要素相关技术和产业应用创新，紧靠国家高速列车技术创新中心、山东省可信人工智能生态数据开放创新应用实验室、隐私计算联盟等，为数据要素产业园提供技术支持；园区挂牌青岛市数据要素流通应用联合数字实验室，正在开展数据要素新场景、新模式研究，推动社会数据和政企数据协作；同时，拟注册成立青岛数字发展研究院有限公司，持续探讨数据应用场景，不断推动研究成果转化。

（二）流通运营"四种业务"

1. 推动公共数据汇聚利用

在青岛市率先开展区域医疗数据运营试点，2023年医疗数据从城阳扩展到全市，汇聚数据资源21亿条，医疗专区板块已经完成测试、即将运营，年底签约合作保险企业将达到10家。同时，将该模式向生态环保、智能制造等多领域延伸。

2. 释放商业数据价值潜能

充分发挥市场主体作用，激活数据要素潜能，引导不同市场主体之间数据的交换和共享。以海洋大数据服务交易为切入点，面向海洋领域高校、科研院所、涉海企业及政府部门提供数据服务；联合山东省大数据交易公司，引进物流数据细分领域头部企业丰图科技，利用地址数据、物流数据为企业"画像"，助力金融机构为企业融资担保；引入深圳数位科技、数阔科技等，推动个人和相关企业客户的开店选址精准服务和市场数据产品分析等场景落地。

3. 促进算力调度高效互补

以青岛为资源入口，以数据与算力为突破口，吸引全国数据和算力资源，实施"华数青算"，搭建数据服务和算力调度的交易平台。目前该平台已有超50家企业客户，9000位个人开发者，已孵化超过 200 个应用模型，以优质数据和充足算力连接并服务全国数据要素企业、人工智能企业，建立完善的智能要素生态体系。

4. 开展数据资产计价研究

通过登记数据资源和数据产品的基本信息和权利归属，发布数据资产凭证和数字交易合约存证，为数据要素分配提供依据和支撑，促进市场供需撮合，加速数据价格发现，推动数据资产化、资本化。

（三）集聚联动"四个中心"

1. 大数据交易中心

设立青岛大数据交易中心城阳分中心、山东省大数据交易中心胶东分中心，目前正在筹备挂牌上架卫星遥感、卫星导航、海洋环境等 23 种数据产品；拟注册成立青岛数据流通有限公司，进一步推动市场主体依托公共数据和商业数据资源创新商业模式。

2. 公共数据运营中心

与华通智研院、翼方健数签署三方战略合作协议，依托市一体化大数据平台，完成"青岛市公共数据运营平台—城阳医疗专区"部署工作，围绕线上核保场景进行数据治理，推出高质量医疗数据产品服务。

3. 算力调度交易中心

充分发挥城阳区算力算法的软硬件基础优势，以建设数据要素产业园为契机，拟注册成立青岛算力调度交易有限公司，整合全网数据要素和算力要素资源，探索打造集数据服务、算力调度和算法流通于一体的算力调度交易平台，打造青岛算力运营交易中心，解决数据和算力异构化、碎片化问题。

4. 数据资产登记与评价中心

与青岛市华通集团智能研究院合作，拟注册成立青岛数据资产登记与评价中心有限公司，依托区块链技术和首发的"数据资产价值与收益分配评价"标准，对数据资产进行唯一性登记和数据资产价值评价；培育引进中联资产、优易数据、久其软件等第三方服务机构，主要开展数据资产计价研究，从数据使用与收益、数据质量、数据应用、变现量和收益分配等维度，对数据资产价值与收益分配进行综合评价，为区域数据要素流通和交易提供全流程服务。同时，对数据资产合规、登记、评价、评估、披露、入股、融资全链条产业进行实践和探索，做好数据资产入表各项准备工作。依托首例数据资产入股成功案例，探索数据资产招商工作。

建设"数智自贸"平台
打造新型数字园区创新示范样板

中国（山东）自由贸易试验区青岛片区管理委员会

中国（山东）自由贸易试验区青岛片区自挂牌以来，不断加大数智化改革力度，致力将片区建设成为深化改革和扩大开放的试验区、打造"一带一路"国际合作新平台的引领区、推进高质量发展的先行区、建设现代化国际大都市的示范区。为进一步通过人工智能等新技术深化应用，实现产业数字化与数字产业化双向赋能、联动发展，全面提升区域数智化层级，片区管委会在"机制体制再造、技术融合创新、赋能产业发展"三大层面主动创新，启动"数智自贸"规划建设，将片区打造成全国领先的新型数字园区创新示范样板。

目前，青岛片区存在系统数量多、种类繁杂、结构复杂等特点，亟须通过建成平台化、集成化的数据标准、规范化设计，使得众多信息系统实现相互连通，避免硬件资源独立、数据共享困难等问题，通过完善数据互联的标准规范，提升片区相关服务质量，为整个片区的业务发展需要提供坚实保障。其次，在数智化体系建设的基础上，需要加强建成系统运营的整体规划，把运营管理理念与需求结合贯穿始终，使智慧体系各系统板块成为具有生命力的良性循环系统，体系建设后，通过良好的智慧运营服务，优化片区运营环境，支持片区运转，推动数智化转型升级。此外，在数智自贸建设过程中，需要充分融合智慧城市和数字孪生等先进技术理念，以物联、数联技术为核心支撑，以人工智能推动智联为未来技术发展方向，以数据的采集、整合、集中存储、联动为主要突破点，解决片区运营管理难、信息孤岛严重、协同性差等痛点与难题。

一、工作目标

围绕"产业经济、政务服务、精准治理"核心需求，通过建立健全数智化应用体系，加强科技创新资源导入，赋能产业经济发展，提升企业服务能力，促进数据融合深挖数据价值，将青岛自贸片区打造成为全国一流数智化示范区。

一是建设功能完善的片区。为管理者提供高效智慧的管理模式，对于片区的管理更加全面、高效、精细，实现各部门政务治理协同，促进信息汇聚融合，优化营商环境，提升政府服务水平。为片区企业提供智慧化基础设施及产业服务，通过数智化技术，有针对性地提供政策和产业支持。为社会公众提供健康、舒适、便捷的服务，采用信息化智慧化的技术和手段，为公众提供更加健康、舒适的环境，能够更方便快捷地获得高质量的服务。

二是对片区战略定位的有力支撑。以打造国内一流数智自贸区为总体目标，以数智化改革为手段，以标准化体系为指导，以创新作为引领发展的第一动力，促进片区新旧动能转换，培育开放型经济新动能，提高片区综合竞争力和可持续发展能力，建设产业经济发展新高地。以制度创新为核心，创造可复制、可推广数智化改革做法，发挥示范引领作用，为数字中国建设提供标准化案例样板。

三是挖掘运营价值。充分融合片区产业经济数据，实现数据资源的高效管理，促进数据要素到数据资产的转化。壮大数据要素应用体系，推动数据要素全面深度应用，挖掘数据资产价值，探索数据资产市场化发展新模式，为片区运营的可持续发展提供支撑和基础。推动数据安全监管体系建设，构建形成覆盖数据资源全产业链的标准化管理体系。

二、主要做法

（一）建设思路

1. 建立顶层规划指导

数智自贸区的建设实施围绕着片区智慧化顶层规划设计进行，规划从宏观定位到微观场景，从底层架构到末端应用协同设计，明确指导思想、实施原则，为智慧建设提供方向、思路和方法，贯穿片区"规、建、管、运、用"全维度，打造智慧园区一体化服务能力。

2. 构建基础支撑中台

加强数智自贸区底层系统支撑能力建设，构建统一的 AI 大脑、统一的数据底板、统一的物联接入、统一的应用门户、统一的城市信息模型底座，实现业务应用与系统数据的有机整合，为片区从规划设计到建设运营提供一体化中台能力支撑。

3. 加强新型基础设施应用

以场景需求为牵引，应用为导向，聚焦集约建设与开放共享，推进新型基础设施设计应用。围绕基础设施云资源池、园区网络架构、边缘计算物联网、环境感知、AI 安防等主要方向，从数据标准，物联网设备、计算模块等方面统筹规划。

4. 建设核心业务场景系统

以"产业经济、政务服务、精准治理"建设为核心，在充分考虑政府各业务部门管理需要情况下，开展数字贸易、综合海事、经济运行、企业服务、一网通办、招引建设、安全防范、协同办公等专项领域需求调研，结合业内优秀产品及先进技术，构建专项应用系统建设规划。

（二）建设内容

1. 加强顶层设计规划

青岛自贸片区自开展数智化建设以来，稳扎稳打，充分论证，联合上海交通大学等 10 多家业内顶尖机构编制并发布《青岛自贸片区顶层规划设计方案》，指导片区数智化建设全过程。

成立片区数智化委员会，统筹构建生态联盟专家资源库。邀请京东、华为等业内优秀企业专家，联合青岛西海岸新区国有平台公司青岛城市大脑投资开发股份有限公司，成立"自贸数字智库联盟"，为数智化建设提供专业支持。

发布实施《青岛自贸片区数智化建设运营导则》，构建智慧园区标准体系，指导参建单位业务应用与系统数据融合，规避传统建设模式下应用碎片化、数据孤岛化等一系列问题。

2. 构建基础支撑中台

数智自贸建设总体架构采用"1+5+N"的架构模式。"1"是指构建 CIMOS 城市智能管理操作系统（City Intelligent Management Operating System）基础支撑中台。"5"是指"AI 算法分析能力""应用服务集成能力""时空引擎支撑能力""大数据整合能力"和"物联设备管控能力"，"五位一体"为片区从规划设计到建设运营提供一体化中台能力支撑。"N"是指在此基础上构建八大业务场景联动的数字生态体系，分别为行政审批、航运贸易、政务管理、产业运营、才企服务、安全应急、精准治理、数字基建。

3. 构建片区 AIM 信息模型

基于 CIM 技术，构建青岛自贸片区 AIM（Area Information Modeling）信息模型平台，建立与市级 CIM 平台融合模式，制定片区 BIM 建筑模型接入标准。平台整合自贸片区外 CIM1、CIM2 级矢量模型、片区内倾斜摄影模型、重点建设规划区域 BIM 模型等地理信息数据，按国际贸易、港航物流、现代金融、智能制造、集成电路、基因科技、土地规划、安全防范、绿色低碳、数字基建等 14 个专题进行业务数据汇集，涵盖 125 个大类 344 个小类数据内容。

4. 专项业务系统

围绕行政审批、航运贸易、政务管理、产业运营、才企服务、安全应急、精准治理、数字基建等业务领域，上线运行 30+ 项数智化系统，创新构建园区数智化服务体系，本文列举部分业务领域进行概述。

企业服务：围绕片区企业 360 度服务理念，构建企业服务平台，实现全链帮办、政策匹配、金融服务、法律咨询、人才服务、企业社群、诉求直达、商服超市等一系列综合服务，通过数智化手段整合服务资源，构筑片区 360 度企业服务体系，提升企业归属感和满意度。

人才服务：构建人才服务平台，实现片区人才资源数智化管理，打造自贸人才港，完成人才共享、人才时间拍卖、劳务外包招投标、企业用工登记与审核、平台资源"一张图"、国际人才社区等功能构建及运行，为企业解决人才需求，实现更加高效的人才配置服务。

一网通办：建设数智化政务服务大厅系统，完成大厅 3D 实景模型建设，汇集叫号、业务办理等数据，实现大厅数据的动态掌握和分析，提升智慧政务建设水平。建设"3D 住所云集中登记地管理系统"，实现集中登记地的实景三维模型搭建，实现对登记数据的分年度、分行业、分状态数据分析及展示。建设数智化"审批小厅"，具备远程直办能力可在异地办理审批大厅直办窗口业务，提升审批业务办理信息化及便利化。建设 AI 电话客服系统，上线审批热线自动接听及智能处理功能，有效提升客服热线接听率。建设审批辅助监管系统，实现案件办理的数智化管理和线上全流程审批，提升案件办理的效能和准确性，多维度智能分析加强片区统筹管理。

精准治理：建设安全防范监管平台，提升片区安全防范和应急处置能力，促进企业主动、自主落实安全生产主体责任，有效提升企业本质安全水平，审核建档企业1101家，记录应急物资信息20个大类共计7600件，应急队伍13支，应急仓库22个，应急预案346个。建设点靓自贸事件调度系统，实现全域城市管理事件系统化流转，助力片区50余名网格员、8个管理区域、10余种城市管理事件的调度处置。

经济发展：建设公共信用信息服务系统，完成"一网、一端、一微"开发，接入200余项涉企信用数据，编制信用信息管理办法并初步建立风险预警模型，落实片区试点任务，为信用体系建设提供数字化基础。建设经济运行监测分析系统，实现经济运行数据一库整合和查询，强化企业一图管理，综合分析企业经济发展情况，助力园区经济发展。

生态环境：建设生态环境监测系统，围绕大气、排污、雨水、工地等不同维度监测需求，结合新型基础设施，采集分析PM2.5、PM10、TVOC、CO_2、工业四气、大气压力、温湿度、水质、土壤、噪声、pH值、浊度、雨量、水流量等数十项多维度环境数据。

低碳节能：引入德国被动房技术，建设被动房技术体验中心，推广节能建筑应用。采用太阳能、风能、空气能、地热能等可再生能源，构建多元化清洁能源供给体系。实施泛能网技术，打造"智能绿塔"模式，以能源低碳为切入点，构建双碳操作系统，体系化进行低碳园区建设。

协同办公：推动城投国企数智化转型升级，构建一体化运营管控平台，集成打通集团企业流程审批、全面预算、采购管理、财务管理、风险控制、人力资源等分散业务系统，以数智化技术促进城投国企数据资源整合与流程机制再造。

仓储物流。构建数字仓库示范项目，推动构建"数字仓储＋数字贸易＋数字金融"三位一体数字仓库建设，促进大宗商品流通体系数字化建设，打造数字仓库提单转仓单质押融资新模式。

三、特色亮点

（一）体制机制再造

首创"数智委员会＋首席数智官＋数智专员"制度体系。坚持制度创新和市场化运作导向，从数智化的角度改革重塑政府运行机制，出台《中国（山东）自由贸易试验区青岛自贸片区加快数智化转型体制机制创新的意见》，创新建立起"数智委员会＋首席数智官＋数智专员"的制度体系，更好地适应数字化、智能化时代的要求。组建数智化委员会，下设 12 个分委会、20 个专项工作组，涵盖青岛自贸片区所有部门和平台公司，总领平台规划建设和各领域数智化转型工作；引入专业数智化技术服务，聘任首席数智官，执行总体战略，推动平台建设和数据应用价值挖掘，建立全部门覆盖的数智专员制度，帮助谋划数字化、智能化流程创新和数字化项目，深入推进各领域数智化转型工作。

（二）技术融合创新

首创"CIMOS 城市大脑"智能管理系统平台。平台采用大数据、云计算、人工智能等前沿技术，以 CIMOS 操作系统为基础支撑平台，整合应用服务、时空信息、物联管控、大数据资源、AI 分析五大基础能力，已完成 23 项专项业务系统构建使用，实现了产业运行、经济发展、规划建设等领域数据"统一采集—统一配置—实时分析—

辅助决策"的闭环管理。在政府应用端利用"国土资源一张图",可关联查询地上建筑、管线配套、入驻企业,进而获取企业的工商、税务、社保等数据,分析亩产收益、辅助项目招引和精准制定产业发展政策。同时可围绕产业项目进行全流程管控,提供规划、报审、档案、税源等系列监管服务。在企业应用端,通过政策导览智能申报,可享受一网通办"不见面"审批及帮办代办服务,通过自贸金服、自贸人才港、科创服务、法律会客厅、商服超市等板块建设,打造闭环式企业服务体系,助力企业合规经营、稳健发展。

(三)赋能产业发展

打造青岛自贸片区数智化产业联动发展新载体。通过数字技术对多规融合、项目建设、投资促进、经济发展、公共安全、政务服务、产城融合、城市运行等多领域赋能,优化营商环境,加速企业集聚,做大产业生态,提升产业质效和竞争力。在产业规划领域,通过地块信息及周边配套可视化管理,提升项目选址效率,自动生成选址报告,辅助规划选址工作开展实现土地资源节约集约利用。在经济发展领域,通过对片区企业运行数据分析重点对贸易、物流、仓储、制造等类型企业分类监管,出台招引扶持政策,提升安全应急管理水平,精准服务企业。在产城融合领域,建立统一客服管理渠道 AI 客服机器人通过与用户智能问答互动,解决通用问题,提升客服效率;建设商业消费平台,打通餐饮、购物、运动等商户,企业员工可享受线上商城、网上支付、统一结算等服务,便利生产生活。在企业服务领域,上线"链帮办"系统,实现了"一窗受理、一链办结、一次办好"的全程帮办代办功能,为企业提供从市场准入、工程建设、社会保障到财税金融的全生命周期服务,通过微信公众号、小程序、APP 等多端口触达,实现"零跑腿服务"。

四、应用成效

（一）发挥新型机制作用，引入专业数智化服务，有效推动区域数智化转型

通过机制再造，清晰界定青岛片区各部门、技术服务单位、企业和居民用户在数智化生态环境中的角色定位，推动各方进一步融入"CIMOS 城市大脑"生态体系。首席数智官和 20 余名数智专员，已全程参与片区 18 个部门的业务工作，共同深入挖掘出近百条数智化系统开发需求，分批次启动政务应用系统的开发建设。同时，邀请 15 名业内专家和龙头企业加入数字智库联盟，为片区数智化规划设计布局及产业集聚提供重要咨询支撑。

（二）基于 CIMOS 城市大脑，实现基础数据资源整合，助力城市精准治理

通过政务服务、安全监管、地理信息等领域基础数据资源整合，推动片区治理体系和治理能力现代化。在"一网通办 +360 度服务"方面，打通 20 多个部门系统接口，实现片区 360 多项企业服务"一网通办"，为 2200 多家企业提供"零跑腿"服务，有效提升了企业服务的质量和效率；在企业安全防范方面，面向片区 46 家仓储企业，接入仓储摄像头，实时收集企业安防监控数据，异常数据实时监测预警，实现精准管理；在市政养护方面，整合市政、园林、环卫三大行业，应用专业化运维监管平台，保障片区基础设施安全运行和公共服务质量。

（三）业务场景联动耦合发展，推动跨部门业务协同，全面提升产业质效

平台已全面覆盖片区管理部门及平台公司，并面向 3 万多家

企业提供数智化服务。在产业规划领域，通过构建产业服务"九库一图"，有效整合了规划土地资源、市场主体、楼宇厂房载体、建筑信息、政策信息、产业与人才项目市政基础设施、服务机构等九大类数据，实现了一图可视化管理。"项目选址线上超市平台"上线后，项目落地平均时间缩短 60%。在经济发展领域，通过对片区重点税源、产业结构、支柱行业、亩均税收等区域经济运行情况动态分析为精准决策提供助力。在产城融合领域，"AI+人工"客服年接听量突破 1 万次，基本实现"当日受理、当日办结"，满意率超过 95%；片区内 50 余个餐饮消费档口已接入"CIMOS 一码通付"，日均服务企业员工 1600 余人次，企业、员工便利度和舒适度不断提升。在企业服务方面，"政策云"系统平台已上线各类惠企助企政策 484 项，为片区 36 家符合条件的企业拨付资金 720 万元，政策兑现办理时限提速 70%，带动贸易、金融、高端制造、芯片、生物医药等领域 1 万余家企业机构投资落户。

打造零碳数字无人化设施农业产业示范园

莱西经济开发区

发展智慧农业，既是国家有关政策的要求，也是切实转变农业发展方式的现实需要。随着新一代信息技术的涌现，智慧农业应运而生，这不仅提高了土地、劳动、资本等各项生产要素资源的配置与利用效率，也为我国推动乡村振兴，加速迈入现代农业强国提供了发展机遇。

设施农业作为现代农业的显著标志，促进设施农业发展成为实现农业现代化的重要任务。设施农业内环境参数智能调控是温室大棚技术的关键，提高智能控制管理水平可以充分发挥设施农业的高效性。我国智能温室大棚的发展与普及还处于初级阶段，设施农业生产效率与发达国家相比还存在很大差距，而由于气候、规模等因素差异，国外进口的智能调控产品使用性能达不到最佳效果而且价格相对高。因此，研制适合我国国情的温室控制系统，并广泛推广应用在农业生产中势在必行。

一、主要做法

示范园全面采用先进的果蔬基质栽培种植技术、节水灌溉精准施肥技术，搭建智能温室大棚物联网调控系统、大数据监测系统、光伏发电系统等，实现设施内种植作物生产的高产量、高效率、高品质、高收益。

（一）构建智能施肥调控系统，科学保障作物生长质量

园区采用自主研发的智能施肥中央控制系统，通过传感检测技术、微处理器技术、计算机技术等信息化技术，实现水肥供应的自动管理和分配，极大提高水分和肥料的利用率，实现了信息化、智能化、自动化节水施肥管理。同时，能精准地根据作物植株长势调节水肥中的各项元素，让植株营养生长和生殖生长供求平衡。

（二）打造智能环控大脑，精准调度作物生长环境

园区自主研发的温室智能控制系统通过不同的监测传感器来测量土壤温湿度、成分、pH 值、空气温湿度、气压、光照、CO_2浓度等参数，依据智能气象站、病虫害监测系统、土壤墒情监测系统、作物生理监测系统，通过平台的作物模型分析计算，确定作物生长的最佳条件，自动调控温室环境、控制灌溉和施肥作业、打药预警并实现质量追溯。

（三）合理布局光伏发电系统，实现绿色低碳运营

园区采用光伏发电围栏，实现光伏自发自用，节能减排，形成可发电、可种植的绿色高效产业体系，助力"双碳"目标实现。光伏发电系统将太阳电池板组件嵌入式安装在围栏外侧，系统与当地电网相连，除承担农业供电任务外，多余电量进行入网销售。当有阳光时，逆变器将光伏发电系统所发的直流电转变成正弦交流电，可以直接供给交流负载。在没有阳光时，负载用电转换为公共电网供给。

二、特色亮点

一是实现作物全生长周期的可视化追溯，达到 Global GAP（全球良好农业操作认证）的标准要求，通过标准化农事作业提高农产品产量及品质。二是实现作物种植、采收全程数据化、标准化管理，打造植物工厂，实现农业生产方式转变。三是实现国内多区域、多种植品类大面积推广、复制，打破智能农业自动控制系统的国外垄断。四是通过建立各种作物种植模型，降低种植技术瓶颈，解决普通农民种植技术难掌握的问题。

三、应用成效

（一）实现智慧农业落地生根，促进产业提质增效

产业园整合农业全产业链资源，筛选最适合设施栽培模式的高附加值的蓝莓品类作为智慧农业产业化落地的首个项目，结合蓝莓基质栽培模式及科学种植技术，实现蓝莓在最适合生长的环境下，有效缩短生长收获周期。第一年定植实现亩均产量 700 千克，第二年达到 1200 千克，第三年达到 1500 千克。通过精准的水肥及环境控制，不仅提高了果实产量，也提升了果实品质和出产档期，实现优质蓝莓在市场价格最高的 2—4 月份错峰上市，实现种植收益的最大化，规模化种植的收益是传统种植方式的 2 至 3 倍。

（二）开展产业化推广应用，提供跨区域、多品类解决方案

通过发挥示范园带动效应，实现种植管理技术输出、种植品类苗木输出以及智慧园区整体建设运营模式的输出，引导不同区域的家庭农场、农民合作社等“农户＋公司”模式推广智能化现代农

业种植规模，通过区域内规模化种植、标准化生产、信息化联动打造现代农业产业化标准体系，带动区域农业加快品牌化发展，推进乡村振兴示范片区建设。

（三）推进三产融合发展，实现农民生产生活方式转变

采取"公司+社会资本+农户"的合作模式，引导示范园内农户、村集体以土地、生态资源等要素入股。组织农户按照 Global GAP 的标准要求，实行蔬菜标准化种植管理，带动农户人均月收入达到 6000 元，是当地平均水平的 2.1 倍。在农村劳动力转移方面，示范园广泛吸收周边 300 余名农民变身产业工人，实现乡村基建、现代农业、科技制造业、农旅服务业、现代物流业、电商直播业、社区服务等多行业、多工种、多层次就业。

空调产业 5G+ 试点
打造工业互联网体系样板

胶州市大数据和智慧城市建设中心

海尔实施空调产业 5G+ 工业互联网试点示范项目为重要抓手，打造 5G+ 工业互联网体系样板，并向海尔全国各厂区、园区进行复制，实现 5G+ 工业互联网模式推广，为制造业提供 5G 升级解决方案。

一、主要做法

（一）项目实施主体

海尔胶州空调拥有全球规模最大、柔性最高的空调智能工厂——海尔空调胶州互联工厂，能快速满足用户的大规模个性化定制需求。同时，智能工厂采用大量的高端装备及智能机器人，拉动了国内装备制造业向数字化、智能化转型。2017 年，海尔胶州智能（互联）工厂入选青岛市互联网工业"三个五"智能（互联）工厂，引领和带动市互联网工业向更高层次发展，成为青岛市智能制造的典范。目前，胶州空调互联工厂已布局 1.2 万个传感器，每秒钟采集 1.5 万条信息，每天产生 3.2G 的数据。对用户来说，每一笔订单实时可视；对工厂来说，每个问题都可以提前预警，信息到人，及时闭环解决。但是，5G 技术的发展和数据总量和处理速度的日益增长，现有的网络环境已无法满足需求，亟须通过 5G 技术的应用和工业互联网的升级实现海尔胶州空调互联工厂的新一轮制造能力提升。

（二）适用场景及终端

本项目将在海尔胶州空调工业终端或装备上部署 5G 终端模组，规模达到 100 台（个）以上，并在互联工厂内落地 5 个以上的 5G 应用场景。

一是 5G 终端规划。利用 5G 的多连接和高可靠性，各种终端在任意位置均可以使用。终端收集到的数据通过 5G 的大带宽和低时延快速传输到应用平台，应用平台借助 MEC 的高计算能力快速进行处理，将结果反馈给工业协同制造平台，最终完成智能制造的整个流程。

二是场景规划。在胶州工海尔业园内共计规划了 7 个 5G 应用场景，5G+AR 远程维修指导、5G+VR 虚拟现实技术的应用、无线工业传感器、5G+AI 远程视频监控系统、园区能耗监测、基于 5G 的全方位园区安防平台以及园区 5G 云办公。

二、特色亮点

（一）技术创新

1.5G 虚拟企业专网建设

5G 技术切合了传统制造企业在智能制造转型过程中对无线网络的应用需求，其高带宽、低延时的特性，能更好满足工业环境下设备互联和远程交互等需求，并且为边缘计算、云边结合等发展提供有力支撑。5G 网络相比有线网络、WiFi 或 4G 网络具有更高的可靠性和灵活性，并降低网络的整体部署和运维成本。将有力支持工厂生产、视频监控、移动办公、现场数据采集和传输等实时高带宽移动应用，实现大连接、智能计算平台、工厂应用快速部署，生产数据不出园区等功能，同时保证移动网内终端访问企业内网的独立性和安全性。

2. 边缘计算平台 MEC 的联通

边缘计算平台 MEC 是工业互联网的基石和催化剂，可以将生产过程数据的传输范围控制在企业工厂内，满足生产数据安全性要求。通过 MEC 的本地分流功能和新增单独的 APN，从技术上实现所有生产数据在工厂内卸载不出园区，确保数据安全。

5G MEC 服务器为工厂提供灵活的计算能力，生产应用 APP 可以根据不同的业务需要，通过 MEP 平台直接调用 MEC 的强计算、AI 等能力满足自己对硬件服务器的要求，从而替代本地服务器；由于 MEC 距离终端或信息源近，网络响应用户请求的时延大大减小，满足各种应用对低时延和大带宽的要求；MEC 将企业的内部生产数据在本地园区闭环，避免传递到公网上对传输网和核心网造成拥塞；位于网络边缘的 MEC 能够实时获取基站 ID、可用带宽等网络数据以及与用户位置相关的信息，为各种生产应用提供网络开发能力，极大地改善用户的服务质量体验。

3. 卡奥斯 COSMOPlat 的 5G 工业互联网平台升级

COSMOPlat 工业互联网平台是以创造用户全流程最佳体验为中心，面向制造业数字化、网络化、智能化需求，提供美好生活解决方案，构建基于海量数据采集、汇聚、分析的服务体系，支撑制造全流程、全要素和全周期资源泛在连接、弹性供给高效配置的大规模定制解决方案云平台，包括数据采集和边缘层、IaaS 层、PaaS 层（通用 PaaS、工业 PaaS）、SaaS 层（场景应用和模式复制）四大核心层级和工业安全防护管理体系。

项目将以工信部《"5G+工业互联网"512工程推进方案》为指导，依托海尔COSMOPlat平台，以服务智能制造为目标，采用5G、MEC边缘计算为基础网络，围绕工业生产的"人机料法环测"六大要素完成5G+场景建设，并针对多领域、多场景的行业共性问题为行业企业提供解决方案。

一是实现资源协同。边缘节点提供计算、存储、网络、虚拟化等基础设施资源，同时提供设备自身配置、监控、维护、优化等生命周期API。边缘节点南向提供丰富的网络接口以支持广泛的终端接入；云端提供资源调度管理策略，包括边缘节点的设备管理、资源管理以及网络联接管理。二是实现数据协同。边缘节点主要负责现场/终端数据的采集，按照规则或数据模型对数据进行初步处理与分析，并将处理结果以及相关数据上传给云端；云端提供海量数据的存储、分析与价值挖掘。边缘与云的数据协同，支持数据在边缘与云之间可控有序流动，形成完整的数据流转路径，高效低成本对数据进行生命周期管理与价值挖掘。

（二）模式创新

海尔集团在5G、人工智能和工业互联网时代，重点发展布局构建"1+1+N"体系，第一个"1"代表卡奥斯COSMOPlat工业互联网平台、第二个"1"代表一个边缘计算管理平台、"N"代表基于5G通信场景的N个应用和对N个终端的整合。海尔胶州空调承接集团战略布局，搭建5G虚拟企业专网；并且与青岛总部MEC管理平台联通，实现对计算平台的统一运维、统一配置和统一调度；基于5G网络，升级卡奥斯COSMOPlat工业互联网平台，实现对各类终端更快速的调用和监测；实现各类工业终端或装备上5G终端模组部署，推进5G工业应用场景的落地，打造5G+工业互联网的样板工程。

未来5~10年,在全国范围内推广青岛5G工业互联网试点模式,最终实现全国 10 个城市 19 个工业园区的全面覆盖。进一步开放卡奥斯 COSMOPlat 工业互联网平台，实现对千万元级别跨领域的终端整合能力，打造工业协同制造生态圈。海尔空调胶州互联工厂成为全球有影响力的数字化、网络化、智能化的制造业领军企业。

三、应用成效

在海尔胶州空调调研过程中发现，目前工厂主要面临两个层面的需求痛点：一是工厂生产环节对网络的强依赖性；二是智能化工厂广泛建设中，对自动化、信息化强依赖性，同时对网络提出更高要求。主要表现在以下几方面。

（一）柔性生产对制造设备的数字化和互联互通有较高需求

当前制造业中设备的联网节点比例小于 5%，生产过程的数据标记比例小于 3%，导致生产效率无法评估、设备间数据无法统计等问题。此外，有线电缆传输方式的后期扩展难度大、移动性低。

（二）关键生产设备的移动性需要有高可靠性的网络保障

目前移动性网络多采用 WiFi，当多个 WiFi 接入点覆盖同一设备的同一信道时，接入点就会因过度部署而产生性能降低的情况，导致安全可靠性低。

（三）生产车间的网络安全要求高，WiFi 无法满足需求

WiFi 网络安全性比较低，未对用户身份进行合法性校验。在同一子网的 WiFi 环境下，攻击者很容易通过 ARP 扫描，探测到其

他上网设备的 IP 和 MAC 地址进行攻击，极易造成大面积断网。

（四）智能终端的应用，对网络带宽提出更高要求

海尔互联工厂内 AR/VR、高清安防视频监控、园区安防巡逻车有广泛的应用需求。GigE Vison 通信协议和新的软件平台对网络带宽、实时性提出较高要求，有线传输则在工厂布线、传输距离、日常维护方面有较大壁垒。

面对海尔胶州空调互联工厂的迫切需求，项目有针对性地制定了建设目标，即建设一套供企业内部使用的专有 5G 网络，提升网络传输的速度，满足数据传输需求；实现与海尔青岛总部 MEC 管理平台互联，实现统一运维、统一配置和统一调度；升级卡奥斯 COSMOPlat 工业互联网平台，实现对各类终端更快速的调用和监测，提升互联工厂的智能化水平。

项目通过 5G 专网建设和 MEC 边缘计算平台的互通为海尔胶州空调提供一个虚拟无线专网，从车间的终端到网络接入、相关园区的应用等可以实现端到端的安全和高可靠性，真正做到云边端协同，助力柔性制造的实现。

项目预计将从效率提升、质量提升、能源利用率提升、运营成本降低等 4 个环节提升企业盈利能力。

一是效率提升。远程登录 MEC，提前部署 APP 用时 0.2 天（传统部署算法为 1 天）；视觉厂商到企业现场部署相机用时 0.5 天（传统现场部署为 3 天）；采用现场实物进行训练用时 0.5 天（传统部署现场调试 2~30 天）；软件 bug 升级、新算法训练、网线定期更换、设备不定期维修用时 0.1 天 / 软件升级一次（传统部署为 0.5 天 / 软件升级一次）；减少网线更换导致生产中断。原有交付模式大约 34.5 天，5G MEC 交付模式只需要 1.3 天。

二是质量提升。测试工位数据共享，提前拦截次品，20 个数据孤岛减少到 1 个，疲劳线缆引入质量问题降低到 0；采用机器视

觉进行线上检测，及时发现产品缺陷并分析缺陷原因；通过售后网络实时监测，对产品缺陷类型进行生产线在线报警，实现产品制造全生命周期的质量提升。

三是能源利用率提升。通过安装分项计量仪表、数据采集终端和系统主站，5G通信模组将采集数据上传，实时对厂区的动力、供暖、空调、照明、给排水、热、气等能源资源消耗数据进行动态采集、实时监控、统计与分析，包括能耗统计、能效评估、监测预警、对表分析等功能，提高能源利用效率和用能安全，同时降低运营成本。

四是运营成本降低。采用5G+工业互联网+人工智能等技术提高了办公环节和制造环节的工作效率，降低生产过程的运营成本；远程维修采用线上、线下结合模式，预计减少下工厂次数约20次，本地维护人员取消，降低售后维修环节的运营成本。

数字化助力青岛跨境电商产业发展

青岛青保跨境电商综合服务有限公司

　　2016 年，青岛获批成为第二批跨境电商综试区城市，发布《中国（青岛）跨境电子商务综合试验区建设实施方案》，方案明确提出按照国务院发布的关于推进跨境电商综试区两平台、六体系建设总体建设要求，建设线上综合服务平台。2021 年 7 月，国务院办公厅发布《关于加快发展外贸新业态新模式的意见》，进一步提出发展跨境电商，提到加强跨境电商基础设施建设，推进海关、国检等关口监管改革，支持企业参加境外展会等。2022 年 1 月，青岛市商务局印发《青岛市推进外贸高质量发展若干政策措施（2022—2025 年）》（青商字〔2022〕4 号），提出支持贸易新业态跨境电商发展，优化提升中国（青岛）跨境电商综合服务平台（以下简称"公服平台"）效能，持续优化贸易发展环境。2022 年 6 月，青岛市商务局组织海关、税务、外管、青岛数据分中心、自贸片区管委等各职能及监管部门召开座谈会，确定公服平台数字化升级及效能提升建设内容，进一步提升公服平台的服务水平。2022 年 9 月，市商务局组织开展中国（青岛）跨境电商综合试验区公共服务平台 2.0 系统现场观摩会，青岛海关、市税务局、国家外汇管理局青岛市分局、中国电子口岸数据中心青岛分中心等部门以及部分跨境电商企业代表参加，平台 2.0 版系统正式上线服务。

一、主要做法

（一）打通关税汇商，强化监管要求

公服平台整合跨境业务开展各环节资源，实现了"一点接入、一站服务、一平台汇总"跨境电商产业链条的数字化服务。

为企业提供了单点登录功能，真正实现跨境业务一站式办理，业务开展全流程线上操作，为企业提供便捷高效的数据加签服务，最大限度地降低企业开展跨境电商业务的难度，促进传统外贸企业数字化业务拓展升级，为企业拓展海外市场提供新思路。

为监管及职能部门提供跨境数据的综合分析展示，相关部门可以根据电商企业的精准画像，达到精准施策的目的；同时为出口电商企业提供税务信息登记备案功能，为企业开展跨境零售出口进行出口退税和核定征收提供系统支撑，为税务部门数据核查提供数据支撑。

（二）平台系统关键技术

1. 系统设计与开发

平台建设总体框架为"一平台＋六体系＋一中心"，其中"一平台"指跨境电子商务综合服务平台，主要包括门户网站、通关服务平台、综合监管平台和增值服务平台；"六体系"指信息共享、金融服务、智能物流、电商信用、风险防控、统计检测六大体系；"一中心"指跨境电子商务大数据中心，主要为内外部数据处理的交互中心，包括数据采集登记、数据授权交互使用、数据会客厅、数据验证、数据授权查询、数据价值交互、风险监控、应急处理、数据运营管理服务等。

2.数据集成与管理

为接入企业提供数据接口、客户端数据申报、线上表格导入共三种数据采集方式，覆盖17种业务单证。为支付企业和物流企业配置支付单、运单信息数据专用通道，与订单、清单等跨境电商单证分离，并提供日常技术运维保障服务。

3.业务流程优化

建设市级公服平台统一门户网站"中国（青岛）跨境电子商务综合试验区公共服务平台"，集成中国电子口岸单一窗口身份认证体系，并作为青岛市跨境电商单一窗口，连接相关业务主体和监管部门，重点发挥公共入口、公共通道、公共支撑等三大作用，满足企业一次登录、一次申报、数据共享的需求。

4.分析与决策支持

建立跨境电商数据决策系统，运用大数据技术对平台中数据进行相应的统计、分析、展示，便于相关政府部门做好政策制定、产业规划、创新落地、市场培育等工作。

二、特色亮点

（一）平台建设运营基本原则

1.坚持政府引导，激发市场活力

坚持政府对青岛跨境电商综试区综合服务平台建设的统筹协调与推动，发挥口岸管理和服务部门参与积极性，将跨境电商服务支持政策、业务监管需求等纳入有关部门（单位）工作发展规划，实行共建、共管、共享。充分发挥市场在资源配置中的决定性作用，通过建立协作配合机制，梳理好政府、市场在跨境电商生态中的分工和边界。在政府的引领下，通过市场化机制、专业化服务和资本化途径，以更加便捷高效的新模式释放市场活力，吸引大中小企业集聚，促进新业态成长。

2. 尊重既有业态，服务企业优先

跨境电子商务作为推动经济一体化、贸易全球化的技术基础，是随着世界经济贸易发展变化而迅猛发展起来的，经过我国的顺势引导支持和逐步监管规范，形成了现有的业态模式。在规划建设综合服务平台功能时，要顺势而为，尽量不要打破企业已形成的作业模式，避免给企业带来负担。同时平台的主要功能要围绕企业一站式服务设计，降低企业使用难度，提高操作便利化，促进传统外贸企业能够快速转到跨境电商模式开展业务。

3. 业务需求引领，创新发展驱动

以需求为依据，以问题为导向开展信息化建设和技术储备。以数据为关键要素，以应用为核心，促进技术与业务深度融合，最大限度发挥信息化实战效能。把握信息技术发展趋势，推动大数据、物联网、移动互联、三维全景展示等新技术的应用，加强监管创新、应用创新、模式创新，不断激发创新内生动力、营造良好创新生态、拓宽创新发展途径，兼顾新技术的好用与实用。

（二）推动模式创新与流程落地，帮助企业畅通出海

公服平台积极推动跨境电商业务模式和操作流程的创新与突破，于2020年9月份率先实现山东省跨境电商9710、9810业务首单，配合推动9610零售出口核定征收认定、跨境出口代理类企业税收方式以及9810出口退税流程优化等创新试点落地；推动青岛关区首票跨境电商"1210"出口海外仓零售业务落地。

（三）深化市场合作，赋能主体发展

公服平台联合进口跨境电商仓储物流服务企业建立山东省首

家跨境电商保税直播基地，深度挖掘保税政策功能，紧密结合当下市场最热风口，有力拉动了区域文化传媒等新兴数字经济的发展。

（四）建设运营模式

青岛市商务局作为公服平台业务主管部门，负责业务指导和监管，负责政务服务数据采集、保存、应用、传输等业务的监督检查负责市场化应用数据治理、共享使用等业务的指导监督。

相关部门建立会商机制，青岛市商务局每年初召集海关、外汇、税务、金融机构、行业专家等，落实有关部署要求，研究与分析确定公服平台年度工作任务。

授权青岛自贸片区公服平台运营公司青岛青保跨境电商综合服务有限公司负责中国（青岛）跨境电子商务综合试验区公共服务平台的建设和运营工作。选定中国电子口岸数据中心青岛分中心作为平台共建单位，参与平台方案设计、软件开发、系统运维等技术工作。

三、应用成效

（一）价值成效

公服平台 2.0 版本上线以来，已累计培训指导企业 900 家，助力 139 家企业完成跨境电商业务前期资质办理和数字化信息准入工作，协助 118 家企业实现跨境电商业务的数字化转型升级。其中 2022 年全年服务跨境电商成交金额超过 80 亿元，服务跨境电商成交单量近 1500 万单，吸引新增入驻企业 100 余家；截至目前，平台入驻企业数量 385 家，服务跨境电商成交金额超 195 亿元，服务跨境电商成交单量 3616.6 万单，服务范围覆盖青岛十区（市）。

（二）运营亮点

1. 建立山东首家跨境电商保税直播基地

直播基地启用以来，短短两个月时间直播货物一线入区 3.5 亿元，二线单量达到 130 万单，日均 2.1 万单，同时，单场直播销售额突破 1 亿元。

2. 推动模式创新与流程再造

一是率先完成山东省首单 9710、9810 出口业务。二是配合推动 9610 零售出口核定征收认定、跨境出口代理类企业税收方式以及 9810 出口退税流程优化等创新试点落地，形成比较完善的、适用于企业实际操作的涉税创新方案。三是推动青岛自贸片区首票跨境电商"1210"出口海外仓零售业务落地。该模式可实现入区即退税，具有退税流程简便、周期短、效率高、减轻生产企业经营压力等优势。

3. 拓展增值服务初见成效

联合行业内多家优质金融服务机构，率先上线 13 种青岛特色版跨境电商金融服务产品，涵盖有跨境结算、融资服务以及保险服务三大领域；创新推出基础版独立站建站服务，助力传统外贸类企业及生产加工型企业快速完成跨境电商数字化转型升级。

（三）荣誉奖项

2022 年 10 月获评"2022 年山东省重点培育的跨境电商平台"〔《山东省商务厅关于认定 2022 年度山东省重点培育的跨境电子商务主体的通知》(鲁商字〔2022〕136 号)〕, 2023 年 4 月获评"2022 青岛年度数字经济发展典型案例"〔《关于公布 2022 青岛年度经济成就宣传发布活动获选名单的通告》(青企联〔2023〕9 号)〕。

打造青岛元宇宙产业创新园数字园区

青岛海诺投资发展有限公司

《中华人民共和国国民经济和社会发展第十四个五年规划和2035年远景目标纲要》明确提出推进产业数字化转型，加快产业园区数字化改造。《青岛市科技创新产业园区实施细则（试行）》提出在青岛高新区"一区多园"、省级高新区、科教产融合园区等范围内建设"园中园"，以科技型企业为主要服务对象，提供楼宇空间、硬件配套等基础设施，围绕1~2个主导产业细分领域，形成科技型企业集聚、新兴产业蓬勃发展的创新创业微生态。《2030年前碳达峰行动方案》提出以提升资源产出率和循环利用率为目标，搭建基础设施和公共服务共享平台，优化园区空间布局，开展园区循环化改造。

青岛元宇宙产业创新园积极响应政策要求，基于园区现状与未来发展规划，启动构建一个统一的管理、服务、运营平台，对内打造高效协作模式，提升整体业务管理效率，对外输出标准化产业运营流程，提升服务满意度。通过智能化设施设备的接入与数据收集，园区服务的专业匹配以及园区体验均取得智能提升，实现了园区的智慧化转型，为管理部门决策分析、指挥调度提供了重要支撑。

一、主要做法

（一）建设园区数据中心

基于数字园区整体规划，明确数据中心统一标准，指导各业务场景数字化平台建设。通过智能硬件系统内的智能数据感知与传输模块，实现数据的接入、传输、处理与储存，继而为园区管理与运营者提供客观且直观的能效、资产、运营、资源、产业、设施、安防等数据，并且纵向为管理者提取有利于园区规划与建设的地理信息、产业经济、企业结构、组织机构等信息，方便产业集群建设。

以接入智能硬件、开发嵌入配套软件为路径，在后台搭建一屏统管平台，将园区所有的物联网设备与平台相连，实现对园区的实时监测与统一管控。通过运营 PC 端、运营移动端以及业主移动端的不同路径将数据与操作权限下放至园区各方，打破各方信息壁垒，做到真正的信息实时互通，方便管理者通过园区整体数据把控园区脉搏，方便业主享受到更便捷、智能的园区服务。

（二）建立资产数字档案

按照园区—楼宇—楼层—房屋四大层级建立起房屋资产档案，对各层级实时更新建筑面积、实用面积、空置比率、入驻企业、产业分布等数据信息。

基于物联网技术，结合 RFID 资产标签、二维码等媒介，对园区范围内的设施设备进行资产梳理、资产盘点、资产建档、资产监控、资产维护，从各个环节实现海量资产的数字化管理，对需要维护、修缮、报废的资产进行智能化管理，切实做到按需维保、及时修缮、按时报废。

（三）智慧能耗一体化改造

以"智慧用能，绿色发展"为方向，运用物联网、AI、大数据等新一代信息技术，构建动态监测、能源调度、设备运行、节能降耗等多维度分析模型，对园区全局能源能效进行实时监测。

通过重点区域用能监测系统、能耗异常预警系统，负荷自动控制系统，对能耗进行多维度统计分析与精细化用能管控。针对中央空调用能、智能照明用能、电梯动能回收等重点能耗项，进一步挖掘节能潜力，提高能效运营效率，助力园区实现双碳管理新模式。

（四）应用智慧物业管理服务平台

建立园区智慧物业服务系统，通过物业信息发布端、物业管理与服务 Web 端、物业服务人员移动端、企业移动端联动物业管理与服务各个环节，为物业内部高效管理与对外输出高标准服务提供智能平台支持。平台涵盖 OA 审批、职工与排班管理、设施设备运维管理、报事与报修服务、通知与公告、调查投票与意见箱、智能收费与财务管理等功能，全面覆盖园区物业服务的方方面面。

（五）启用智慧招商与租赁系统

在招商区域场景漫游展示、入驻企业信息查询、房源资产＋服务资产数据可视化等特色功能的加持下，搭建了客户—商机—租赁—合同等一站式、数字化信息管理平台，实现了招商业务从意向客户到客户入驻、续租、退租的全生命周期闭环管理，助力园区精细化招商及运营。

同时建立了园区互联网产业服务平台，实现产业伙伴随时随地协作，促进内部交易、生态创新、融资对接等合作，实现园区内循环，优化提升园区营商环境。

（六）开发智慧办公系列应用

搭建全线上的智慧办公平台，将内部审批、业务流转、民主评议、通知公告等日常办公内容转移至线上平台进行，流程条理清晰，数据留痕可追溯。建立园区车辆租赁管理子系统，对车辆的业务调度、维护保养、基础信息档案进行管理维护，形成相应的电子台账。在公共场地使用权预定上，实现园区场地预约的信息发布与统一管理，实现了包括预定、缴费、准备、邀请、报名、签到、引导、LED 发布、网站论坛发布等环节在内的系统功能。

（七）打造多场景智慧通行

打通智慧车辆通行平台，对机动车全天候不间断的智能特征识别并自动记录，有效识别厂内、外车辆，进行黑白名单管理，对园区内违规车辆进行联动车闸告警，守护园区交通及物资安全。进入园区后可为用户提供车位余量、停车引导等服务，并实时统计停车场车位信息，打造园区便捷通行系统，优化车辆通行效率、降低出入口管理成本。

智能区分企业职工、服务人员、外部访客等人员身份，联动园区门禁、楼宇闸机、电梯梯控等智能设备，实现智能、无感通行。

外部访客可通过内部人员邀约、自主申请访问等形式获取人员、车辆的通行权限，大幅提高访客的通行体验。

（八）联动开展多维增值服务

开展多维增值服务能力为园区企业、人员提供便捷高效的办事服务及生活服务体验，打造集经营、活动、餐饮、政务于一体的智慧服务模式。基于园区内企业的实际经营需求，引入优质服务商入驻智慧园区服务平台开展服务。搭建园区内业务交流线上阵地，鼓励园区内企业发布公司业务介绍与资源需求，促进园区内企业间的连接与互动，助力园区内循环。基于智慧服务平台广泛征集园区内企业的普遍需求，开展政府办事部门进园区、财务与税务服务进园区、法律服务进园区等企业有实际需要的公益活动。

（九）开展智慧党建引领

全面汇集园区内党组织、党员的基本情况，借助信息化手段打造党员干部的活动阵地与学习课堂，组织开展党性教育、现场教学等线上、线下联动的特色活动。

二、特色亮点

通过数据采集与数据加工，整合园区企业服务数据、运营管理数据，形成了统一、标准的数据资源。利用物联网技术，联动多类智能硬件设备，实时获取园区运行动态数据，并基于数据进行状态分析和未来预测。通过基础信息管理、多系统联动管控、内部业务流程管理及运营数据实时分发，提高综合管理效率水平。突破传统园区经营模式，服务内容延伸至资产管理、招商运营、增值服务等方面，营造更好的园区营商环境。运用大数据可视化技术辅助园区决策，建设融合展示、分析、决策支持平台，打造科技、智能、数字园区。

基于一个数据底座，借助人工智能、物联网、大数据等新一代信息技术，将资产管理、能耗管理、招商运营、物业管理、人车通行、增值服务、智慧党建等业务板块有机汇聚，避免了多系统需要频繁切换操作，大幅优化了运行效率，提高了企业满意度，改善了园区营收。项目作为园区智慧化升级样板，为智能型、舒适型、服务型的数字园区的发展积累了宝贵经验。

三、应用成效

项目将传统管理与服务过渡到现代化的管理与服务，实现真正的园区数字化、智慧化运营。数字园区平台为园区提供了一套完整的智慧管理解决方案，可以在一套系统内满足人、车、物、资产等多方面的管理需求，通过挖掘园区日常业务管理流程中的应用需求，提升产业园区管理的有效性，让园区更安全、工作人员工作与生活更便捷、整体管理更加科学高效。

通过构建统一的管理、服务、运营平台，对内打造了高效的协作机制，提升了整体业务管理效率；对外输出了标准化产业运营流程，提升了服务满意度，实现了多维业务一体化、运行动态可视化、数据融合生态化的良好成果。

山东省首笔公共数据成功运营
——城阳区医疗数据交易产品案例

青岛市城阳区人民政府

　　从新一轮科技革命和产业变革的大趋势来看，第四次工业革命以数字化、智能化和网络化为核心，数据资源已经崭露头角，被认为是21世纪的宝贵资产，有人将其形容为新时代的黄金和石油。在党的十九届四中全会上首次将数据与土地、劳动力、资本、技术并列为重要的生产要素。2020年，《中共中央 国务院关于构建更加完善的要素市场化配置体制机制的意见》和《中共中央 国务院关于新时代加快完善社会主义市场经济体制的意见》进一步强调了培育和发展数据要素市场的重要性。2022年12月，中共中央、国务院发布"数据二十条"，进一步明确了要促进数据的高效流通和使用，以赋能实体经济，同时统筹考虑数据产权分置、流通交易、收益分配和安全治理，加快构建数据基础制度体系。从顶层设计的角度来看，党和国家已经将充分发挥数据要素的价值置于重要的战略位置。

　　保险行业对数据的需求巨大。在智能核保场景中，当商业保险客户提出投保申请时，保险公司通常需要在投保人的授权下对保险标的进行核实，以评估风险并确定保费。这需要利用核保模型对投保人或被保人进行评估，理赔调查和快速理赔的场景也是如此。这些过程中，数据扮演着关键的角色，帮助保险公司更准确地估计风险和处理理赔请求。

医药行业也亟须医疗公共数据作为生物医学研究的基础设施。这将大幅降低医药企业在临床研究中使用数据的难度，缩短研究周期，减少时间和成本。通过使用公共数据集，可以进行更合理的临床研究设计和药物经济学评价，从而缩短整个药物研发周期，降低数据使用成本和时间成本。此外，公共数据的使用还有助于明确药品未来的市场需求和医保政策的制定，从而减少成本、降低风险、加速新药研发的进程，以更早地为社会提供有效的医疗服务。

同样，产学研一体化对数据价值的需求非常迫切。通过结合公共数据运营平台和数据，可以帮助产业更好地发现和挖掘人才，同时也有助于院校更好地培养和引导学生，以满足市场对于高素质人才的需求。

随着更多公共数据在运营平台上开放应用，将满足更多行业和场景的需求。这不仅有助于满足相关方的需求，还能够解决现实世界的问题，促进经济增长，提高社会福祉。因此，实现"三医"数据交易应用场景对于满足各行各业的需求以及解决实际问题是至关重要的。

一、主要做法

基于国家和《青岛市公共数据运营试点管理暂行办法》，青岛市公共数据运营平台项目独创了全国公共数据运营的青岛模式，拟通过青岛市公共数据运营平台汇聚青岛市公共数据资源，加工成市场所需的数据产品，向市场提供数据服务，来加强公共数据资源整合和安全保护，落实数据要素市场培育、加速释放公共数据要素红利，充分发挥公共数据要素的价值，推动培育数字经济新产业、新业态和新模式，发挥公共数据资源的经济价值和社会效益，依法有序推进各政府部门和公用事业单位等公共机构数据资源向社会全面开放。鼓励公众、企业和社会机构开发利用数据价值、分享数据红利，带动数据产业发展。

（一）"三医"数据开发利用

开展在公共数据运营领域的相关业务，重点推动医疗、医药、医保"三医"公共数据的开发利用。围绕市场医疗数据应用需求，引入成熟医疗场景及业务模式，通过"三医"数据联通，实现医疗技术、医保资源、科研数据共享，形成可持续的数据生态，助力医学发展、医药研发。

（二）打造"三医"领域公共数据运营流通的数据服务产品

依托青岛市数据要素流通应用联合数字实验室，以青岛市的公共数据为基础，在多个行业领域中，结合市场实际需求及外部合作企业，共同研发孵化公共数据运营流通的数据服务产品。数据服务产品优先在青岛市进行落地验证，验证成功后形成行业成功案例，同步面向全国进行推广。

（三）探索内外联动，打造高水平数据服务产品

根据《青岛市公共数据运营试点管理暂行办法》的规定和指导，在公共数据运营现有成功经验的基础之上，积极引进成熟的数据服务产品,包括外部采购或自研产品,探索培育数据要素市场生态体系建设。

二、特色亮点

目前城阳区已经实现了医疗数据交易的秒级核保，这是一项革命性的医疗数据产品，旨在通过数字创新，实现保险核保业务的

高效和精确。该产品建立在青岛市的公共数据运营平台之上，汇聚医疗数据与保险业务的融合创新成果。

基础环境支持。产品依托于青岛市的公共数据运营平台，提供坚实的数据基础，覆盖多个领域的数据资源。

体制机制创新。利用数据要素流通应用联合数字实验室研究成果，结合隐私计算技术，大幅降低了保险公司信息采集成本，提高了核保信息的真实性。

重点应用领域。产品的主要应用领域是保险业务。通过智能核保技术，将传统几天的核保时间缩短为3~5秒，极大提高了核保的效率，同时降低了核保成本。

实施路径保障。产品的实施路径包括数据采集、安全处理、产品交易、合规应用等环节，确保了数据安全和隐私保护。

市场合作伙伴。产品的开发得到政府、企业和隐私计算领域的企业的合作支持。

产业带动。秒级核保产品的推出不仅提高了保险行业的效率，还为数字青岛建设提供了宝贵经验。它在数字城市建设中发挥了积极作用，带动了医疗数据与保险业务的融合创新，有望成为全国影响力的数据要素流通中心和应用场景引领中心。

建设运营模式。产品采用场景驱动数据价值实现的运营模式，开放核保场景给保险公司，为公共数据运营试点工作提供了有益经验，确保数据高效流通使用，更好地赋能实体经济。

秒级核保产品的诞生代表数字创新在医疗数据与保险业务领域的突破，将极大提升核保效率，为保险行业和数字城市建设注入新的活力。

三、应用成效

秒级核保的引入为医疗、保险业带来显著的应用成效，彰显了数字化革命对保险业务的积极影响。

提升核保效率。传统核保过程烦琐费时，需要调阅大量资料，效率较低。秒级核保通过智能核保技术，将核保时间从几天缩短为3~5秒，大大提高了核保效率。保险公司能够更快速地响应客户的投保需求，提升了服务速度。

降低核保成本。传统核保需要大量人力资源进行数据查验，而秒级核保利用数据智能化处理，将核保成本降低了60%以上。这不仅降低了公司的运营成本，也降低了客户的保费支出。

提高核保准确性。通过数字化的核保过程，减少人为因素的干扰，提高核保的准确性。这有助于保险公司更好地评估承保风险，有效降低公司的潜在风险。

增强客户满意度。客户在投保时通常期望获得快速、高效的服务。秒级核保满足了客户的期望，提供了更快速、更便捷的核保体验，增强了客户的满意度，有助于保险公司提高客户忠诚度。

促进保险业发展。数字化核保不仅为保险公司带来了商业利润，还为政府提供了更好赋能商业健康保险业发展的机会。通过数字化革命，政府可以更好地制定医保政策，服务数字经济的发展。

探索新型智慧城市建设路径模式。秒级核保的成功案例成为数字城市建设的有益经验。它不仅为青岛市提供了数据要素流通中心，还为其他城市提供了参考，促进了数字化建设的推进。

总的来说，秒级核保作为数字化革命的一部分，为保险行业带来了显著的效益，提升了效率，降低了成本，改善了用户体验，同时也为数字城市建设提供了宝贵的经验，促进了保险业的可持续发展。

养殖工船智能化助推海洋强市建设

青岛国信发展（集团）有限责任公司

当前，我国海水养殖业发展，面临供给能力下降、技术设备落后、养殖环境脆弱、质量安全不可控等突出问题，亟须推动海水养殖由近岸走向深远海、由传统散养方式走向现代工业化模式、由固定养殖设施走向移动式养殖装备。智慧渔业养殖工船正是破解这些难题、实现海水养殖产业新旧动能转换的全新解决方案。

2019年2月，十部委联合印发《关于加快推进水产养殖业绿色发展的若干意见》，明确将深远海养殖工船与智能渔场作为绿色养殖重点发展方向之一；山东省第十二次党代会明确提出支持青岛建设引领型现代海洋城市；青岛市第十三次党代会明确提出大力发展养殖工船产业，打造"蓝色粮仓"。为深入贯彻习总书记关于建设海洋强国的重要指示精神，全面落实省、市政府关于海洋强省、海洋强市建设的部署要求，青岛国信集团作为青岛唯一将海洋产业纳入主业的国有投资公司，联合中国船舶集团、中国水利水电科学研究院、崂山实验室、中国海洋大学等单位，进军"船载舱养"模式"无人区"，打造了全球首艘10万吨级智慧渔业大型养殖工船"国信1号"（以下简称"国信1号"），实现"路上有高铁、海上有工船"，打造新的国家名片。

一、主要做法

"国信 1 号"配备了 196 个摄像头、2108 个传感器，综合运用人工智能、物联网、云计算、北斗导航、卫星通信、数字孪生、视频监控、5G、3D 等技术，搭建形成深远海智慧渔业养殖体系 1.0 版，集成渔业养殖自动化系统、养殖及船务信息化管理系统、养殖集控智能化平台、船岸一体数字化云平台、养殖工船智能化模型，实现船岸数据的互联互通、养殖数据的智能研判、养殖管理和船务管理的协同联动、统筹管控，推动深远海智慧渔业养殖生产体系的数字化转型。

（一）渔业养殖自动化系统

渔业养殖自动化系统主要围绕鱼苗入舱、光照、投饲、成鱼的起捕、加工及水质增氧、海水交换等养殖工序，实现自动化控制，主要包括鱼苗入舱系统、光照系统、自动投饲系统、海水交换系统、水质增氧系统、水质监测系统、成鱼起捕系统、成鱼加工系统。

1. 鱼苗入舱系统

鱼苗进入中央转运池后，由中控系统控制各个鱼舱放苗通道的启闭和放苗数量，主要包括鱼苗计数器、鱼苗入舱控制柜等。

2. 光照系统

根据大黄鱼的习性及不同生长阶段，通过远程控制，实时调节养殖舱的 LED 光源，提供不同颜色、不同亮度的光照效果，保障大黄鱼的稳定成长，主要包括 LED 灯、主控及分控单元、光照系统控制柜等。

3. 自动投饲系统

对每个养殖鱼舱进行自动、定时、定量的精准投饲。根据不同鱼舱养殖的鱼体规格大小和营养需求选择投喂不同规格和种类的饲料，主要包括投饲机、自动投饲控制单元及自动拆包下料系统等。

4.海水交换系统

通过控制低扬程大流量海水泵将优质海水从船底源源不断抽取并注入养殖舱中，营造流速可控、适合鱼类游动的旋转流场，全天可实现16次换水，主要包括海水泵、海水交换控制单元等。

5.水质增氧系统

用于对海水进行快速增氧，维持养殖鱼舱内水体中的溶解氧浓度，保障鱼类的健康成长需要，包括氧气锥、氧锥泵、液氧罐、气化稳压装置、增氧系统控制柜等。

6.水质监测系统

通过传感器实时监测养殖舱内部及外部海水状态，实时回传溶解氧、盐度、温度、pH值等水质信息，包括多参数水质传感器、传感器控制单元等。

7.成鱼起捕系统

通过远程控制网具将大黄鱼压至养殖舱一定高度，然后由吸鱼泵从养殖舱底部吸捕大黄鱼，并输送至鱼水分离器进行鱼水分离，主要包括真空吸鱼泵、鱼水分离器、网具及成鱼起捕控制单元等。

8.成鱼加工系统

成鱼进入加工间的加工流水线后，通过自动化设备完成分级、摆箱、注冰、封箱、码垛、缠膜等加工流程，主要包括船用称重分级系统、冷冻系统及各种自动化设备等。

（二）养殖及船务信息化管理系统

养殖及船务信息化管理系统主要是通过北斗导航、视频监控、传感器、AIS、数据模型等信息化技术及智能化设备，进行数据及图像采集、养殖及船舶数据的实时处理，协同作业，设备故障及时处理，实现养殖业务及船舶业务的信息化管理。

1. 养殖信息化管理

养殖生产管理系统主要为养殖人员提供从鱼苗入舱到成鱼起捕的整个养殖批次的过程管理及统计分析，包括投饲计划及执行情况、鱼类健康情况、水质监测情况、鱼类成长模型情况、死鱼及淘汰鱼处理情况。主要包括养殖管理、投饲管理、任务管理、健康管理、养殖模型管理、养殖视频监控、报表分析等功能模块，实现了养殖过程管理的实时监控、实时分析、智能研判。

2. 船务信息化管理

船务管理系统涵盖了工船的运行轨迹、机务、海务、体系文件、船员、船舶检查、能源、设备情况、船舶监控等各个业务管理，主要包括动态轨迹、证书管理、维修保养、备件管理、物料管理、设备监控、船舶监控、故障预警管理、修船管理、船员管理、体系管理、安全检查、航次管理、油品管理、航海资料、智慧驾驶舱等功能模块，实现了实时监测外部环境水文气象、船舶及设备状态情况，并及时预警和解决故障等。

（三）养殖集控智能化平台

养殖集控智能化平台主要是养殖人员通过平台远程控制氧气系统、水质监测系统、海水交换系统、投饲系统、鱼苗入舱系统、光照系统、清污系统、成鱼起捕系统、成鱼加工系统、阀控系统等10套子系统，确保实际养殖生产流程与养殖工艺的精确匹配，最终整合为全船的数字化管控，实现效能提升、智慧化养殖管理。

（四）船岸一体数字化云平台

船岸一体数字化云平台作为船端与岸端、虚拟空间与实体空间数据流通的枢纽云平台，通过人工智能、大数据分析、私有云及卫星通信等技术，能够实时获取养殖生产、加工、能源、养殖及船舶设备等信息，提供强大的计算存储能力、数据处理能力和外部通信能力。主要功能包括养殖管理、船舶管理、运营调度、安全管理、设备管理、物资管理、营销管理、数据分析及智能驾驶舱模块九大模块，实现船端与岸端数据的互联互通及数据共享，为生产指导、运营调度和决策指挥提供服务支撑。

（五）养殖工船智能化模型

养殖工船智能化模型作为重要的数字孪生应用，通过数字孪生、物联网、人工智能、算法模型、云计算、卫星通信及 3D 建模等技术，在虚拟空间对现实养殖工船的物理映射仿真，实现了养殖功能区、养殖设备及流程的仿真模拟，可以实时监控养殖舱详情及设备运行状态信息。

二、特色亮点

"国信 1 号"按照"科技＋资本＋产业"的生态要素体系和"深耕第一产业、撬动第三产业、带动第二产业"发展路径，首创"船载舱养"模式，通过人工智能、物联网、视频监控、卫星通信、数字孪生、3D 等技术与船舶制造技术、养殖技术进行深度融合，围绕船载舱养、水体交换、减摇制荡、减振降噪、清污防腐、智能集控六大关键技术，开展了 2000 余个重点课题攻关，形成了一种智能、可控、可视、环保的数字化养殖生产模式及较为成熟的技术路线，实现了养殖工船的自动化、信息化、数字化及智能化，带动产业链上下游集群式发展，推动智慧海洋建设。

（一）实现养殖工船的自动化管理

"国信1号"通过智能装备、科技研发等科技手段赋能，提升养殖密度，缩短养殖周期，降低饲料消耗，提高养殖成活率。创造性地将自动化养殖、自动化加工、人工智能、科技研发等技术手段有机集成在同一个养殖工船上，有效解决养殖生产效率、供给稳定性与养殖品质问题。以现代集约化工业化生产模式颠覆传统粗放式、作坊式养殖模式，实现"国信1号"的自动化管理。

（二）实现养殖工船的信息化管理

"国信1号"能够通过数据模型、北斗导航和AIS等信息化技术手段，实时获取外部环境水文气象信息，可以移动并躲避台风、赤潮、绿潮等自然灾害，实现游弋避灾，而且能够仿照野生鱼类自然条件下的洄游路线，选择最优生长环境，实现自身的持续稳定产出及信息化管理。

（三）实现养殖工船的数字化管理

"国信1号"通过物联网、云计算、大数据分析、视频监控等技术，实时监控各个舱内的鱼的生长状态、海水交换情况、水质情况，保障了全养殖流程的数字化生产、精准化监督，实现自身多舱、多品种、全生命周期工业化、标准化、批量化、数字化的养殖管理。

（四）实现养殖工船的智能化管理

"国信1号"通过智慧集控系统、卫星通信技术及远程监控等技术，可构建立体、实时、多学科感知海洋的观测网络，开展智能化养殖作业，提高对突发事件的反应速度和处理能力，有效降低人力投入。通过多终端协同操作、远程监控、智能远程诊断、应用场景服务等方式为养殖生产提供智能化服务，以集群化创新对传统渔业养殖模式的全面颠覆和革新，实现自身的智能化管理。

三、应用成效

（一）经济效益

"国信1号"通过系统集成与模式创新，开创智慧养殖新模式，有效规避近海养殖污染与远海养殖风险，可带动船舶设计与制造、智慧渔业、物联网、水产品加工等多个产业融合发展，实现船舶工业新旧动能转换和拓展深远海国土利用空间的集成示范，将引领我国离岸深远海养殖新趋势。"国信1号"预计年产名贵经济鱼类约3700吨，年均营收约4亿元。

（二）社会效益

1.转变渔业生产方式

"国信1号"通过对深远海空间资源的高效利用，进行繁育、养殖、加工、冷冻冷藏等全流程管理，提供自动投喂、自动排污、自动起捕等先进养殖生产手段，可以实现高度集约化、生态化、规模化健康养殖，促进渔民转产转业，提高"渔业工人"收入，有效推进海洋渔业的转型发展。

2.推动深海特种养殖装备船的市场应用

"国信1号"作为"船载舱养"模式的先例，以科技自主创新为导向，通过运用各种先进的技术手段、协调多方资源来保证该船的生产设计和建造，有利于引发一系列的技术革新与提升，推动我国深远海养殖特种工程船领域的发展及新旧动能转化。为贯彻落实青岛市"科技引领城建设"攻势的指导精神，突破制约深远海养殖的共性关键技术，加快推动海洋科技成果转化与应用，培育和发展战略性新兴产业，"以点带线，以线到片"，可全面加速形成深远海养殖装备发展先发优势，为区域经济高质量发展注入新的活力。

3. 加强优质安全水产品供给，保障粮食安全

"国信 1 号"主要养殖海水鱼类品种，如大黄鱼、石斑鱼、大西洋鲑等，市场接受度好，消费者认可度高，适于开展工业化和规模化渔业生产。"国信 1 号"特有的生产模式和深远海优质的养殖环境，以及高度自动化、信息化、数字化、智能化的集成，实现了产品的全链路可追溯，为广大消费者提供大量优质安全的水产品，满足消费升级的需求，保障我国的粮食安全。

（三）生态效益

"国信 1 号"通过深远海"船载舱养"模式规模化养殖，可以拓展养殖空间，减少养殖污染物排放，改善近岸水域环境，增加水产供给，减少捕捞渔船数量和捕捞强度，逐步恢复近海渔业资源，实现海洋渔业资源可持续利用。经测算，一艘船每年产鱼可替代原粮 2.8 万吨，节约耕地 6.4 万亩、灌溉水 2000 万吨。

打造葡萄酒酿造数字化工厂

青岛华东葡萄酿酒有限公司

在我国，葡萄酒产业是一个伴随经济发展和生活水平上升过程中稳步增长的朝阳行业，《中国制造 2025》为整个行业提供了一条切实可行的发展道路，探索和实现智能化、数字化生产模式，对中国葡萄酒产业长期的健康发展有促进作用。葡萄酒酿造是一项传统工艺，但高效生产也需要科技的支撑，为保证产品质量，酒厂需要全面掌握并分析葡萄生长、酿造、质量控制等整个产业链的详细信息，并实现从产品到原料的可追溯。这样的信息价值链在啤酒制造领域已经非常成熟，在葡萄酒行业有待改进。传统工艺中，原料的品质和酿酒师的技艺决定了葡萄酒的最终质量，借助 ERP 系统等的数字化力量，可实现整个工厂生产过程的标准化、数字化管理，提高产品质量。在第四次工业革命的背景下，各国制造业相继迈入变革时代，向数字化、网络化、智能化转变，进入先进制造的时代。在国务院倡导信息化带动工业化的背景下，实现《中国制造 2025》的宏大计划，以加快新一代信息技术与制造业深度融合为主线，以推进智能制造、企业数字化转型为主攻方向，同时按照《青岛市工业转型升级行动方案》《青岛市互联网工业发展行动方案的通知》的要求，引入数字化工厂，采用先进的成套自动化设备及信息化系统，将生产中独立分布的加工环节整合在一起，通过自动化程序和实时监控系统，解决传统生产产生的问题，为改进生产工艺、提高生产效率提供坚实的基础。

一、主要做法

（一）总体布局

青岛华东葡萄酿酒有限公司自成立以来，一直把信息化建设作为企业发展的重要战略之一。公司的"两化"融合、数字化转型工作从单项应用阶段全面深化到综合集成阶段。

早在2010年，公司就引入大型企业资源计划管理软件ERP系统，对公司的设计开发、采购和生产进行了有效的管理。现已建成以金蝶ERP系统为核心，ERP外围应用系统为支撑，办公自动化系统为辅助的完善的企业信息化系统。

2015年，公司为进一步实现对销售、生产、采购、仓储物流等整个供应链过程的有效控制，启动了数字化工厂项目，以便达到降低销售、生产、采购、仓储物流成本，缩短周期，提高效率的目标。

在硬件投入方面，公司建有独立的网络机房和数据中心，数据中心托管在青岛市移动IDC数据中心。网络机房配备有防火墙、上网行为管理和审计设备、无线控制中心，并与联通合作，实现100M光纤接入互联网。每个关键工作岗位都配有电脑，建立了公司内部相互之间，内部与外部信息交流的物理通道，由公司信息管理部负责管理各部门的信息使用及维护工作。公司信息化建设为工作信息的收集整理提供便利，大大缩短了决策层的决策周期，实现资源快速交流与共享。

在办公应用方面，公司建立企业专用网站和微信公众号，提供了一个对外宣传和交流的平台。在协同办公系统方面，开创公司业务流程管理门户，实现了业务流程管理、知识管理、电子审批、无纸化办公，其中业务流程覆盖公司行政办公、财务管理、人力管理、费用管理、合同管理、主数据管理、销售、生产、采购等各方面业务流程。BPM业务流程管理平台的实施极大地提高了工作效率。

公司每年定期加大在电脑网络硬件、计算机辅助设计系统、信息管理系统开发等方面的资金投入。

下一步，将贯彻企业数字化转型的指导思想，以全面提高企业管理水平和整体竞争力为根本目的，紧紧围绕企业发展，始终坚持统筹规划、突出重点、整体推进，大力推动产业数字化升级转型。数字化升级转型主要方向为推动智能制造：一是企业信息化建设与产品生产过程相结合；二是企业信息化建设与强化企业的基础管理相结合；三是企业信息化建设与引进先进的管理理念相结合，建设一个连接企业在各个业务环节的规范化、集成化、一体化、数字化的信息化系统，推进企业数字化转型。

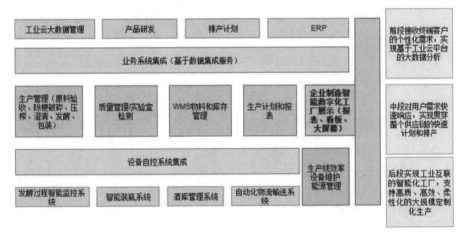

数字化工厂架构图

本项目根据目前企业生产状况，第一阶段实现生产线的原辅料集中处理、自动化物料输送等生产线的自动化水平；第二阶段完成 WMS 物料和库存数字化管理，实现生产管理、质量管理、物料管理及生产计划和报表的快速响应，实现贯穿供应链的快速计划和排产；第三阶段完善前端接收终端客户的个性化需求，实现基于云工业平台的大数据分析。通过智能管理软件与智能设备的结合，实现智能化生产，提高生产效率，降低生产成本，成为工业企业的智能化、数字化示范企业，实现数字化酿造系统功能架构：

前段运营管理层：能够接收终端客户个性化需求，同时实现基于工业云平台的大数据分析。

中段业务系统集成层：对用户需求快速响应，实现贯穿整个供应链的快速计划和排产。

后段设备自控系统层：实现工业互联的智能化、数字化工厂，支持高质、高效、柔性化的大规模定制化生产。

（二）建设内容

引入优秀国产企业管理软件金蝶 EAS 用于 ERP 管理，延伸开发 CRM、SCM、WMS 系统，实现客户管理、供应商采购计划及车间生产的协同管控及数据化全过程管理。管理部门通过 BPM 系统及电商 ERP 系统、物联网等相结合，实现人机协同的数字化工厂。葡萄酒酿造数字化车间全部实现自动化生产，整个生产过程和管理过程全部实现智能化、数字化。公司管理层通过 BI 系统全面掌控企业经销数据，辅助领导层的经营决策，促进企业数字化转型。

将企业内部所有资源进行整合，对采购、生产、成本、库存、销售、运输、财务、人力资源进行规划和优化，从而达到最佳资源组合，获取最高利润。实现业务过程的全面管理，突出对关键流程的控制：事前计划、事中控制、事后分析，加强企业核心业务流程运作规范化，涵盖企业财务、供应链、生产管理等核心应用，全面集成 HR 人力资源管理、CRM 客户关系管理、协同办公等应用。实现人、财、物、供、产、销的全面结合、全面受控、实时反馈。以流程式管理，实现企业订单的快速响应，减少库存积压，确保及时交货，降低赊销风险，完善内控体系。

数字化生产管理平台。为了实现基原酒酿造、生产、领用、过程的精细化、数字化、系统化，以及与 WMS、ERP 系统数据联动，对基原酒、原辅料、产成品进行条码和批次化管理，优化原辅料采购、生产、仓储以及领用环节，实现数据的完整性、可追溯性。

功能模块	编号	内容
基础数据	1	产品主数据
	2	品种主数据
	3	车间信息
	4	罐号信息
	5	操作任务类型
	6	汁子基础数据
	7	标准损耗设定
采购管理	8	采购入库
	9	采购质检
	10	葡萄接收记录
	11	采购退货
基酒生产 / 调配	12	基酒调配单
	13	工作任务单
	14	葡萄加工记录
	15	汁子记录
	16	悬浮记录
	17	发酵记录
	18	理化指标检测
原酒生产		现有系统功能升级
基原酒仓储管理	19	基原酒库位调整单
	20	损耗调增单
业务报表	22	追溯查询报表
	23	基原酒库存分布图
	24	损耗预警查询
	25	理化指标检测预警
	26	基原酒库存报表
	27	葡萄接收记录明细
	28	葡萄接收记录汇总
	29	酒的跟踪记录
	30	基原酒成本查询

一是实现了数字化转型：实现基原酒酿造、灌装业务从葡萄接收到基原酒、产成品出入库的业务过程数字化、系统化；避免生产、仓储等部门的手工作业记录，减轻了数据统计的工作量。二是提高了管理人员的管理水平：通过流程梳理，对相关岗位员工进行新管理系统的教育及培训，提高公司相关岗位的职工的信息化管理意识；通过建立数据仓库，留存历史数据，为以后的提升改善分析提供了有效依据；对业务流程重新梳理，建立标准化的作业规范。三是搭建了报表中心：基原酒管控系统，通过与 WMS 系统、SAP 系统结合，将系统的管理延伸至酿酒业务的开端，提高了整体业务数据的完整性。依靠系统详细的数据信息，搭建报表中心，对葡萄接收、基原酒调配、酿造过程、灌装、仓储、销售等各个环节的业务数据进行分析，为高层领导的决策提供了有效的数据支撑；将相关业务部门日常需要提供的报表通过信息化方式实现，减少相关岗位用于报表统计的工作量，提高工作效率；系统还设置了关键业务环节的监控报表，作为作业过程的监督管理。

（三）数据中心

通过帆软 BI 系统建立数据信息共享平台，及时获得动态信息，解决企业部门之间数据分散、信息不集成的问题；通过角色驱动帮助企业中不同职能的人员实现业务→核算→多维度报表分析的全过程管理；准确掌握存货的动态变化，反映存货成本，优化库存结构，监督存货的动态成本变化和资金的占用情况；实现有序生产计划排产和跟踪，降低库存占用，加速资金周转，提高产品交付率，提升客户满意度。

引入优秀国产企业管理软件金蝶 EAS 用于 ERP 管理，延伸开发 CRM、SCM、WMS 系统，实现客户管理、供应商采购计划及车间生产的协同管控及数据化全过程管理，管理部门通过 BPM 系统及电商 ERP 系统、物联网等相结合，实现人机协同的数字化工厂，葡萄酒酿造数字化车间全部实现自动化生产，整个生产过程和管理过程全部实现智能化、数字化。公司管理层通过 BI 系统全面掌控企业经销数据，辅助领导层的经营决策，促进企业数字化转型。

二、应用成效

项目建成并投入运营，成功实现了葡萄酒酿造数字化工厂的转型升级。生产过程实现自动化、透明化，设备数控化率 90% 以上；实现基原酒酿造、生产、领用、过程的精细化、数字化、系统化，以及与 WMS、ERP 系统数据联动，对基原酒进行条码和批次化管理，优化基原酒采购、生产、仓储以及领用环节，实现数据的完整性、可追溯性；实现了葡萄酒酿造业务从葡萄接收到基原酒入库的业务过程数字化、系统化；通过与 WMS 系统、ERP 系统结合，将系统的管理延伸至酿酒业务的开端，提高了整体业务数据的完整性。依靠系统详细的数据信息，搭建报表中心，对葡萄接收、基原酒调配、酿造过程、灌装、仓储物流、销售等各个环节的业务数据进行分析，为高层领导的决策提供了有效的数据支撑；将相关业务部门日常需要提供的报表通过信息化方式实现，减少相关岗位用于报表统计的工作量，提高工作效率；系统还设置了关键业务环节的监控报表，作为作业过程的监督管理；产品信息能够贯穿整个设计、生产制造环节，数据自动采集率 100%。

葡萄酒酿造数字化的自动化减少了人员干预，4 个车间现有人员 4 名，较之前人员减少 50%，人力成本降低 50%，每年节省人工费 40 万余元。

　　全自动设备及信息化的运用可实现批量生产，生产效率整体提高 25%，节约了生产时间，新产品研发周期缩短 15%，整体运营成本降低 10%。

数字政府篇

数字治理多面手——领导驾驶舱

青岛市大数据发展管理局

2023 年 2 月，中共中央、国务院印发《数字中国建设整体布局规划》，指出要全面赋能经济社会发展，发展高效协同的数字政务。为贯彻落实《山东省数字政府建设实施方案》关于"加强工业运行领域数字化监测预警水平"和《数字青岛 2023 年行动方案》关于"加强经济社会运行监测预警"相关部署要求，青岛市大数据局围绕市领导对城市运行指标的管控、查询、分析等多样化场景及管理需求，基于城市云脑建设成果，建设领导驾驶舱，以数字化手段辅助政府科学决策和营商环境建设。

一、主要做法

平台通过对全域数据的抽取、分析，结合可视化的仪表盘、表格等形式，使指标体系能够实时、可视化地反映运行状态，为市领导决策提供数据支撑。

（一）建立部门联动机制

成立工作专班，坚持周调度、旬会商机制，从方案制订、部门协同到指标筛选、平台设计，工作专班坚持具体干、干具体，沉下心协调解决工作推进中的难点、堵点问题，有效整合数据资源，带动 23 个市级单位及 10 个区（市）通力协作，推动平台顺利开发。

（二）打破数据壁垒

　　坚持便捷共享、自动获取的原则，在城市云脑框架下，充分运用各部门已接入的平台和数据，不搞重复建设，数据资源可实现跨部门、跨区域实时共享。同时，平台各指标数据自接入之日便可实现与业务系统"数据同源、动态更新、联动管理"，形成全市统一、线上线下无差别、不同应用无差别的数据同步体系。

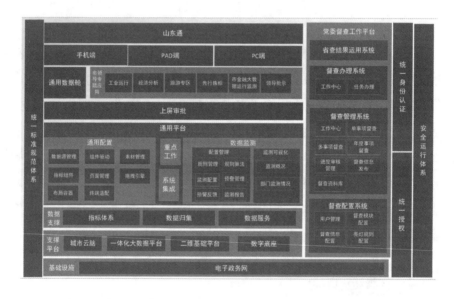

（三）一屏三端，一体联动

　　领导驾驶舱移动端基于"山东通"协同移动办公平台建设，同时配备大屏端、电脑端，通过"三端"实现了数据一屏展示、指标一屏分析、指挥一屏联动、场景一屏透视。例如，在"数看青岛"版块，可全景呈现区域内人口总量及分布、性别、年龄占比、流动人口数、参保人数、医保结算等总体人口情况；可视化呈现区域内存量与新增企业数量、重点企业数量、企业注册资本、经济贡献、行业分布等核心信息，宏观掌握区域经济运行态势；展现当日产废总量、空气质量、水质达标等情况。

二、特色亮点

青岛市城市云脑领导驾驶舱从顶层设计、数据对接、平台建设、安全等方面规范明确，有序推进全市协同辅助领导决策工作。

（一）规范顶层设计，明确责任分工

市委办公厅、市政府办公厅负责领导驾驶舱整体建设的统筹协调以及负责领导驾驶舱的权限开放管理，将领导批示运转流程纳入驾驶舱，实现一键批示、全过程可控。市大数据局负责领导驾驶舱系统建设，建立日常运行维护协同机制，做好系统运维。各有关单位负责本单位、本领域、本行业的经济社会发展指标设定、更新、管理等工作，明确具体责任处室和工作负责人。

（二）规范数据对接管理，确保数据准确性

各有关单位以系统、库表、接口方式，实时将指标数据推送到领导驾驶舱。同时，建立指标数据自动巡检机制，对指标数据进行实时监测，确保数据的准确性和及时性。如相关指标发生新增、调整、撤销时，应进行变更备案，并配合市大数据局做好调整。

（三）规范建设标准，建立通用配置平台

各有关单位基于全市领导驾驶舱通用配置平台建设部门驾驶舱，保持界面风格、操作逻辑一致，符合领导驾驶舱统一管理、统一批示的规范要求。

（四）规范安全管理要求，建立安全保障机制

采用网络安全等级保护三级测评，定期举行应急演练和安全

培训。数据安全方面，遵循行业安全规范，设计安全防护策略与体系，建立驾驶舱数据安全保障机制，各有关单位从数据源头加强安全管理，且未经允许不得复制、转发领导驾驶舱内容，未经允许不得改变指标数据对应的系统、库表、接口。

青岛市城市云脑领导驾驶舱具备三方面的创新优势。

一是科学构建，决策突破。遵循网络安全、数据安全要求，为减少领导理解成本，坚持调研先行，理顺操作逻辑，科学开展功能设计。在方案制订过程中，实地调研市委办公厅、市政府办公厅、市发展改革委、市工业和信息化局、市统计局、市商务局、市行政审批局等部门，围绕方案进行面对面问诊把脉、问需问计。根据业务运行实况，分门别类厘清各类指标的层次功能、展示逻辑等。根据调研结果，在平台开发过程中，针对实时监测需求，从最直观反映工业运行情况的用电量指标入手，打开突破口。

二是归集场景，一网研判。领导驾驶舱平台实现了业务平台、应用场景、人员队伍等要素的整合，这种多平台合一、多场景切换、多队伍联动的模式，便于决策层及时、全面、直观地掌握所管理区域、领域的详细情况。

三是智慧决策，直达末端。聚焦各级、各类用户的决策需求，领导驾驶舱接入了部分典型场景类驾驶子舱。如在教育承载力场景中，针对义务教育"学区热"，进行学区承载现状分析及下一年度适龄儿童数量、承载力预测，市、区（市）教育部门及各学校均可便捷掌握所辖区域数据，既为其发布学区预警政策提供了决策支撑，又提升了教育部门招生工作效率和便捷度，为城市实现智慧化飞跃提供了新动能。

三、应用成效

在全市建设统一标准、通用驾驶舱平台，实现模块化部署，为区（市）、部门提供统一的平台支撑架构，满足领导基于数据的个性化业务场景定制及管理需求。

目前，已建成先行指标、工业运行、旅游专区、审批服务、金融运行等 20 余个专题，涉及 26 个单位 1000 余项关键指标，初步实现城市运行关键数据的综合展现。同时，不断增强平台的支撑能力，增加批示、数据监控等功能，进一步完善建设机制，提升领导驾驶舱建设应用成效。

（一）专题应用建设情况

"核算指标"专题提供每月经济运行初步上报数据，因数据的敏感性，目前仅对市委、市政府主要领导开放权限。

"先行指标"专题建立经济运行高频数据日报、周报制度，监测全网用电量、新建商品房交易、客运量、增值税和市场主体发展情况，全面打造经济运行晴雨表。

"工业运行"专题是市领导要求打造的首个专题，可随时查看 17 条产业链规模以上样本企业的用电、用工、产值、营收等实时数据，第一时间掌握不同产业链企业的运行态势，以便提前研究谋划，制定相关措施。

"旅游专区"从游客客情、景区资源、酒店入住、交通等多个角度，展示青岛市旅游市场情况。市领导和相关部门可实时查看相关数据，分配调度相关资源，提升旅游市场发展质量。

"审批服务"专题从市场主体、施工许可、重点项目、公共资源交易等角度展示政务服务全业态情况，如重点项目专题，展示省、市两级 423 个重点实施类项目、48 个投资 50 亿元以上项目审批手续的办理情况。

"国资国企"专题反映青岛市国资国企总体情况、营业收入、利润、上缴税金等财务情况。

　　"民营经济"专题包含民营市场主体、税收、就业、投资和进出口、企业梯次成长等情况，对民营经济运行情况进行全方位、立体化数据展示。

　　"金融运行"专题包含银行存贷款余额、银行不良贷款率、金融业增加值等金融指标，通过近几年各项指标对比，能够客观地反映青岛市金融运行发展态势。

　　"交通运输"专题实时分析展示民航、铁路、水路、客运等对外交通，公交、地铁、出租、网约车等城市客运，高速公路驶入驶出等情况，并对历史数据进行分析，用实时数据监测青岛市交通运输状态。

　　"经略海洋"专题重点从海洋经济、产业、科研、渔业、执法等方面展示青岛市海洋领域建设发展成效。

　　"科技专区"包含青岛市科研经费支出总体情况、高新技术企业发展状况、科技奖励和技术交易成交等情况。

　　"审计监督"专题包含审计项目总览、违规情况、上交财政资金、核减投资额、案件线索等情况，全面反映青岛市审计工作成效。

　　"农业农村"专题从农业现代化、农产品、农民收入等方面展示青岛市农业农村的发展情况。

　　"市场监管"专题从市场主体、许可备案、农贸市场等方面展示青岛市市场监管领域的情况。

　　"公积金"专题从缴存、提取、贷款等方面展示青岛市公积金整体情况。

　　"应急管理"专题包含危化品监管、烟花爆竹监管、非煤矿山安全生产、应急救援队伍、救援物资、地震避难场所、直升机起降点等整体情况和具体分布。

　　"民政专区"包含社会救助、婚姻登记、残疾补贴、养老服务、儿童福利和社会组织等情况。

　　"青岛概况"专题包含城市规模、地理位置、经济发展、文化特色、人口统计等，提供快速查询功能。

　　"视频监控"专题将全市重点区域、领域的视频资源通过移动端发布。

　　"网上通讯录"专题是根据市委总值班室需求打造的应急值班电子通讯录，实现通讯录维护、查询和拨打等功能，有效提高应急值班管理效率。

　　在其他场景建设方面，目前正全力打造书记和市长专区，领导可随时查看关注领域的运行情况。

（二）平台建设情况

　　一是开发领导批示功能。市领导可以基于领导驾驶舱对相关问题直接批示，批示功能模块和金宏办公系统联动，批示内容经办公系统自动流转到相关部门办理，后期将实现"领导驾驶舱"和督办系统关联，形成平台展示、领导批示、部门办理反馈、督办办理成效的工作闭环，切实将辅助决策工作落地落实。

　　二是建设数据监测平台。按照"一数一源"的原则，将领导驾驶舱的重点指标数据录入监测平台。通过平台建立指标监测算法与预警规则，定期对各部门提供的数据进行监测。发现不按照更新规则的，将在监测平台的"数据监测预警"模块呈现。将监测平台与金宏办公系统联动，将监测预警信息通过办公系统及时发送给相应部门，同时，通过发送短信的方式直接通知相关责任人。部门在处理相关问题后，在监测平台对预警信息进行反馈，形成问题自动发现、自动告知、自动处置反馈的工作闭环。

打造"五零"服务链条
助推行政审批数字化转型

青岛市行政审批服务局

2016年以来，国家先后出台《国务院关于加快推进"互联网＋政务服务"工作的指导意见》《国务院关于加快推进全国一体化在线政务服务平台建设的指导意见》《国务院办公厅关于印发进一步深化"互联网＋政务服务"推进政务服务"一网一门一次"改革实施方案的通知》《国务院关于在线政务服务的若干规定》《营商环境条例》等文件，大数据、人工智能、区块链技术日趋成熟，网络信用体系日益完善，经过几年探索，行政审批基本具备数字化转型的现实条件。青岛市顺应时代潮流，以数字技术为依托，探索开展行政审批数字化转型，深入贯彻落实党中央、国务院"放管服"决策部署，优化营商环境，全面提升企业群众办事体验。

一、主要做法

青岛市聚焦数字技术应用，围绕行政审批痛点、难点、堵点问题，积极回应办事企业、群众关切，将前沿数字技术融入行政审批各个环节，创新打造"五零"全生命周期审批服务链条，发布上线数字化典型应用场景，全面优化服务流程、创新服务模式、推进信息共享、打破数据孤岛，疏通行政审批"中梗阻"，助力"赛道转换"，推动政务服务从"可办"向"好办""易办"转变。

二、特色亮点

（一）数据赋能，业务申报"零材料"

在全国率先启动施工许可"零材料"改革，在危险化学品安全生产领域率先推行"三零 e 办"改革，将企业提交的政府部门核发的材料缩减到 0。在危险化学品领域创新推出许可企业地图，分区域、分类别、分品类、分风险、分规模对安全生产企业可视化、动态化管理，全面提升政府管理水平和管理效率。

（二）链上核验，授权审查"零跑腿"

创新开展区块链技术在审批领域应用，在全国率先上线"区块链＋审批授权"服务，远程在线核验人员身份、在线开展用证授权，破解原来需到人工窗口跑一次核验身份证原件的痛点、难点问题，且核验数据全部存储在区块链上，防篡改、防抵赖、可追溯，企业、群众办事实现从"最多跑一次"向"一次不用跑"转变。

（三）自动比对，审批审核"零人工"

以高效服务为目标，推行"智能办"改革，由系统按照约定的标准化流程，智能判断、自动执行审批决定，全程无人工干预。截至目前，人社、建筑资质、民办非企业等 22 个业务领域 424 个事项，实现"即报即批，即批即得"，青岛市"智能办"事项数量和覆盖领域均居全国领先水平。

（四）AI 辅助，文件归档"零纸张"

试点先行，2022 年，青岛市行政审批服务局被国家档案馆列为"机关业务系统电子文件归档与管理试点单位"，在全国率先探索取消纸质档案。目前，青岛市已基本完成业务系统归档功能建设，民办非企业、卫生、成品油等 10 个领域 436 个事项已启动电子档案归档工作，青岛市行政审批将全面进入"无纸化"时代。

（五）线上协同，审管互动"零时差"

创新上线"审管一体化平台"，将原来需要线下发函、手动推送业务信息的操作，搬到线上，通过授权共享、开放端口，实现了审批与监管部门线上实时互动。目前，全市 196 个监管部门 3308 个审批事项全部纳入"审管一体化平台"，累计推送信息 13.8 万余次。

三、应用成效

（一）项目落地更便捷

数字化改革措施的推行，为项目快速落地提供了强大引擎。施工许可"零材料"办理，将企业提交的政府部门核发材料由原来的 7 项缩减为 0，所需填写表单信息缩减 76%；危险化学品"三零 e 办"实现静态数据一次填报、动态数据自动采集、市区两级数据共享，审批结果"共享用"，改革以来市场主体增加超过 40%。

（二）行政审批更透明

通过推行"智能办"，审批效率大幅提升，审批自由裁量权大幅压缩，受到市场主体广泛欢迎。以建筑业企业资质（变更）"智能办"为例，超过 80% 的市场主体选择通过无人工干预方式办理政府业务，审批效率提高近 90%，申请材料全部"免提交"，行政审批更高效更透明。

（三）数据应用更安全

区块链技术的应用，确保行政审批全程可追溯可查证。目前，青岛市"区块链＋审批授权"共为 4843 家企业提供了 12097 人次远程刷脸认证服务，减少企业跑腿 1 万余次，系统上线后未发生一起因证件造假产生的纠纷，便利性、安全性同时大幅提升。

政府法治"一张网"
编织法治政府建设新场景

青岛市司法局

中共中央、国务院印发的《法治政府建设实施纲要（2021—2025 年）》，明确提出"全面建设数字法治政府"的基本路径和目标要求，强调"坚持运用互联网、大数据、人工智能等技术手段促进依法行政，着力实现政府治理信息化与法治化深度融合，优化革新政府治理流程和方式，大力提升法治政府建设数字化水平"。近年来，青岛市在法治政府建设上不断着力创新，将法治政府建设的触角向镇街延伸，在全国率先实现了市、区（市）、镇（街道）三级"全贯通"，并成功创建全国法治政府建设示范市。在实现法治政府建设新突破的同时，也对政府法治的信息化、智能化建设提出了更高要求。

基于实践需求，青岛市司法局着眼于数字化改革创新，进一步强化顶层设计、大胆破题开局，探索建立了涵盖行政立法、行政决策审查、规范性文件备案、政府合同审查、行政复议应诉、行政执法监督、普法依法治理、法治政府建设考核等各领域、多层级的智能化线上支撑系统——"政府法治一张网"平台。

一、主要做法

（一）高位部署，顶格推进

制订了《青岛市"政府法治一张网"项目建设工作方案》，积极争取将"政府法治一张网"项目列入2022年青岛市政务服务"一件事"和城市运行"一个场景"名单，第一时间组建了由分管副市长任组长、司法局主要领导任副组长的工作专班，为高质量推进项目建设奠定强有力基础。

（二）立足实际，群策群力

先后组织工作人员赴上海、深圳等实地调研，学习借鉴先进理念。以驻点办公深入了解各业务部门流程需求，共同研判工作流程的改革创新点。建立了与相关部门和各区（市）的联席沟通机制，全方位听取意见建议，实现借智外脑与用好内脑的有机统一。

（三）靶向聚力，一网覆盖

着眼于数字化改革创新，不断丰富平台架构、完善基础数据、优化协同效能，探索出了"全流程、智能化、闭合式"平台业务模式，实现了市、区（市）、镇（街道）三级政府法治业务数字化平台"纵向到底"的一网覆盖，市、部门两级线上智能辅助合法性审查平台"横向到边"的一网覆盖。

二、特色亮点

（一）推动政府法治领域运行场景改革

开发"行政立法智能化信息系统"，实现行政立法工作从计划、审核、评估、意见征集等全流程的数字化流转。建设"规范性文件审查备案系统",实现市、区(市)、镇(街道)三级规范性文件在上报、审核、统计、备案、归档等各环节的线上审查管理、全程把控。上线"行政决策(政府合同)合法性审查系统",搭建起覆盖市、区(市)、镇(街道)的行政决策(政府合同)线上数字化审查平台,全面推行"线上审""实时审""移动办"新模式,减少了打印、送审、签章、出具意见书等各环节的纸张、人力、交通、时间成本,大幅提高办理效率。

(二)构建法制审查数字化转型新机制

平台针对行政立法、规范性文件、行政决策(政府合同)、行政复议应诉等各领域的法制审查工作实际,对市、区(市)、镇(街道)各级30余个线上环节,在提报、审核、发布、归档等工作中,进行全流程再造、全链条规范、全过程留痕、全周期保障,进一步明确用户职责权限、统一审核材料要件、提供制式文书模板、规范报审签批流程,做到边界更明晰、责任可追溯,最大限度地保证审查的客观性、科学性、一致性,从源头避免违法决策,降低政府法律风险,助力法治化营商环境打造。

(三)破解基层政府法治工作现实短板

平台以国内领先的法律法规数据库为依托,利用大数据、人工智能等先进技术,建设"合法性审查智能辅助系统"。通过构建"法规审查""合同审查""类案推送"等8个智慧辅助审查模型,为行政立法、规范性文件、行政决策、政府合同、行政复议应诉等各场景,文本起草、审查、出具法律文书等各环节,提供强大的智能辅助能力支持。如"法规审查"模型,利用法律知识图谱、深度学习技术实现法条的深度语义理解,进行上位法、相似法搜索,实现全篇（选段）风险点分析、法条要素对比、合宪合法自动审查等，帮助审查人员捕捉细微差异，提高审查工作质量和效率；"类案推送"模型，对 400 多万个法律法规和行政复议案例进行快速检索匹配，为各级行政复议工作人员提供精准、权威的政策依据或参考案例。

三、应用成效

"政府法治一张网"平台获评 2023 全国政法智能化建设智慧司法创新案例，评委会给予高度评价，并作为副省级城市唯一代表在全国政法智能化建设技术装备及成果展上作典型发言。《法治日报》对平台在全国率先完成市、区（市）、镇（街道）三级政府法治业务"线上办"、掌上"移动办"进行宣传报道。

（一）在规范化方面

平台应用后，实现业务流程网上办理、法治数据同步归集、法治档案实时查询等，实现"数据多往返、部门少走路"，有力弥补了基层法治工作人员力量短缺、专业素养不高等短板。结合经济社会高质量发展的新要求和新时期政府行政决策审查快速反应的新需求，制定出台《青岛市行政决策合法性审查规定》，通过配套制度成果落地，对审查要求、程序流程、文书模板进行"三统一"，以规范化为助力，有效提升行政决策合法性审查质效。

（二）在数字化方面

平台上线后，解决了青岛市在行政立法、规范性文件备案审查、行政决策合法性审查、政府合同和法律顾问管理等方面业务系统缺失，以及业务及档案数字化、电子化、规范化管理程度低等问题。截至目前，平台已覆盖市、区、街道三级部门 893 个，累计接收并审查文件 1700 余件。通过对行政立法、规范性文件、行政决策、复议应诉、行政执法等 9 个领域的各类法治资源要素融合汇聚，建成涵盖 16 个法治资源数据库的"法治大数据平台"。截至目前，已汇聚各级各领域法治数据 360 余万条，接入外部数据 48 类，接入数据项共 2021 项，为推动法治数据共享应用、业务协同，更好开展数据赋能打好数据底座。

（三）在创新性方面

"政府法治一张网"平台在全国率先实现市、区（市）、镇（街道）三级"纵向"和市、部门两级"横向"的线上智能辅助合法性审查平台"一张网"全覆盖，并在全国率先实现市、区（市）、镇（街道）三级政府法治业务数字化平台的"一张网"全覆盖。全面接入青岛市"城市云脑"，搭建法治建设领导驾驶舱和主题数据库，提供多维度数据分析、多角度数据展示和全方位数据共享服务，为聚焦经济社会发展和民生需求，推动在法治政府建设、社会治理、公共法律服务等领域，开展跨区域、跨部门、跨层级大数据应用场景创新和辅助领导决策提供有力支撑。

数字赋能城市精细化
管理提"智"增效

青岛市城市管理局

当前，中国的城镇化建设已经进入下半场，高品质的城市环境成为人民群众安居乐业的重要因素，精细化的城市管理成为城市管理部门工作的主攻方向。然而，城市管理工作点多面广，城市管理问题难治理、易反复，传统的行业监管模式已经难以满足现代化城市管理的需要和市民群众对美好城市生活的新期待。近年来，青岛市以住房和城乡建设部在青岛开展城市运管服平台建设试点为契机，结合青岛市城市管理领域智能化现状和数字青岛发展规划，大力推动云计算、物联网、大数据、人工智能等信息技术与城市管理工作的深度融合，搭建数据更加融合、功能更加完善、处置更加高效的城市运行管理服务平台，全面提升城市运行管理服务数字化、智能化水平。

一、主要做法

青岛市城市运行管理服务平台建设了业务指导、指挥协调、行业应用、公众服务、运行监测、综合评价、决策建议、数据交换、数据汇聚、应用维护十大系统，打造了涵盖城市运行、行业监管、综合执法等领域的 34 个特色应用场景，城市管理行业智能化监管基本实现全覆盖。

（一）全方位整合信息资源

1. 构建平台数据资源中心

接入排水、综合管廊、海绵城市等 22 个信息系统，汇聚 18 个城市管理行业数据和 30 个市直部门 [区 (市)] 数据，梳理建立 6424 项数据目录、45 个专题数据库。截至目前，共汇聚各类数据资源 23.9 亿条，总数据量达 2564G，可供交换的数据 1.07 亿条，可共享 API 接口 1436 个，汇聚数据实时更新、动态变化，形成综合性城市运行管理服务大数据，实现城市管理领域数据全行业汇聚、应用。

2. 监测城管行业动态数据

平台接入全市渣土车、环卫作业车辆、燃气站点、供热站点等与城市管理和运行安全密切相关的监控视频、物联感知数据，与全市城市管理领域无人机、视频采集车等智能终端进行有效连接，实时获取城市运行管理动态数据，为行业赋能、决策分析提供有效支撑。

3. 建设行业运行"一本账"

平台整合城市基础信息、环境卫生、燃气供热、市容景观、综合执法等方面的行业信息，建立一级指标 210 个、二级指标 550 个、三级指标 730 个，汇集 15 个模块的基础数据、运行数据、管理数据、服务数据和安全数据等指标数据，共计 48000 余条。同时，建设"领导驾驶舱"，可直观展示各项指标的当前值、期度变化值、增速等，并支持趋势分布、时间趋势、结构分析、明细清单等多维度分析，全面高效掌握城管行业"家底"。

（二）立体化打造感知体系

强化"高、中、低"智能感知体系，积极应用并拓展视频监控、无人机巡飞和卫星遥感影像感知城管问题覆盖范围。利用自建及共享的3.8万余路固定高、低点视频和车载移动视频，对25类城市管理问题进行自动抓拍。目前，每日视频抓拍发现问题数量达500余件。通过无人机巡飞监控工地全景，实现对在建工地的远程监督检查，规划执法现场监督环节由10项减至2项，执法人员出现场次数减少50%。创新应用高分辨率卫星影像摸排疑似违建，有效提高疑似违建摸排效率和准确率。2023年以来，利用智能化手段抓拍立案城市管理问题共计10万余件，助力市容秩序、环境卫生、违建治理等领域执法效能提升。

（三）多层次构建场景应用

聚焦城市管理痛点、堵点、热点，打造34个城市运行管理服务应用场景，不断完善智慧化、精细化城市管理应用体系。

1. 搭建城市运行类场景

建设、整合、接入燃气、供热、供水、排水等11个城市运行系统和数据，对城市运行保障情况进行实时监测，实现城市运行一屏展示、综合分析和预测预警，提升城市运行基础保障能力。如燃气智能监测场景，建设了针对天然气加气站、液化气灌装站的远程视频监管系统，实现对各站点经营行为的实时监控、告知提醒、违规取证，极大地规范了燃气企业经营行为。

2. 搭建城市管理类场景

建设智慧环卫、智慧广告、建筑垃圾监管、城市亮化、违建治理、规划执法、智慧办案等行业管理和综合执法类场景，应用移动互联、AI、数据治理等新技术，实现各城市管理行业可视化展示及智能化监管。如环卫监管场景，整合全市2000余辆环卫车，2400余座公厕、转运站等数据，实现环卫各环节全链条监管，环卫机械化作业监管覆盖面从5%提高到100%。

3. 搭建便民服务类场景

开发"点靓青岛"小程序设置"我拍我城""有奖随手拍""垃圾分类""家政服务""供热供气服务""物业问题上报"等16个模块，群众诉求"一键即达"、城管服务"一键可享"。如"家政服务"模块，为商户信息发布和市民群众信息查询提供了便捷窗口，助力"小广告"治理，实现了服务与管理工作的"双赢"。

二、特色亮点

（一）统筹谋划，全面融入智慧城市大局

始终把平台建设放在数字青岛、智慧城市建设大局中统筹谋划，抢抓数字青岛建设契机，将城市运管服平台建设纳入《数字青岛发展规划》，成为青岛智慧城市建设的重点任务和重要组成部分。

（二）高位协同，高效处置城市管理问题

构建"一委（城管委）一办（城管办）一平台（运管服平台）"的运行机制，发挥城管委高位监督指挥作用，由市长兼任城管委主任，由市城管局长兼任城管办主任，抓好城管委决策部署的贯彻落实，并依托城市运行管理服务平台打造市城管委、市城管办中枢指挥部，实现城市运行管理服务事项全面协同和高效处置，城市运行管理模式实现革命性重塑。

（三）兼容并举，努力实现新老系统结合

充分考虑利旧因素，通过维护性改进、升级拓展、整合接入等方式，最大限度利用各行业已有系统、城市综管服平台已建系统和相关行业平台功能，让老系统发挥新作用，使投资效用最大化。

（四）博采众长，深入推进技术优势互补

与深圳中兴、青岛海纳云等 10 家企业成立"青岛城市治理智联盟"，借助智库机构、专家外脑和信息技术企业，汇聚"政产学研用"各方力量，吸纳各方优势，参与平台总体设计，合力推进青岛城市治理智能化水平全面提升。

三、应用成效

（一）社会效益显著

青岛市城市运行管理服务平台日均流转处置城市管理问题约 3 万件，问题处置率保持在 99% 以上，为解决群众身边的操心事、烦心事和城市管理痛点、堵点、难点问题发挥了重要作用，市民群众获得感、幸福感、安全感显著增强。

（二）运行安全增强

打造 10 余个城市运行监测应用场景，形成了较为完备的城市运行安全监测体系。比如，供热监测场景对全市 33 家供热企业、327 处热源、3300 余处换热站实现实时监测、分析研判和督促整改；燃气智能监测场景对全市 37 个燃气场站远程视频监控，对 4225 处燃气重要管线、重点区域等实现监测预警，城市燃气安全水平大幅提升。

（三）监管效率提升

打造 20 余个城市管理与执法应用场景，大大提高了行业监管效率。比如，建筑垃圾监管场景纳入全市 300 余处工地、300 余处回填消纳点以及 5000 余辆车辆的数据信息，对全市工地、车辆、消纳点状态进行实时远程监控和智能分析，掌握行业整体运行状况，运

行以来，新型渣土车违规率和事故率实现大幅"双降"；规划执法场景实现对全市 600 余个工程、2800 余栋单体建筑的远程监管，现场监督环节减少 80%、出现场人员减少 50%，大大提高了监管效率。

（四）参与渠道拓展

通过公众服务系统搭建的"点靓青岛"小程序 16 个功能模块，构建了共建共治的良好氛围。目前，已累计接收处置城市管理问题 85 万余件，问题办理满意度达到 99.8%。"门头招牌前置服务"模块，设置了六大类常见业态、108 种店招设计模板，已有近 2 万户商家享受到"一对一"贴心服务。"智慧物业"模块，为全市 5000 余个物业小区提供物业缴费、报事报修、房屋租售等便民服务，业主足不出户即可享受指尖上的便捷。

创建社科数字赋能中心
提升社科管理服务水平

青岛市社会科学界联合会

2023 年，青岛市社会科学界联合会深入学习贯彻习近平总书记关于数字强国的重要指示精神，按照山东省委、青岛市委和省社科联加快数字化建设的安排部署，着力创建青岛社科数字赋能中心，致力打造"服务市委、市政府的决策研究咨政平台，服务社科界的数字应用平台和服务人民群众的社科普及宣教平台"三个平台，推动工作理念、工作体制机制和工作效能深刻转变与跨越提升，努力建成质效一流的数字社科新品牌。

一、主动顺应数字时代发展趋势，筹划数字社科建设

（一）寻标赶学，深入调研

2023 年 8 月，青岛市社科联党组成立 4 个调研组，赴全国 14 个副省级城市社科联、社科院，逐个调研，寻标对表，回来后形成了专题调研报告，明确了含数字社科建设的十大措施。组织骨干力量到市人社局、行政审批局等窗口单位实地观摩，学习数字化建设成功经验。2023 年 10 月，市委宣传部部长、市社科联主席刘升勤

来社科联参加党组会，在听取数字化建设等工作汇报后给予高度评价，提出："一定要更新理念，用数字化赋能社科工作！"

（二）考核统领，顶格推进

把数字赋能中心建设定为唯一的年度考核创优目标，坚定决心，不给退路，凝聚联院上下"不为失败找借口、只为成功找方法"的精气神。发挥考核指挥棒作用，坚持抓数字化建设主要矛盾，围绕创优目标，确立依据、创优、成果、保障四大推进篇章，既设考核总清单，又列数字化建设细清单，定下考、建并推主基调。

（三）建立专班，迅速行动

党组书记亲自挂帅，分管领导牵头，集中联院精干力量，邀请青岛大学课题组参与，共同成立工作专班，推进数字赋能中心规划建设、运行协调和监督指导。下设办公室，形成"专班＋项目组"工作体系，落实职责分工，每周进行调度，督促工作落实，确保各项建设任务扎实开展、有序推进。

二、系统布局四大版块，构建数字社科赋能新平台

青岛社科数字赋能中心以"一网、四库、一中心、多功能平台"为框架体系，支撑强基赋能的"四梁八柱"。

（一）以"一网"为依托，打造信息赋能版块

"一网"指青岛社科网，既是青岛社科界官方门户网，也是青岛社科数字赋能中心的母体与依托。与中心建设同步，社科网进行全面升级改版。优化设置十大门类，对社科联工作职能全覆盖；扩展30个专栏专题，重要工作实时专题推送；回应社会关切，发

布 2600 余条重大社科信息和 196 条热点公示信息，提升各级关注度与参与热情。

（二）以"四库"重组青岛社科数据库，打造智库赋能版块

"四库"包括国家社科基金项目（青岛）库、省社科规划项目（青岛）库、青岛市社科优秀成果奖获奖库和青岛市社科专家库。"四库"汇聚了青岛社科界四年来国家、省、市三个层级的立项获奖成果 1269 项，专家库由国家社科基金首席专家、二级教授 66 名和 500 余名青岛社科青年联盟成员组成。创新设立以"四库"为标识的网上社科智库矩阵，把握青岛哲学社会科学发展现状、研究前沿、研究团队和成果，拓展项目找专家、专家做课题双渠道，形成市委、市政府与社科界网络智库直通车。2023 年以来，社科研究成果获市委、市政府领导批示 30 次，主要来自"四库"。

（三）以青岛历史文献中心建设引领青岛历史文化研究

创建青岛历史文献数据中心版块，以数字化平台整合青岛历史文化资源，赋能青岛历史文化研究。先后多次到市档案馆、文旅局、党史研究院走访调研，收集珍贵资料，集成文献档案；吸引中国海洋大学、青岛大学等驻青高校参与，多渠道征集青岛历史文化典藏，丰富平台内容，青岛市社科院主编完成的《青岛历史文化故事》出版发行后，列入历史文献中心重大展示成果，故事丛书受到社会各界的热切关注与好评。

（四）以"社科申报平台"强功能，打造网上申报赋能版块

让社科业务全部搬到网上，实现"网上办、掌上办"，以青

岛社科"双百调研课题网上快办"为样板工程，将课题发布、申请、立项、结项、公告的全流程，开发设计为线上操作规程，用全流程网络办理取代传统申报模式，实现作风效能"双提升"。通过对208项"双百"课题、45项动态课题网上复盘、验证使用，达到了全通关、零差错。

三、克服四大难题，实现数字社科从无到有

（一）克服惯性思维，勇于开拓创新

针对多年来单位的沉疴顽疾、思想固化、躺平现象等，党组敢于走出舒适区，直面问题，把数字赋能作为改革攻坚与创新突破的第一抓手，召开党组会、部门骨干会和全体人员会，层层深入、搞好发动，坚决破除"上级要求了再干""有保障再干"和"简单化外包"的惯性思维。先后到海尔创新创业展览馆学习观摩，感受卡奥斯平台"工赋青岛"的价值效益，邀请网络技术公司来联院作数字化专业科普，开阔眼界。着力抓好人员思想转化与角色转变，从管理和服务全市社科界的高度改造联（院）科研、科辅部门，赋予数字赋能中心建设责任使命，让他们从幕后走到台前，抢任务、站中心，当主角、干大事。

（二）建立核心团队，攻克重重难关

与青岛大学文科处和计算机学院共同成立课题组，在零经费的状况下，从精选社科内容、用好社科语言、强化社科服务等理念和核心技术建设等方面攻关，历经党组动议、组队运转、调试攻坚、建成上线四个主要阶段，历时三个半月，攻克了20多项技术难题，为圆满完成任务提供了有力技术支撑。

（三）汇聚各方资源，共襄建设大计

2023 年以来，加大向省社科联请示汇报力度，得到省社科联领导和业务处室及时指导，省联办公室大数据中心对青岛社科联数字赋能中心建设全力帮扶，从技术资料提供、立项方案选定到平台建设宣推，提升了青岛数字社科工作协调的格局层次与效率。积极搭乘数字青岛建设快车，争取市发展委、财政局、大数据局等单位的数字青岛建设专项支持，首批初审即获得通过。

（四）提升管理理念，健全制度规范

坚持建、用、管一体筹划实施。制度上立，边建边总结，研究制定《数字赋能中心管理办法》《网络舆情应急处置方案》等 12 项制度措施。召开网络联席会议，通报进展与制度执行情况，组织针对性演练。技术上防，选送参加业务机关实训，外请专家来联院专题培训，全员提升技术本领。引入系统软件，对科研成果转化、科普活动展示、系列学术论坛等重点社科活动提供安全筛查。细节上抓，赋能中心正式上线前，提前一个多月试运行和实操内测，发现具体问题，及时弥补调整，提升数字赋能中心建设满意度与安全保障系数。

政企直连无延迟 服务直通零距离

青岛市人力资源发展研究与促进中心

当前，国家、省、市大力推进社会信用体系建设，结合"放管服"和一流营商环境建设，助推企业新旧动能快速转换，释放企业创新创业活力，是创新政府服务的出发点和落脚点。

一是"网上办"虽然减少跑腿，但诚信企业存在工作量大和人力成本高的问题。以海尔集团为例，海尔创业平台上有300家小微创业公司，每年平均要办理4万多笔新参保、停保、续保、年度基数申报等社保业务。每次办理业务都需要登录1次政府社保网，切换1次创业公司独立账号及密码，逐笔手工录入信息和提交，每天工作并不轻松。

二是"放管服"逐渐下沉基层，但基层服务机构"人少事多"矛盾突出。实施"放管服"改革以来，大量业务下沉基层，但基层服务人员并未增加，工作量比较大。破解基层"人少事多"的矛盾，更高层次的信息化手段成为迫切选择。

三是"大数据"深化业务协同，但政企信息资源交互存在数据安全风险。按照国家"大数据"战略部署，"政务大数据"在信息共享、业务联动，以及落实"一次办好"改革上，发挥了巨大作用。但"政务大数据"尚未和企业信息资源建立起"互联互通"渠道，网络安全、数据安全是非常重要的考虑因素。

为面向诚信企业提供"一键直连、嵌入式"信息化服务，通过"政企直通车"，把"网上办"提升到"网上办、零操作"，减少诚信企业运营负担，创造良好营商环境，促进社会信用体系建设，提供更加高效、更加精准的个性化服务，助推诚信企业提升市场核心竞争力。

一、主要做法

选取"劳动保障守法诚信示范用人单位"海尔集团作为试点单位，运行成功后，再逐步扩展应用场景，逐步延伸到就业、人才等业务，并推广到其他诚信企业。

（一）研发"嵌入式"企业标准化服务接口

一是研发社保服务端"嵌入式"标准化接口，把6类社保业务向诚信企业开放。二是企业按照接口规范，改造人力资源管理系统（HR），然后直接在HR系统办理社保业务，减少"网上办"二次录入的时间。

（二）通过"人防技控"确保网络信息安全

"一键直连、嵌入式"企业服务模式，网络安全、数据安全是重要的考虑因素。一是建立事前信用承诺制，企业承诺不篡改、不攻击、不泄露。二是网络数据传输加密，防止数据被篡改和窃取。三是严格控制访问权限，企业仅能查询和操作本单位已授权的最小信息资源。四是系统所有操作均留痕，配置网络和数据审计系统，建立全过程可追溯机制。

（三）探索"综合评估"企业准入退出机制

形成准入机制，一是企业具有"诚信"称号，在"信用青岛"

平台属于守信联合奖励范围。二是企业具有一定技术能力，能够按照接口规范改造自己的 HR 系统。三是严格落实事后核查，定期对日志进行分析比对，一旦发现信息造假、非法攻击等行为，取消企业接入平台资格，并追究相应责任。

二、特色亮点

（一）先行试点，逐步扩大规模推广应用

青岛人社局按照"开放共享、政企协同、安全高效、信用激励"原则，站在全市人力资源和社会保障领域全面开放数据角度，首先选取社会保险作为试点业务，以海尔集团、山东元田、中青国合集团等企业为试点单位，运行成功后，再逐步延伸到就业、人才、劳动合同等业务，并推广到其他具备升级改造内部人力资源管理信息系统条件的企业。

（二）还数于民，企业有所求，政府必有所应

按照国家政务信息资源交换共享工作部署，"政务大数据"在信息共享和快速落实"一次办好"改革上，开放数据接口，实现"政企协同、一键直连"，让企业的 HR 系统直接办理社保业务，减少企业"跑窗口、上网站"等办事环节，降低了企业的办公成本，提高了办事效率，促进了企业创新发展。

（三）政企直连，政企协同，一键办理

结合深化"放管服"和"一次办好"改革工作部署，按照"问题导向、需求导向、数据驱动、技术驱动"思路，助力优化营商环境，在全国社保行业率先创建了基于"互联网＋"的"政企直连"信息

化服务平台（以下简称平台）。青岛人社局信息部门通过开放社会保险 API 接口，把传统的"登网站、网上办、延迟办"提升到"无网站、直连办、一键办"，为企业提供"政企协同、一键直连、嵌入式、一站式"便捷、个性、智能服务，从政务服务供给侧助推企业运营提质增效，实现了接入企业"零跑腿、零延迟、零操作"服务效果。

（四）引领新服务，办事效率成倍提高，更多事项打包办理

"一键直连、嵌入式"政企信息协同模式，在全国社保行业尚属首例。用更便捷的信息化服务降低诚信企业运营成本，助推营商环境再提升，并为新模式向就业、人才等业务领域推广奠定了坚实基础。

三、应用成效

目前，平台试运行良好，实现了企业 HR 系统与社保系统全面、实时、安全对接。

（一）企业办事效率成倍提高

企业在自己的 HR 系统办理人员调动、变更等操作时，直接同步到社保系统，实现了"办事零跑腿—服务零延迟—网办零操作"演变提升。自平台上线运行以来，已有 596 家企业与人社系统实现全面、实时、安全对接，累计办理各类业务 750 万笔。

（二）促进了企业核心业务发展

"政企直连"创新服务平台，实现了企业与社会保险的智慧

链接，为企业提供了精准、高效"一站式"办事服务。平台陆续开放了社保、就业、劳动合同等数据接口，累计达到 40 多项服务。

（三）专业服务机构参与，促进人力资源产业发展

企业接入"政企直连"平台，需要具备升级改造企业 HR 系统的能力，可以说需要一定的技术门槛。目前，中大型企业基本具备接入条件，但更多的小型企业，则需要借助技术公司或专业人力资源公司的帮助，才能接入平台。由于专业服务机构的参与，"政企直连"平台可以进一步拓展到人力资源供求信息的收集和发布、就业和创业指导、人力资源管理咨询、人力资源测评等增值服务，为人力资源服务行业发展壮大提供平台级支持。

（四）引领政务服务新模式，形成政企协同新生态

"一键直连、嵌入式"政企信息协同模式，在全国人社行业属首例，基本达到了用更便捷的信息化服务降低企业运营成本的功效。

构建全息网格画像"四彩云图"
提高社会治理现代化水平

青岛市社会治安综合治理服务中心

青岛市社会治安综合治理服务中心认真贯彻落实习近平总书记关于平安中国建设的重要指示精神和全国市域社会治理现代化试点工作的部署要求，于 2021 年 4 月正式启动"青岛市社会治理网格化智慧工作平台"建设。为进一步推进网格化管理工作方式由粗放向精细、由管理型向服务型的转变进程，实现基层执政工作资源由条条为主向条块结合转变、工作决策从经验为主向民主科学转变，平台建设打造了"全息网格画像系统"应用场景。结合青岛市

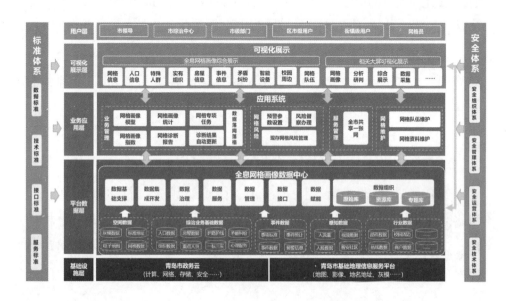

社会治理网格化实际工作情况打造宏观网格精准画像和微观网格生态圈，精准指导补齐网格问题短板，完善网格生态自治，促进社会治理网格化工作更加精准、精致、精细。

一、主要做法

（一）高层次推进，组建平台建设专班

顶格成立由市委政法委牵头，市委常委、政法委书记任组长的工作专班，高标准、高质量推进"社会治理一张网"建设。平台作为数字青岛的重要组成部分，被列为 2021 年数字青岛"双12"清单建设场景之一。

（二）高标准建设，推动项目创优创新

充分借鉴先进地区典型经验，以杭州市为对标城市，在平台选型、技术架构、线上线下机制等方面，坚持高起点、严要求的原则，依托全球领先的云计算及人工智能科技公司，创新研发了"全息网格画像、事件协同处置、矛盾纠纷多元化解"等15项业务系统，实现了全市 1.4 万余个城乡社区网格一网展现，以"多网融合，一网治理"为抓手，建设标准网格体系，融合各类行业部门资源，激活基层治理"网格末梢"。

（三）高水平应用，贯通六级体系

纵向上贯通省、市、区（市）、街道（镇）、社区（村居）、网格六级体系（市直部门唯一实现），形成了"数据采集、分析研判、风险预警、指挥调度、督导考核"的业务模式，实现网格员发现事件的受理、研判、分流、督办、反馈、考核全流程办理、闭环

式运行。网格员可实时对接平台，及时上情下达、下情上达，第一时间排查上报矛盾纠纷隐患，筑牢基层社会平安根基。

二、特色亮点

（一）理论创新，定义全息网格"四彩云图"

在全息网格画像系统构建的四彩云图中，网格内社会治理基础设施到位，社会服务管理资源丰富，网格队伍力量充足，社会治安状况优良，群众需求得到很好满足的网格为绿色"日常管理"网格。网格内社会治理基础设施较为齐全，社会服务管理资源较为丰富，网格队伍力量相对充足，社会秩序处于稳定状态，治安状况良好，群众需求得到较好满足的网格为蓝色"一般关注"网格，各区（市）需要一定程度的关注，对网格存在的问题有针对性地进行改善，使其向绿色"日常管理"型网格转变。网格内社会治理基础设施存在一定的欠缺，与社会服务管理的需求相比，网格队伍力量相对不足，社会秩序处于"亚稳定"状态，治安状况面临较大威胁，群众矛盾纠纷问题较多的网格为黄色"重点关注"网格，区（市）需要予以重点关注，针对网格存在的问题研究制定有针对性的整改和完善措施，逐步改变这类网格面貌，使其向绿色"日常管理"型和蓝色"一般关注"型网格转变。网格内社会治理基础设施、资源和力量等存在较大差距，远远不能适应网格服务管理现实需要，网格社会秩序已经处于"失序"状态，治安状况不佳甚至已经恶化，群众和社会单位意见很大，已经成为必须马上治理的为红色"综合治理"网格，市、区（市）两级需要予以高度重视，在认真调研和充分听取各方意见建议的基础上，集中资源和执法力量，对该类网格存在问题有针对性地开展综合治理工作，限期改变此类网格面貌。目前，青岛市有绿色网格 13982 个、蓝色网格 77 个、黄色网格 121 个、红色网格 62 个，在"四彩云图"的加持下，真正实现"一屏观全域"，得以有针对性地开展各项治理工作。

（二）网格共享，构建全息网格数据中心

全息网格画像系统依托全市标准化建设的 1.4 万余个全覆盖基础网格，将区（市）、部门汇聚的人口、房屋、组织、事件等社会治理基础数据梳理落格，构建社会治理多网合一的数据底座。完善以城乡社区网格为基础，以贯通多业务领域网格、跨部门数据融合共享为目标的"全市共享一张网"。将网格信息、网格员、实有人口、实有房屋、实有组织、上报事件、视频资源、部件信息等基础元素，以及网格数据中台服务、事件智能分析服务、网格风险预警服务、网格平安指数服务等网格资源全部定义为网格属性，支持网格服务一键调用，为辖区多网融合部门、网格化相关部门以及各区(市)共享网格资源，是建设数字政府统一大数据中心的基础。

（三）AI 助力，打造网格"精准治理"闭环

"全息网格画像系统"根据矛盾纠纷、重点人员、人口构成、事件处置、网格队伍、重点场所、出租房信息、社会治安等 8 类一级指数，47 个二级指数，建设网格治理智能 AI 算法模型。依托网格微生态中上传的实时数据及智能 AI 算法模型，每周对全市 1.4 万余网格进行精准画像，每月开展网格综合分析研判，生成网格事件周报、平台治理月报，为区（市）网格化治理服务水平提升提供方向性指导。同时，网格诊断报告以事项任务形式下发至各区（市），各区（市）根据网格诊断报告中的具体问题分析结果，对问题网格进行治理提升，形成线上、线下一体化的业务流程闭环，推进社会治理网格化工作精准化精细化进程，为基层网格化治理工作增效赋能。例如，一期专项任务中的网格诊断报告显示，某区（市）"综

合治理"网格数量增长较快,区(市)查看具体分析报告得知这些网格是由于未配备网格员,导致的网格活跃度降低、矛盾纠纷化解率下降,从"日常管理"绿色网格下降为"综合治理"红色网格。区(市)根据分析报告精确指导,第一时间安排了网格整改,并取得显著成效,在下一期报告中该部分网格由"综合治理"红色网格转变为"一般关注"蓝色网格,实现了网格治理的"精准治理"。截至 2023 年 9 月,已累计下发月报 24 期、周报 108 余期,有效提升社会治理服务质效。

(四)提质增效,拓展优化为民服务场景

平台依托全息网格画像系统,以"多网融合,一网治理"为抓手,建设标准网格体系,融合各类行业部门资源,激活基层治理"网格末梢"。对接市公安局、市城管局、市市场监管局等多家市直部门,融合城管部件、融合事件等行业部门数据 500 余万条。对接"智慧门牌""青诉即办",上线"心理服务地图"等便民应用服务,推动网格化管理工作联动联治、提质增效。截至 2023 年 9 月,依托市社会治理网格化平台,城乡社区网格员参与办理民生服务事项 30 万余件,居民安全感上升至 99.8%,满意度上升至 99.08%,助力构建人人有责、人人尽责、人人享有的社会治理共同体。围绕基础环境、体制机制、重点应用、实施路径、市场合作、产业带动、建设运营模式等方面,梳理归纳特色亮点。

三、应用成效

(一)完善顶层设计

在全国创新提出网格化服务管理六项融合标准,青岛市委办公厅、市政府办公厅联合下发了《关于推进全市城乡社区网格化服

务管理融合发展工作的通知》，相关经验被新华社网站予以宣传报道。创新制定《青岛市社会治理数据标准体系建设规范》《青岛市社会治理事件分级分类标准》等常态化数据治理机制，提升数据质量，实现数据赋能。

（二）推动数据治理

纵向打通省、市、区（市）、街道（镇）、社区（村）、网格六级，建立纵向到底的一体化社会治理综合指挥体系；横向融合市住房和城乡建设局、市城市管理局、市大数据局、市消防救援支队等11个部门数据，打破部门数据壁垒。汇集全市社会治理领域数据1.8亿余条，建立事件数据实时更新、基础数据24小时更新的同步机制，保证平台数据的实效性，有效为领导决策提供数据支持。建成全息网格画像、事件协同处置等15项业务系统，日均处理各类服务管理事项9000余件，事项办结率达99%，构建"上下贯通、左右衔接、要素集成、全面融合"的"社会治理一张网"。

（三）持续开放共享

通过政务信息资源共享交换平台建立指标数据共享目录3个，为"城市云脑"和一体化综合指挥平台提供网格、人口、房屋、组织、事件等社会治理数据4800余万条，通过免密登录的方式将风险预警与分析研判专题、数据采集与业务协同专题131个指标项接入城市云脑，实现与城市云脑的融合集成，助力数字青岛建设。

政务数据治理一体化
开拓数字化服务新场景

青岛市市南区大数据发展管理局

政务大数据体系是数字政府建设的根基和源泉。市南区积极开展数据一体化区级节点建设，落实国务院办公厅印发《全国一体化政务大数据体系建设指南》（国办函〔2022〕102号）的工作部署，加强数据汇聚融合、共享开放和开发利用，促进数据高效流通使用，充分释放政务数据资源价值。

一、主要做法

市南区政务数据治理一体化打通省、市、区级数据汇聚流，夯实数据治理底层逻辑，共享开放，用"鲜活"的数据赋能政务工作的开展。按政策要求，对国家、省、市级数据采取实际落地或代理后提供可视化查询方式本地化使用。已对接17个机构25套系统、61个数据库，汇聚7.8亿条数据（包括申请上级返还的数据），提供国家、省、市共享数据查询服务20余项，数据填报服务30余项。提升政务数据资产化能力，通过中台内置的政务数据质检规则，对汇聚数据质检、治理，形成数据资产。打通基层数据汇聚和政务数据直达基层的"最后一米"，有效支撑了市南区各部门和街道的数据共享应用。2023年4月，山东省大数据局到市南区调研了省一体化大数据平台县级节点建设工作。

二、特色亮点

（一）建"机制"，全面积累数据资产

按照"按需归集、应归尽归"的原则，推动政务数据编目、归集工作，强化一体化政务数据共享交换平台服务功能，将政务数据聚汇聚纳入日常工作，"平时"对人口、企业信息、楼宇信息、城市治理等各类数据及时汇聚，对数据进行质检、处理，形成区级政务数据资产，为全市各级各类应用场景建设提供优质数据服务。当遇突发事件时，有高质量的"原料"支持基层"战时"工作。

（二）搭"平台"，丰富基层数据汇聚

在国家、省、市、区统建业务系统之外，区级部门、街道、社区还掌握着大量的离线数据，传统的方式是采用电子表格等方式进行数据收集汇总，导致数据传递慢、汇总慢、更新慢。为解决这一问题，一体化大数据平台市南区节点建设了可定制数据填报，通过库表设计、数据填报、表单设计、表单填报，支撑结构化数据、非结构化数据的在线填报、审核。一体化大数据平台市南区节点建设采用最小化授权原则，按部门分配角色和数据权限，各部门可见数据不同、同部门内不同岗位间的用户依所处角色不同。需要汇聚数据时，根据工作需要的信息字段在区节点经过简单配置，即可组织全区 50 余个部门、11 个街道和 50 个社区同时填报数据，后台核验数据格式后自动汇总进入一体化大数据平台，并输出到数据主管部门和城市云脑大屏等应用场景。同时，支持导出数据到本地做

统计分析或其他共享。

（三）创"模式"，引领数据应用方向

国家、省、市级统筹建设的信息化系统对外提供的各类 API 数据接口中，有大量可提高各部门工作效率、改善基层工作方式的数据信息。一体化大数据平台区节点建设过程中，充分考虑了此问题，承接上级接口数据，转换后提供单条数据查询核验、批量数据查询比对等"可视化"服务功能，根据基层单位需求，快速响应、提供"即查即用"数据服务，在"无证明之省"建设共享查询电子证照数据、核验企业"免申即享"资格、查验核酸检测疫苗接种等疫情防控措施时"少打扰"居民，批量核验居民缴纳社保医保情况、批量核验居民享受救助补贴资格、就业趋势分析、企业发展趋势分析等场景均可以更容易、更便捷地使用数据共享服务。

（四）以"场景"促应用，践行数据直达基层

1.数据库表可视化查询

承接上级返还的企业信息库、个体户信息库、基础管控地址库、核酸检测数据库、手机信令数据库等数据库，为数据批量分析提供基础数据。授权用户通过库表数据可视化查询，输入查询条件，获取可信的数据资源。

2.数据融合提升

市南区态势感知平台，内设党建引领、经济运行、社会民生、审批服务、社会治理、城市更新、视频 AI 7 个专题，数据及指标来自区委组织部、区统计局、区教育和体育局、区卫健委、区残联、区人社、区民政局、社会治理中心、应急部门、综合执法部门等多部门。一体化大数据平台区节点通过离线数据直接上传、系统数据

库表对接等形式应对多样的数据形式，完成数据汇聚、数据质检、数据治理及数据开发共享，向态势感知平台输出了党组织、党员情况、党员后备力量、党组织关系转接、宏观经济指标、固定资产投资、进出口和企业发展，以及教体、卫健、人社、残联、民政五大领域的关键性指标、行政审批大厅的实时办件数据投资趋势和项目部分监控等150余类动态更新的指标数据，用"看不见"的优质数据服务，有效支撑"看得见"的数据共享应用。

3. 深挖数据共享应用场景

一是在基层治理方面，市南区社会治理网格化智慧工作平台汇聚整理全区50个社区人口数据40万余条、房屋数据27万余条、城市部件数据2.9万余条，结合金湖路街道需求，一体化大数据平台区节点汇聚数据后设计了人口、房屋、事件3组数据统计共享接口，支撑街道数字孪生平台数据展示。

二是在企业服务方面，市南区企业服务智慧平台汇聚企业数据10.4万余条，接入企业近12个月缴纳社保人数等共享数据，录入走访数据7.5万余条，楼宇数据150余栋，楼宇VR采集影像500余部，已解决企业诉求380余件。

三是在教育服务方面，申请了16类共享数据，支撑学前教育报名系统"免证明"智慧报名。

四是在就业服务方面，已经依托入境人员数据为留学生提供了主动就业创业服务，正在申请国家和市级数据，结合市南区社会治理网格化智慧工作平台开展就业网格化管理。

五是在民政救助、退役军人服务方面，依托共享数据开展了救助补贴资金发放的"无感认证"。

六是在数据分析方面，使用市级共享的手机信令数据统计中山路、八大关、五四广场等重点区域客流量变化趋势，使用市企业信息库协助区人社局比对完善3万余家企业基本信息等。

三、应用成效

截至目前，一体化大数据平台市南区节点已对接 17 个机构 25 套系统、61 个数据库，汇聚 7.8 亿条数据（包括申请上级返还的数据），提供国家、省、市共享数据查询服务 20 余项，数据填报服务 30 余项，各部门和街道、社区查询数据 300 余万条次，为市南区城市云脑输出了 150 余类动态更新的指标数据，有效支撑了全区数据共享应用需求。2023 年 4 月，山东省大数据局到市南区调研山东省一体化大数据平台县级节点建设工作。

下一步，市南区将围绕数据资源汇聚治理、共享应用、开放利用和安全保护，在充分利用山东省市一体化大数据平台功能基础上，不断探索符合区县实际的创新应用模式。

城市云脑赋能全区域、全领域数字化转型

青岛市崂山区电子政务和大数据中心

建设数字中国，是构筑国家竞争新优势的有力支撑，是时代的选择，更是推进中国式现代化的必然。崂山区全面落实国家、省、市有关部署要求，高位布局、顶格推进，持续推动数字化变革与经济、政治、文化、社会、生态文明建设全过程各方面深度耦合，以期为智慧城市建设提供可复制、可借鉴的"崂山样板"。

一、主要做法和特色亮点

（一）创新建立"一套机制"

一是统一领导。成立由区委书记、区长任双组长的数字崂山建设领导小组，统一领导，顶格推进数字崂山建设。

二是统一规划。强化顶层设计，高标准制定数字崂山的"四梁八柱"，引领新型智慧城市建设。

三是统筹建设。建立"一清单、两统筹"机制。

四是共享协同。建立信息化建设标准规范和共性基础资源清单，推动基础能力共建共享，各领域数字化转型协同一致，提升信息化建设的系统性和整体性。

（二）精心打造"一个中心"

高标准打造城市云脑指挥中心，作为城市云脑的物理场所，指挥中心设置"指挥区""调度区""投屏区"三大功能区，汇聚数字化资源，承载全区一体化综合指挥调度能力，通过场所、技术、机制"三融合"，实现城市运行、突发事件多部门多场景一体指挥。

（三）扎实塑强"三项能力"

崂山区城市云脑，包括一个区级数据中心、一个 CIM 平台、三个中台。在建设的全过程中，以"强数据、强支撑"为核心，塑强"数据全量汇聚、事件全局协同、城市全域感知"三大基础支撑能力（图1）。

图1　城市云脑113架构图

1. 数据全量汇聚能力

（1）数聚方面。崂山区城市云脑全面汇聚本地数据、上级数据、社会数据等各类数据资源。

一是全量汇聚本地数据资源。针对存量系统，崂山区创新智慧化项目管理机制，抓住项目验收和资金拨付两个关键环节，采用"场景＋数据"的全维接入形式，强化数据同步归集。目前，共接入46个智慧化应用场景及系统数据。针对新建系统，由大数据部门统一立项，与业务部门联合建设，同时创新引入云数据库技术，实现数据库的集中管理，打造数据库"档案馆"，做到"项目建成之日即数据共享之时"，破除数据孤岛。为部门当好数据"管家"，实现数据资产可管、可控，将数据真正掌握在政府手中，而不是运维公司手中。

二是充分利用上级数据资源。对接青岛市云脑数据资源池，将市城管局、市人社局等24个部门的数据同步接入崂山区城市云脑，为区级数据治理提供强有力的支撑。

三是挖掘对接社会数据资源。当前互联网与经济社会深度融合，产生大量鲜活的社会数据，崂山区在云脑建设中，不断挖掘社会数据价值。比如，引入顺丰标准地址库、市场经营主体动态数据，不断丰富城市云脑数据资源，提高数据活性。依托顺丰统一地址数据，目前已接入全区46万条标准地址并定期更新；利用快递数据，挖掘出实际经营地在崂山的企业5万多家，在崂山经营但不在崂山注册的企业8100多家。

（2）数据治理方面。目前，崂山区城市云脑共汇聚各类数据13亿余条，形成人口、法人、信用、电子证照等六大基础库以及视频感知、产业经济、城市服务等九大主题库，城市事件、城市部件、文化教育等七大专题库。

以人口库为例，经过治理，目前崂山区的活动人口约58149万，同时，综合户籍、社保、公积金等87个具有人口属性的数据源，形成崂山区人员综合信息一张表，全区人口数据一表呈现。

同样，针对多源法人数据，经过治理与融合，目前，崂山区企业法人超 9.2 万家，形成崂山区法人信息一张表，包括经营地、纳税等 64 个法人属性。

（3）数以致用赋能应用场景。依托青岛市城市云脑通用能力服务平台，将汇聚治理的各类数据与应用场景融合，推动数以致用，赋能政务服务、基层治理、城市管理以及经济运行等领域。

以基层治理为例，依托市、区两级云脑的"人、房、企、事、物"等数据资源，赋能街道智慧化管理，形成城市云脑街道节点，实现数据区街同源、上下贯通。

2. 事件全局协同能力

城市管理、社会治理需要政府部门高效协同，为了解决部门多平台登录、协同难的问题，打造了区级一网统管平台，融合全市金宏办公系统，建立了全区统一用户体系，实现信息系统统一人口、统一消息推送、统一工作流程、统一接口对接，推动城市管理"一网统管，高效协同"。

3. 城市全域感知能力

崂山区构建"空天地一体"的全域智能感知体系，赋能城市精细化管理。

在天上，基于卫星遥感影像，崂山区运用图像比对和智能解译算法，实现广域视角下城市体征快速识别以及长时间轴线下的对比分析。

在空中，建设分布式自动化无人机集群，构建低空智能感知平台，以"无人机视角"有效地补齐城市视频盲点，实现一次建设，多部门共用。目前，已建成 44 个无人值守全自动机场，实现飞行任务自由定制、自动执行。

在地面，建设覆盖全域的智能视频感知网，打造"智慧城市之眼"。复用中国铁塔资源，通过利旧建新，建设一机一档，解决视频建设分散、共享困难、不便观看、视频价值挖掘不够等问题。

在视频查看能力上，通过接入高德地图，利用"定位＋圈选"快速锁定目标点位。比如，王哥庄街道青山村的情况，首先，搜索定位到青山村，基于摄像头位置数据，圈选周边摄像头，可快速找到目标。同时，基于部门需求，定制视频巡更路线，用视频巡查代替人工巡查，解决在途时间长、效率低的问题。

在视频解析能力上，通过集约建设，推动"视频、算法、算力"三解耦，实现算法、算力两统筹。在算法方面，充分复用市城市云脑算法和本地算法，让每一路摄像头成为智能摄像头，为全区各部门提供可定制的视频智能解析能力，利用人工智能技术，实时感知城市事件。

三、应用成效

崂山区以"决策科学化""治理精准化""服务高效化"的数智崂山实践，不断赋能城市运行和城市管理的四大应用场景创新、落实，全力推动崂山区智慧城市建设不断深入。

（一）政务服务"一网通办"

持续开展"无证明城市"建设，推进"一网通办、一窗通办"迭代升级，通过数据赋能，实现20个高频业务全流程电子化审批，完成1000余项的"免证办"；不断深化"一码通城"应用，打造智慧社区、政务服务、文化旅游、便民生活、交通出行等10多种一码应用场景，以"数字化"助力"幸福崂山"。

（二）城市管理"一网统管"

融合全域智能视觉感知与一网统管平台，打造"主动发现、自动指令、快速处置、实时反馈"的智能管理闭环机制依托城市云脑视频、无人机等共性支撑能力，叠加 AI 算法，主动发现城市事件，通过金宏、山东通办公软件自动推送至责任部门、实现跨部门、跨层级协同处置，全面提升"未诉先办能力"。

（三）城市体征"一屏统揽"

基于 CIM 基础支撑平台和"鲜活"的标准地址库，联合多个业务单位，将应急资源、城市事件等 160 多种数据资源与实景三维、BIM 有机融合，搭建城市服务、经济运行等 10 个门类、100 多个场景"CIM+"一张图，实现城市体征、资源一屏统揽。

（四）城市运行"一体指挥"

崂山区城市云脑通过"场所融合、感知汇聚、事件聚合"等能力支撑，平战结合。"平时"，应急、城管、12345、社会治理等部门入驻指挥中心，日常调度城市运行；"战时"，按照应急预案，对突发事件进行综合指挥调度。构建一体会商、一屏查看、联动协同城市运行指挥调度新格局，提升城市管理的智慧化、精细化水平。

"智慧赋能·空间智治"——智慧自然资源管理的研究与应用

青岛市城阳区自然资源局

为积极响应数字青岛、数字城阳建设等总体部署及要求，城阳区自然资源局积极开展自然资源信息化建设工作。加快建立完善国土空间基础信息平台，形成国土空间规划"一张图"，实现互联互通，作为统一国土空间用途管制、实施建设项目规划许可、强化规划实施监督的依据和支撑；强化自然资源监管与决策，建立统一、全面、准确的自然资源数据底板，提升自然资源服务能力，建立高效、智能、便捷的一体化"互联网＋政务服务"应用机制。

一、主要做法

（一）自然资源信息管理平台建设

城阳区自然资源信息管理以规范化和标准化为基础，以定制化服务为理念，以安全可控为保障，通过建设自然资源大数据一体化管理平台，实现基于自然资源大数据的查询及决策智能化管理。在城阳区自然资源管理信息系统项目建设完成的基础上，进一步改进优化自然资源数据治理体系，丰富数据资产目录、注重数据质量提升、完善自然资源数据库；同时，不断深化城阳区自然资源管理信息系统应用，提升安全等级保护服务保障能力。平台主要从以下3 个方面进行设计和建设。

1. "一张图"实施监督应用

建立自然资源一张图系统。作为自然资源数据底板，系统囊括了自然资源监管决策所需要的所有数据，并提供查询分析统计专题服务。通过将业务相关的图层、信息抓取出来集中分析，业务人员能够快速直观地解决实际问题。针对土地利用情况，实现了土地利用监管专题；针对供应考核指标，定制了土地供应量考核功能；针对历年地类现状对比分析需求，开发了地类图斑分析专题；针对项目选址需求，开发了招商选址场景的专题。

2. 自然资源一体化审批平台

将农转用审批、土地征收、土地供应、规划审批、竣工验收等自然资源业务由线下纸质办理转为线上数字办理，通过数据共享流转，贯穿各业务部门和环节，促进业务融合协同，在增强业务办理的准确性、高效性和开放性的同时，加强自然资源一盘棋统筹管理，提升空间治理能力现代化水平。

3. "田长制"网格化管理平台

建立以社区为单位的网格化管理机制。以社区为耕地和永久基本农田保护网格基本单元，设置耕地和永久基本农田保护一级、二级、三级田长。根据"三调"耕地图斑每周下发巡查任务，系统对各级田长信息以及巡田任务进行统计和维护，各级田长根据配套的巡田 APP 进行巡查，并对巡查过程中出现的违法行为进行事件上报，管理人员可以及时响应并处理问题。

（二）建设用地审查报批系统

城阳区建设用地审查报批系统主要面向城阳区自然资源局各业务科室、自然资源所以及各街道办事处，其作为局内农用地转用以及土地征收业务办理支撑系统，主要为业务人员提供业务在线智能化审批、项目台账、地块管理、征地补偿管理、一张图审查以及综合质检等功能，解决了市局审批系统无法延伸至街道办事处及自然资源所、审查底图不统一等问题。本系统着重从以下 6 个方面进行设计和建设。

1. 搭建建设用地审批业务流程

业务流程主要为业务办理人员提供拟件、上报、补正、撤回等报件操作，用于支撑土地预公告、录入地块信息、并联会审等。同时，结合城阳区各街道办事处、自然资源所及局内业务科室的职责，支撑单独办理使用以及农用地转用及土地征收业务的在线办理。

2. 建立项目、地块统一管理

构建项目台账及地块管理功能主要面向征地服务科以及各街道办事处，街道办事处通过将年度内待报批的项目信息录入系统，征地服务科用户可直接通过系统，掌握各街道待报批项目情况，并通过该台账实现项目与地块关联、项目与预公告关联，从而实现项目及地块的高效及规范化管理。

3. 自动生成智能化的电子文书材料

该功能提供了土地征收预公告、土地征收补偿安置协议以及征地补偿安置方案在线生成功能，并实现项目信息、地块信息与预公告、征地补偿安置方案和征地补偿安置协议的自动关联，并支持文书在线导出。

4. "一张图"应用支撑建设用地审批

"一张图"应用面向各个环节的业务人员，提供了精细化、智能化的带图审查功能，支持业务人员的导出图形分析结果及分析重叠部分坐标，满足组卷前的预审查和案卷正式审查要求。

5. 自动质检功能减少人为错误

自动质检功能提供了表单逻辑以及空间分析的自动化质检服务，支持自动输出质检结果，从而辅助业务人员快速定位报件存在的问题。主要包括表单必填项、表单内逻辑检查等属性质检，以及压盖红线、现状地类、压盖自然资源保护地等空间质检功能。

6. 综合分析监管

针对建设用地审查报批的历史报件情况和实际使用情况，系统开发了预公告统计、项目统计、成片开发统计的功能。其中，预公告统计可按照公告状态和发布时间统计已发布、已确认、待发布和待确认的预公告数；成片开发统计可按照街道、片区和批复状态等统成片开发的实施进展。

二、特色亮点

通过深入了解信息化的需求以及痛点，改进优化自然资源数据治理体系，丰富数据资产目录、注重数据质量提升、完善自然资源数据库，为平台提供数据支撑；打通政务内外网络环境，新增存储和计算设备，架设安全保障设施，为平台提供安全稳定的硬件基础环境。

"一张图"充分利用"互联网＋"、云计算、物联网、大数据、人工智能等新一代智能信息技术，从业务、数据、应用、技术、终端等多个角度，建设"以政务为核心的统一调度、以流程为核心的业务协作、以数据为核心的决策支持、以管控为核心的运行管理、以应用为支撑的智慧服务"的自然资源一体化信息平台。

城阳区建设用地审查报批系统为土地管理和审批流程带来了现代化、高效化的改进和创新。

1.数字化流程支持

该系统将传统的纸质审批流程数字化，实现电子化的申请、审批、档案管理等功能，提高了审批的效率和透明度。审批过程更加便捷，减少了烦琐的文件传递和存档工作。

2.审批流程延伸至街道办事处

系统将审批流程延伸至街道办事处，打通了审批的"最后一公里"。街道办事处可以足不出户，通过系统进行预审查，加速项目的启动和落地，提高审批的时效性。

3.建成批地数据资源体系

建设数据资源体系，对城阳区的数据资源进行规范化和高效化管理。系统提供可靠的数据支持，为政府决策提供了重要依据。

4."一张图"应用助力图文联审

系统实现了空间数据的可视化管理。审查人员可以快速定位问题地块，降低了审查成本，提高了审批准确率。

5.项目、指标"一本账"管理

建立年度报批项目台账，实现了项目、指标的一本账管理。用地指标和项目报批情况得以更好地统一管理，为指标管理业务提供数据支撑。

三、应用成效

自然资源信息管理平台打破了信息壁垒，避免了因数据掌握不全造成顾此失彼的现象，简化了业务流程。平台里涵盖土地、林业、生态红线等大量数据，可以采用空间智能分析算法，对项目选址是否符合国土空间规划，是否占压生态红线，是否重复批地、重复供地等情况进行规划符合性审查，智能出具审核报告，让土地资源管理更加精准、权威。这些智能化数据分析，对功能区招商引资等业务的开展提供很大帮助。

城阳区建设用地审查报批系统于 2022 年 10 月正式运行，目前已办理 327 个报件，取得显著成效。

（一）优化审批流程，提高审批效率，减低审批成本

城阳区建设用地审查报批系统的快速审批流程和智能化辅助审查有助于更快速地推动建设审批。系统的数字化流程和在线审批减少了纸质文件的使用，每年降低约 60 万元人民币的审批物流成本和 5 万元人民币的材料成本。同时，智能审查辅助功能也减少了人工审查的时间和成本，每年节约约 300 万元人民币的人力投入。

（二）高新技术支持，助力产业发展，优化投资环境

软件技术创新驱动了城阳区的信息技术产业的发展。科技公司积极参与系统的开发和维护，提高了其技术实力和市场竞争力。此外，项目的实施为城阳区带来了稳定的工作机会。截至目前，已创造了估值 200 万元人民币的经济效益。员工的工资水平相对较高，提高了他们的家庭收入水平，增强了他们的消费能力。此外，企业和开发商能够更迅速地获得土地审批批文，从而加速项目的启动和实施。这不仅有助于提高项目的经济效益，还有助于城阳区招商引资，进一步推动了地方经济的发展。

汇聚视频数据资源　赋能城市综合治理

青岛市即墨区大数据与电子政务服务中心

　　根据山东省、青岛市有关要求和数字即墨整体规划，青岛市即墨区搭建了智慧即墨视频监管云平台。该平台建设了移动视频调度系统、数据存储系统、网络传输系统、视频采集系统等，部署了全区统一的视频共享平台，开发了部门业务应用系统，完善了前端视频采集系统、配套网络系统及存储系统，解决了部门视频监控平台杂乱多样、标准不能统一、接口无法兼容的问题，避免重复投资、信息孤岛、应用单一等现象，夯实了数字即墨建设基础。

一、主要做法

　　平台分两期实施，一期主要建设平台应用系统、数据存储系统、网络传输系统、视频采集系统，实现全区统一的视频监管应用平台；二期整合部门自建视频，进一步增加视频监控密度和广度，优化监控点位和监控目标，实现图像分析、视频研判等智能化应用。

（一）共享平台及智能化系统

　　搭建起全区统一的视频监管云平台，实现对视频采集设备的统一接入、管理，资源共享，并依托云平台，研发山林防火、文物保护、人脸识别、积水监测等部门的业务应用系统，实现图像分析、人脸识别、视频研判等具体应用。

（二）视频采集系统

两期先后新建社会治安高清监控 6000 余处，其中，村庄新建视频探头 4000 多个、镇政府（街道办事处）驻地新建视频探头 1000 个、城区视频探头 1000 多个（含枪球联动一体摄像机 10 套、全景高清摄像机 10 套、人脸识别摄像机 20 套、移动布控 100 套）。按部门业务需求建设高清智能化专业监控 669 路，其中，山林防火监控 10 处，重点防化企业 354 处，文物保护 132 处。

（三）综合整治卡口系统

新建 23 个标准卡口、126 个微型卡口，对辖区出入口、重要路段、关键及重点区位进行全天候实时检测与记录、分析，结合公安、城建等业务系统，实时对预警车辆进行管理。

（四）高清监控整合系统

按照视频监控集约建设、高效管理、精细布局，通过平台融合、跨网转接等方式接入住建局、水利局、交警大队、生态环境分局等部门视频监控，实现了重点领域实时监控，异常情况及时处置，突发情况智能研判，全面提高了社会各领域治理能力和水平。

1. 在交通出行领域

对城市容易积水的道路，采用水位监测和视频监控相结合的方式，及时识别道路积水情况，并通过 LED 屏发布积水信息，为市民提供了安全交通出行服务。

2. 在社会治安领域

充分发挥公安视频大数据等实战应用平台作用，2023 年以来，协助破获各类案件 500 余起，占案件总量的 90% 以上，全区入室盗窃、盗窃电动车、盗窃摩托车案件分别同比下降44%、53%、68%。在中国共产党成立100周年和各级"两会"等重大安保活动中，充分利用视频监控系统强化社会面安全管控，确保了活动期间全区社会大局持续稳定。

3. 在城市管理领域

依托智慧即墨视频监管云平台视频监控联网共享，对店外经营、乱堆物料等14种城市管理违法事件进行自动识别抓拍。2021年以来，累计自动抓拍案件10万余条，自动抓拍准确率达到90%，处置率100%，市民投诉量同比下降39%，全面提高了市容秩序精细化管理程度。

4. 在自然资源领域

通过视频预警监测系统，建设视频监控点119处，实现对覆盖范围内的森林防火、违法采矿、海洋违法等行为进行实时监控、录像取证、主动告警，有效解决了监管区域大、人力监管难的问题，提高了全区自然资源保护的综合防控能力。

二、特色亮点

智慧即墨视频监管云平台拓展了社会治安和部门行业视频监控覆盖广度、密度，实现全区各部门间视频资源的共建共享，为重大活动安保提供安全可靠、稳定高效的视频图像支撑。通过云计算、大数据、人工智能等先进技术，实现视频图像解析、多维数据融合等功能，提高了公安视频排查效率、智能化案件串并效率、案件侦破效率等。同时，山林防火、道路积水监测等智能化管理系统实现事前预警、及时处置等现代化管理。通过构建沟通快捷、运转高效的城市管理新机制，有效提高了即墨区城市管理和政府公共服务水平。

（一）人工智能、数据融合，推进视频智能化应用

通过 AR 全景、人脸抓拍、枪球联动等智能化前端监控设备，实现城区重点单位、场所、路口等全天候全覆盖的治安监控感知体系，并通过视频解析、深度学习等新技术，部署视频智能分析、人像识别能力，以 AI 为驱动实现视频图像的智能解析，构建 30 余种技战法模型，10 余种实战专题应用，变视频的被动防御为主动识别，实现视频数据的信息化、情报化和智能化，促进社会综合治理持续提升和创新。

（二）提前预警、及时应对，提升视频服务质效

通过城市道路积水监测系统，实现重点区域的积水预警、智能化预案和便民信息发布等功能，及时疏导积水路段，提高市民出行的便捷性与安全性，并避免积水区域二次拥堵，方便快速疏通；通过山林防火预警系统，实现对重点林区火情、林业植物资源 24 小时不间断智能化监管；通过文物保护视频监控系统，提高文物保护、打击破坏文物犯罪行为的能力。项目实现了针对不同部门应用的图像分析、视频研判、GIS 辅助等具体应用，有效提升即墨"全面感知、服务便捷"的能力。

（三）深度学习、应用创新，彰显视频智能服务

构建创新型应用基础，部署视频智能分析、人像识别、多维数据融合、云计算、云存储、大数据等创新设计，构建人脸、车辆、特征等大数据系统，形成覆盖全区范围内的人脸库、车辆库、特征库等视图库，使数据资源应用更加高效、及时、全面，使治安防控和城市管理更加智能化。项目充分考虑未来智慧城市建设的技术要求和功能要求，以智能化、自动化、人性化的原则，引领智慧城市建设方向。

（四）统一整合、数据共享，促进视频资源共建共享

通过对全区范围内的监控资源进行统一整合和运用，实现各部门间数据共享应用；打造了包括公共基础治安、社会资源整合、公安打击犯罪、城市智慧管理等多个方面的云图，实现了区视频监控资源联网共享，突破了原有各部门业务壁垒和信息屏障，提高了视频图像资源利用率。

（五）定制开发、互连互通，推进视频集约化建设

以人为本，定制化开发建设山林防火、城市道路积水、文物保护等智能监管系统，实现事前预警、及时处置等业务功能，减少城市管理人员工作量，提升工作效率，降低城市管理成本，提升了城市综合治理水平，提高了市民生活安全感、满意度。

三、应用成效

智慧即墨视频监管云平台的建设，可以有效整合政府部门新建视频资源，打造全区统一的视频监管云平台，实现智慧即墨视频大联网和视频数据共享应用的基础要求。同时，通过对前端点位的建设，加大视频覆盖的范围，增加对人员、车辆的监管，有效加强城市公共安全管理的需求，从而降低城市案件发生率，提高城市管理效率，增强即墨人民的安全感、幸福感，为建设和谐即墨、幸福即墨提供了基础支撑。

（一）经济效益

智慧即墨视频监管云平台项目以完善城市公共服务设施、提高城市运营管理水平和效率、增强公共产品和服务供给能力为目的，是使用者无付费项目，属于非经营性项目，项目实施无直接经济效

益，但间接经济效益巨大。

1. 降低警力成本

智慧即墨视频监管云平台大幅提升了即墨公安机关开展巡逻防控、打击违法犯罪、维护社会稳定、服务人民群众的工作效率，为城市综合治理及科技强警开辟出一条新途径，提高了城市管理现代化水平。

2. 降低社会管理成本

智慧即墨视频监管云平台可为公安、城建、城管、气象、水务、园林和街道（镇）以及电力、燃气等政府职能部门和行业、系统提供视频图像资源，节省政府投入，同时，相关政府职能部门和行业、系统可根据视频图像开展针对性管理，可以降低社会管理成本。

3. 促进即墨区信息产业发展

智慧即墨视频监管云平台项目将带动即墨区其他行政单位和企事业单位信息化建设的硬件需求、软件需求和新技术需求，进一步促进即墨区信息产业蓬勃发展。

4. 改善投资环境

智慧即墨视频监管云平台项目是建设智慧城市的重要组成部分，能改善投资环境，促进经济和社会发展。

（二）社会效益

智慧即墨视频监管云平台可以帮助即墨实现智能化监管，提高公共安全治理水平，提高城市运营管理能力；及时发现、处置各类违章占路经营、违法开挖等行为，有效监控公共设施；加强对高危企业、重点区域的实时监控管理，及时发现处置事故隐患，提高安全生产水平；实现对污水、废气排放监管和预警，为环境保护提供远程监控管理，提高环境综合治理水平；能够避免部门分散建设，重复投资；能够促进部门行政管理创新，提高服务效能。主要社会效益如下。

1. 实现公共安全的稳定剂

借助视频信息，有效提高危害公共安全事件发生后的处置能力，有效加强城市交通管理的疏导，提高人们的安全意识，减少出行人员的违法行为。

2. 提升城市管理的加速器

借助视频信息，提高城市管理的效率，对影响市容环境的摊贩占道经营、商铺乱搭乱建、机动车违停等不文明行为进行整治，塑造良好的城市环境。

3. 促进安全生产的稳压器

借助视频信息，对城市中存在的各类危化企业进行监管，通过视频监管，提高各类危险化学品生产企业对自身生产环节的安全意识，加大企业对安全生产的投入和管理。

4. 优化生态环境的助推器

借助视频信息，对城市中存在的各类生产加工企业进行监管，通过视频监管，提高各类生产加工企业对自身生产环节的环保意识，加大企业对环保设备的投入和管理。

该项目 2019 年、2020 年连续两年被评选为"青岛新型智慧城市典型案例"，2020 年被评选为"青岛信息化百佳典型案例"，2021 年被评选为"青岛信息化优秀解决方案奖"和"第一届中国新型智慧城市创新应用大赛智佳奖"；2022 年被选入"青岛市视频智能应用创新试点名单（第一批）"，并被评为"山东省新型智慧城市优秀案例"和"山东省新型智慧城市网络安全创新案例"。

升级"城市大脑" 建设智慧平度

平度市大数据和电子政务发展促进中心

平度市作为山东省面积最大的县级市，社会治理压力相对较大。为此，平度市升级"城市大脑"，形成了综合治理信息化管理体系，极大提升了政府综合治理效能，为建设人民满意的服务型政府和建成宜居幸福的现代化城市提供有力技术支撑。

一、主要做法

近年来，平度市积极落实数字强省、数字青岛规划部署，加快新型智慧城市建设步伐，建成全省县级市中首个城市大脑，搭建计算资源平台、数据业务平台、算法服务平台，初步实现了对城市运行的及时感知、公共资源的高效配置和突发事件的快速处置，各项指标在山东省乃至全国均处于领先水平。

作为平度智慧城市建设的中枢系统，"城市大脑"着力打通城市各类信息和数据孤岛，改变以往各部门建设各自的系统、相互之间不关联的情况，全面推进跨层级、跨部门、跨系统的信息资源共享共用。

二、特色亮点

（一）优化运行模式，搭建协同高效的组织架构体系

1.建立组织保障机制

成立数字平度建设领导小组，由市委书记、市长任双组长，顶

格推进数字平度建设工作。领导小组下设办公室，负责各级各部门规划、项目、数据及行业一体化统筹。在此基础上，为高效有序推进社会治理大数据平台建设，成立由市委政法委、公安局、应急局、城市管理指挥中心、大数据发展中心等 10 余个单位组成的项目建设工作推进小组，组建综合协调、城市大脑、雪亮工程、智慧安监、智慧城管、智慧公交、指挥中心及展厅 7 个建设专班，从全市抽调业务骨干，负责相应业务板块、底层支撑平台的工作协调和建设推进。每周定时召开工作例会，及时调度平台建设最新进展，协调解决制约推进的具体问题，确保各项工作齐头并进、无缝衔接。

2. 施行"政府主导 + 市场化运营"模式

坚持政府引导和市场主导并重，由平度城市开发集团、杭州数梦工场、青岛浙江商会共同出资成立青岛城市大数据运营有限公司，作为项目建设和运营载体，按照"优政、便民、利企、兴业"的原则，以"统一规划、统一建设、统一管理、统一运维"的模式，规划建设智慧城市，并通过智慧应用模型、脱敏数据增值等服务获得收益，在有效减轻政府投入压力的同时，以稳定收益来保障智慧城市的可持续发展。

（二）建好神经末梢，实现数据资源全领域精细化覆盖

1. 打破部门壁垒，构建"数据池"

根据智慧化场景综合管理、联勤联动需求，共享接入了城管、应急、交通、公安、卫健、水利等部门的 23 个业务系统，横向打通了公安视频专网、互联网、电子政务外网等网络，实现了天网工程、水库监控、危化品监管、森林防火等专业领域的 2.2 万余路视频监控的共享共用，建设了涵盖公众服务、内部管理、应急指挥等多方面内容的大数据资源池。截至目前，通过数据汇聚和智能分析，累计汇集数据 27 亿余条，"城市大脑"通过智能分析，能够对综治、城管、安监等领域 50 多类违规事件进行 AI 识别分析，为社会治理

效能提升提供了有力支撑。

2. 科学梳理整合，打造"数据城"

根据人、地、事、物、情，分门别类划分和整合数据，持续提升数据分析能力。目前，已梳理和汇集平度辖区内人口数据 119 万余条、房屋 44.5 万余条、古力盖等城市部件数据 30 万余条，并实现了对社区矫正人员、贫困人员等 10 类重点人员数据，小卫生室、小餐饮等 9 类小场所数据，以及学校、医院、加油站、重点危险化学品生产企业等重点场所数据的全量汇集，为全市提升社会治理智慧化水平提供了翔实可靠的海量数据。

（三）坚持场景驱动，推动技术、数据、业务协同发展

1. 以社会治理为突破口，激发"城市大脑"治理效能

一是打造市域治理平台，实施网格化管理。在全市划分了 2079 个网格，配备了 2140 名网格员对网格内基础信息进行采集、上报，依托"城市大脑"的数据处理能力和大数据算法对事件进行精准分析，初步构建起"全面感知、全域覆盖、全网共享、全时可用、全程可控、全民参与"的智能市域治理体系。

二是打造智慧城管平台。研发移动视频智能识别信息采集系统，开放移动车载、无人机等智能巡查系统，初步构建起"空地一体"全新信息采集工作模式，在全省县级市率先实现沿街晾晒、垃圾冒溢、占路经营等 12 类问题自动智能识别采集，直接进入平台闭环处置，系统准确识别率达 96.5%。

三是打造智慧安监平台。累计汇聚全市 300 余家化工危险化学品生产企业、15 个重大危险源、88 种危险化学品的基础安全风险数据，完成 144 家加油站智能摄像头接入，实时掌握辖区重大危险源罐体压力、液位等数据，并通过智能精准的图片特征算法，自动识别危险化学品生产企业装卸油作业、动火作业等安全操作情况，

将事故事后处置向事前预警转变。

2. 以为民服务为落脚点，让人民群众共享智慧生活

一是自主研发公交大数据云图。即时查取全市 492 辆公交车、37 条公交线路、2388 个公交站点及全市所有校车数据，获取运营车辆、运力情况、站点分布、线网指标等情况并实时监管，同步推出公交便民 APP，提升广大市民的公共出行体验。

二是打造社会信用管理平台。创新性提出"信用＋社会治理"，将"以诚为本，用信引路，信用治市"作为核心思想，做到对自然人、法人和非法人组织进行多体系、多领域、多维度信用评价管理，用"诚信"构建起"人人有责、人人尽责、人人享有"的社会治理共同体。

三是构建平度市智慧社区一体化管理平台。推广智慧社区公众号，可实现社区车辆、人口、房屋档案管理，社区立体化防控以及政务服务、缴费查询、便民网购、社区医疗、居家养老、家政服务、电子投票、退役军人服务、就业创业支持等一系列智慧化便民服务，提升居民的获得感和幸福感。

三、应用成效

以"城市大脑"为底座，数字平度正加速发展。目前，平度"城市大脑"已接入市域治理、智慧医疗、热线管理等 24 个应用场景，涵盖政务服务、医疗、安监、社会信用等多个领域。

（一）社会治理能力不断增强

在"城市大脑"的统筹推动下，平度市社会治理能力不断增强。首期新型智慧城市建设，以提升社会治理体系和治理能力为出发点和落脚点，推动社会治理模式由经验治理向数据治理转变。"城市大脑"为事件处理、风险感知、决策分析提供智能化支撑，形成基层风险全息感知处理模式，推进社会治理精细化管理升级。截至目前，"城市大脑"平台已累计处理各类事件 628 万余件，办结率达 100%。

（二）民生服务应用效果明显

打造区域智慧医疗综合服务平台、医保基金结算管理平台，推进全市医疗数据资源互通共享。开发"平读心声"市民诉求化解平台，听取群众意见和建议。

（三）产业发展势头逐渐向好

依托"城市大脑"开发智慧园区综合监管平台，推进平度经济开发区数字化转型，构建起"1 个开发区大脑 +1 张图 +N 个应用场景 +3 个应用端 +1 个展厅"的管理体系，将数字化触角延伸至园区管理和服务的最前端。平度市化妆品制造（睫毛）产业大脑入选山东省"产业大脑"建设试点名单，新河化工基地获评 2023 最具发展潜力化工园区（潜力 10 强）、中国智慧化工园区。

2020 年 12 月，平度城市大脑参展第六届中国智慧城市博览会，受到新华网、CCTV-2 财经频道、青岛电视台等多家媒体广泛报道。2021 年，青岛市城市云脑现场会在平度城市大脑指挥中心召开。2022 年以来，平度"城市大脑"建设成果先后在学习强国、《大众日报》、青岛电视台等多个平台宣传推广。

胶州市打造非现场智慧监管新模式

青岛市生态环境局胶州分局生态环境监控中心

目前，各环境监管部门的业务系统由于建设时间、技术路线等原因，导致业务系统繁多且各业务系统缺少关联，造成"信息孤岛"。对污染严重的工业污染源监管手段还停留在"在线监测数据"的监管，无法做到全过程、全要素监管，无法保障在线监测数据质量。对辖区内生态环境缺少数据整合分析，无法形成有效的数据合力，无法做到"点源—面源"的全线监管，不能实现污染来源的溯源分析。缺少大数据、可视化的分析与呈现工具，无法做到"宏观—微观"的整体掌握，无法有效地协助管理人员进行决策。多系统、多数据库并存，服务不同的群体，数据不一致影响政府公信力。

一、主要做法

"上合 e 环"数智监管平台是一个专注于环境信息化的环境监管弹性云平台，可以继承已有的业务和数据资源，将不同系统整合在一起，打破业务流程不通畅、业务数据不一致、信息孤岛的僵局，形成"一个大屏、一个中心、一个平台、一套服务体系"的智慧大数据平台。通过"上合 e 环"平台的建设，在全向互联、全域协同的环境质量全要素感知体系的基础上，逐步建立完善的系统数据互通共享的环保管理体系，利用大数据平台的高性能分析能力，对环境数据进行二次分析，实现环保数据的价值提升，提升胶州市环保"监测、分析、环境管理"能力和环境信息化应用能力，构建具有示范意义的"智慧环保"体系。

胶州市已建成由大气环境、水环境、工业污染源及移动源等九大类业务系统，环境空气自动监测站、地表水质自动监测站、重点污染源自动监测点等 2415 个监测点位组成的监测体系，实现了数据统一采集、统一展示、统一分析、统一预警、统一处理的基础体系，实现了对大气、地表水、企业废气、废水、餐饮油烟、边界地区跨境倾倒、焚烧固体废物及垃圾等环境要素的全面监控，确保各监控点源实时数据、排放情况及时掌握，做到突发环境应急事件全时远程调度，实现了"人防"到"技防"的转变，从"数据孤岛"到"交互共享"的跨越，为生态环境治理、执法监管、城市扬尘整治、移动污染源减排等领域提供了基础数据支撑。

（一）大气环境方面

1. 环境空气自动站

环境空气自动站包含 14 个镇街空气子站，为发挥数据引领作用，指导改善胶州市环境空气质量，我们每天对数据进行分析，对数据较高区域重点开展治理，制定了数据使用办法。

2. 商砼企业扬尘在线监控

商砼企业扬尘在线监控包含 33 家商砼企业颗粒物及视频监控。系统每小时与所在镇街空气子站进行比较，超过 40% 实施自动提醒，日均值超标，执法人员进行帮扶，商砼企业扬尘较大的问题得到了有效解决。

3. 出租车扬尘走航

出租车扬尘走航包含 30 台出租车的扬尘自动监控设施，对胶州市道路扬尘情况进行实时监测，为道路扬尘整治提供了科学依据，通过实时数据提醒，有效地压实了责任，实现了道路扬尘减排。

4. 雷达监测

雷达监测是指通过走航车搭配雷达扫描，对环境空气进行快速监测，并根据监测出的污染物浓度描绘污染地图，直观反映区域空气污染物排放分布情况，快速确定重点污染区域。

5. 无人机监控

无人机监控是指快速到达指定地点监测指定区域，实时回传高清影像数据，自动生成监测区域的面积，实现监测无死角。

6. 餐饮油烟在线监控

餐饮油烟在线监控是指在重点区域对 98 家餐饮企业安装在线监控设备，对油烟治理情况进行 24 小时不间断监测监管，对超标数据及时移交处理，切实改善油烟污染问题。

（二）水环境方面

系统包含 12 个地表水站，实施水质每日通报制度，根据数据实时掌握了跨境来水情况、本地地表水断面水质情况，有针对性地开展治理工作。

（三）工业污染源方面

1. 重点污染源在线监控

利用物理模型、传感器，通过数字孪生 AI 等技术，以"全景数字站房"的方式，实现对在线监测站房的全过程、全要素、全行为实时与动态的立体预警监管，让环境监管实现从"线下跑断腿"到"线上动动手"的巨大跨越。该系统包含了胶州市 60 家重点排污单位。通过对多次时均值超标的单位加强人工监测、约谈等手段，督促企业提升污染防治设施运行效率，减少污染物排放。

2. 中小型企业预警系统

系统包含533家产生挥发性有机物的中小企业，通过电流情况，实时监控其污染防治设施运行情况，完成了"以数据引领执法、由人防向技防转变"，解决了胶州市中小型企业数量大、监管人员不足的问题，同时督促企业正常使用污染防治设施。

（四）移动源方面

1. 机动车尾气遥感系统

采用可调谐激光吸收光谱（TDLAS）技术遥感检测尾气浓度，用于筛查城市高排车辆，限制重污染车辆进入限行区域，为机动车排气污染物和空气治理控制决策提供数据支撑。

2. 非道路移动机械定位系统

系统包含700辆非道路移动机械。通过非道路移动机械位置信息监控设备向监控平台实时传输机械位置信息、使用工况、工作时长等信息，实现对非道路移动机械的综合有效管控，满足监管部门的管理需求与精准执法。

二、特色亮点

（一）搭建"上合 e 环"数智监管平台，建立环境监管长效机制

深化环境监管体制改革，实现城市环境监管管理资源的横向共享和业务整合。胶州分局按照"属地管理、分级负责、无缝对接、全面覆盖、责任到人"的原则，以"上合 e 环"数智监管平台提供的实时数据为基础，划分监管网格、落实网格监管人员、制定工作

规程、明确精细化管理要求等，依分工对网格内的企业开展监管工作，并指导相关环境监管部门开展网格化监管工作。各环境监管部门负责网格化管理工作的具体实施，进一步划分网络、落实人员、开展巡查等，全面推进网格化和精细化监管工作。以空气质量监测系统为例，根据城市面积，将需要监控的区域按照街道细分为网格监控区域，布设覆盖整个区域的监测仪器设备，实时评估空气质量动态变化。结合网格员的常规监测、立体监测、移动监测数据，达到真正意义的"区域网格全覆盖"。通过建立"横向到边、纵向到底"的网格化智慧管理系统，深度融合"发现问题—任务分发—跟踪督办—办结归档"的闭环联动工作机制，保证了环境监管过程中问题能够被及时发现、及时处理、及时解决、及时反馈，逐步建立了发现迅速、分工明确、责任到位、处置及时、运转高效的环境监管长效机制，打造了"监、管、治"一体化的闭合链路。

（二）建立预警机制，实现对超排偷排污染源的事前监管

依托污染源非现场在线监控、中小型企业预警和视频监控，对污染物排放实时记录、预警和关停，发现超标排污，第一时间发送预警，第一时间进行查处，杜绝超标排污和偷排偷放等违法行为，使生态环境部门牢牢掌握了工作主动权，倒逼企业落实环保主体责任，强化企业"自主管理和自证守法"意识，"黑白厂"和"开关厂"问题得到根治。

（三）打造决策调度指挥链，构建共治同心圆

按照"横向衔接、纵向一体、无缝互联"的思路，构建"一个大屏、一个中心、一个平台、一套服务体系"的智慧大数据平台。实现用"数"说环保、看"屏"作决策的管理目标，对事件、人员、进度等信息进行深度整合，纵向打造决策调度指挥链，充分调动监管部

门、执法部门以及社会群众参与环境监管的积极性、主动性、创造性，发挥各部门、各企业自监自治基础作用，快速定位问题点位，及时掌控事故现场情况，便于科学协调、决策、调度、指挥，统筹胶州市环境执法力量形成合力。

（四）创新非现场监管手段，执法向"前端"延伸

进一步完善了环保数据化智能监测网络，在全市涉木器、金属表面涂装、包装印刷等 VOCs 行业安装电流预警系统，利用传感技术实时收集关键电气参数，实时检测治污设备的运行状态和停产限产的异常状态等信息，得出企业治理设施未同步开启、停限产未执行到位的分析结果，实现对企业生产设施和环保设施用电的联动实时监控，监管部门可以通过手机 APP、Web 端精准掌握各类企业生产状态的实时信息，改变了环境执法被动响应式调查处理的局面，真正实现环境问题由"惩"与"罚"到"防"与"督"的转变。

（五）创新非现场监管手段，全景数字站房

该平台以"全景数字站房"的方式，在平台还原污染源现场在线监测站房，实现对在线监测站房的全过程、全要素、全行为实时与动态的溯源化监管。平台结合数据算法分析模型对疑似弄虚作假、疑似不规范运行、异常数据等事件，自动触发推送，并对报警事件全程跟踪留痕闭环管理，形成了自动监控违法行为的"闭环证据链"，有效解决了弄虚作假行为发现难、取证难、案件办理难的问题；充分发挥了在线数字化监控"千里眼"作用，明确了现场执法的任务目标，精准打击了自动监控设备不正常运行和篡改、伪造自动监测数据等弄虚作假行为；大幅减少了对守法企业的检查频次，让环境监管实现从"线下跑断腿"到"线上

动动手"的巨大跨越。

（六）创新优化数据管理，助推精准科学治污

充分发挥信息化建设成果以及监测数据的作用，使"精准治污、科学治污、依法治污"落到实处，制定了《胶州市环境数据闭环应用办法（试行）》，构建了"数据获取—转交—处理—反馈—归档销号"的监测数据闭环应用机制，实现了内部、横向、纵向数据交换共享，破除了内部数据壁垒，实现了对污染问题及时、精准、科学、有效管控，精准有效打击各类污染行为。该办法建立以来，每月对闭环数据处理情况进行调度汇总，书面向分局党组报告，为生态环境治理提供了高效、科学的支撑。

三、应用成效

（一）构建了全天候监控监测体系

依托"上合e环"数智监管平台及2415个监测点位，构建了全天候、全时空的监控监测体系，实现对各环境要素的监控全覆盖。通过实时监测、过程监控、数据分析、决策支持流程，实现数据超标第一时间报警、异常数据第一时间转办、执法人员第一时间赶赴现场，节约了管理成本，缓解了执法力量不足，极大地提高了执法效率。

（二）打破"数据孤岛"，保障数据引领作用

"上合e环"数智监管平台实现了从"数据孤岛"到交互共享的转变，解决了胶州市企业数量多而监管人员不足的问题，做到从人防到技防的转变。同时，制定《胶州市环境数据闭环应用办法（试

行）》，对超标异常数据及时转办至责任科室，责任科室反馈处理意见，发布数据应用月通报，建立"通报转交—处理反馈—核查销号"的数据闭环监管机制，与其他职能部门实现数据共享，确保监测数据真正起到"引领"效用。

（三）提高重污染天气应急管理水平，实现监管治一体化

"上合e环"数智监管平台打通了对中小企业环境监管的"最后一公里"。根据平台报警、视频调取查实，可以在重污染天气应急管控期间，落实中小企业响应天气应急预案，对未启动响应措施的企业进行报警，第一时间派出执法人员现场调查处理，并督促企业整改，整改结果及时反馈，对未及时做出整改的依法进行处理，实现环境监管工作的过程管理和结果控制，使执法向前端有效延伸，实现对企业生产运行无死角、全流程、精细化管理。

（四）为环境管理提供技术支持

通过实时采集各类污染源信息和环境信息，建立智能的数据中心，为开展环境统计、环境质量报告书编制、环境应急、环境执法、环境信息系统建设等多项业务提供数据支撑。对于发生突发环境应急事件具有远程调度功能，可及时通过信息监控中心掌控事故现场情况，便于科学协调、决策、调度、指挥。

筑基、强链、赋能
推动传统审计向智慧审计转型升级

莱西市审计局

近年来，为贯彻落实习近平总书记关于加强科技强审的重要指示精神，莱西市审计局按照《山东省智慧审计三年行动计划》和上级审计机关工作部署，通过"筑基、强链、赋能"三步走，着力推动构建以技术支撑体系为纽带、以数据资源管理为基础、以大数据审计机制为核心、以专业人才队伍为保障的审计工作新格局，推动传统审计向智慧型审计转型升级，实现审计工作高质量发展。

一、主要做法

筑基：夯实智慧型审计基础。

（一）加强顶层设计，建立健全制度基础

在总体设计上，成立信息化建设和大数据审计工作领导小组，制订了《信息化建设和大数据审计工作方案》，对四个方面15项工作目标任务实行项目化、清单化、责任化管理，倒排工期，挂图作战。为规范审计数据使用行为，提高审计数据利用水平，制定了《数据分析室和数据存储中心管理办法》和《大数据审计工作流程》，进一步明确了审计业务员、数据分析员、数据管理员和数据操作员

四类人员职责和分工，对审计人员报送、恢复、查询、分析、输出审计数据进行了规范，形成与审计项目融合的数据采集和分析大数据审计工作流程。

（二）加强基础设施建设，打造审计信息化综合作业平台

高标准规划建设了数据存储和数据分析中心，配备 1 台 20T 容量的数据存储服务器和 6 台分别安装 ORACLE、SQL SEVER、ARCGIS 和神通数据库等分析软件的数据分析终端，依托审计署"金审工程"三期系统、省厅"一体化"数据平台、地理信息"一张图"系统、BIM+ 技术平台和青岛市审计局公共工程造价软件等，打造审计信息化综合作业平台，为实现财政财务数据、地理信息数据和固定资产投资数据及其他业务数据集中采集和集中分析，提供良好基础设施保障。财政审计作为智慧审计试点项目，财政大数据分析团队以大数据研判中心为作业平台，依托 6 台数据分析终端开展审计作业，实现对财政财务数据和其他业务数据集中采集、处理和总体分析。

（三）加强大数据审计人才队伍建设，夯实人力资源基础

强化"科技强审"人力资源保障，成立信息化建设和大数据审计工作领导小组办公室，由分管副局长担任办公室主任，建立"办公室＋大数据团队"的组织模式，组建综合、财政、国企、投资、资环和民生 6 个大数据分析团队。一方面，加强人才培养。有计划地组织和选送大数据分析团队成员通过参加计算机中级审计资格培训、线上教育、"以干代训"和实战比武等多渠道学习和实践大数据审计。另一方面，加强考核监督。落实"以用为主"的原则，将大数据审计工作开展情况纳入科室年度综合考核，实现大数据审计

成果与优秀审计项目评选挂钩，没有大数据审计成果的审计项目不得作为优秀项目向上级审计机关推荐。2021年以来，新增审计署、省厅计算机中级资格2人，累计选派7人次参加省厅组织的税收、医保基金等审计项目，向省厅推荐计算机、科教文卫、社保、法制审理等审计人才库人选6人，获评财政大数据审计技能竞赛青岛市"最佳团队"、山东省一等奖。

二、特色亮点

强链：建设协同联动高效大数据审计工作机制。

强化"科技强审"组织保障，实践"数据＋业务"双主审和"1+N"大数据团队模式，形成主要领导负总责，分管领导具体抓，业务科室发挥主体作用、电子数据科发挥引领支撑作用的协同联动大数据审计工作机制。

（一）坚持"数据"与"业务"有机融合

重点项目实施"数据＋业务"双主审模式，加强审计组成员配备，对审计内容覆盖面广、数据量大、资金决策分配权大的重点行业和部门单位，采取"数据＋业务"双主审模式，一般项目至少安排1名数据分析团队成员作为审计组成员，负责完成数据采集和归集管理，联合业务审计人员进行数据分析，在把握总体基础上，发现疑点，精准核查。

（二）深化大数据团队"1+N"协同联动

按照"数据分析团队建在科室上、项目上"的"以用为本"建设理念，形成电子数据科牵头抓总、业务科室为基础、审计"青年尖兵"为主力的建设格局。2022年财政审计中，按照"数据＋业务"双主审和按业务内容划分项目组的纵横交错的扁平化矩阵式工作模式，建立和实施财政审计组和 5 个部门预算审计组"1+N"联动机制、电子数据科和业务科室"1+N"数据采集机制、财政大数据分析团队和其他数据分析团队"1+N"数据分析机制，形成以财政大数据分析团队为核心集中攻坚，预算执行、资产管理等 6 个项目组为保障的大兵团作战模式。

三、应用成效

赋能：促进审计项目提质增效。

（一）信息专报获得批示数量和层次实现新高

被青岛市委、市政府、市审计局及山东省审计厅主要领导批示信息专报 16 篇，首次获得山东省审计厅分管领导肯定性批示。山东省审计厅栾心勇副厅长在呈阅件《加强"四个建设"提升"四种能力"全面构建大数据审计工作新格局》上批示："莱西市审计局落实科技强审理念，为推动《山东省智慧审计三年行动计划》变为实际行动，以数据、机制、人才等方面做了统筹谋划，采取了很多措施，不断探索大数据审计在管理上的创新和实践，相关做法值得参考与推广，望今后工作再接再厉"；在呈阅件《聚焦主责主业 深化研究创新 大数据审计助力预算执行审计提质增效》上批示："莱西局为落实智慧审计三年行动计划，推行'数据＋业务'双主审模式，有力提升了审计工作质效，形成一些很好的成果，值得县级审计机关借鉴，望今后不断探索，再创佳绩。"青岛市审计局局长管卫东在呈阅件《充分运用大数据技术，深入开展湿地保护开发研究型审计，助力"生态莱西"建设》上批示："莱西市审计局结合地域特色，运用大数据技术开展湿地保护开发审计，探索自然资源资产审计新模式，取得了丰硕成果，很好地发挥了审计建设性作用。市局相关处室和各区（市）审计局要认真学习借鉴，共同做好资源环境审计工作。"

（二）评优赛绩覆盖面和获奖率实现突破

莱西市审计局数据分析团队参与的 2022 年实施的财政审计项目获得青岛市审计局优秀项目二等奖。在 2022 年山东省审计机关财政大数据审计技能竞赛中获青岛市第一名、全省一等奖，获评"最佳团队"。《聚焦主责主业 深化研究创新 大数据审计助力预算执行审计提质增效》入选 2022 年山东省大数据审计重点攻关选题；《充分运用大数据技术，深入开展湿地保护开发研究型审计 助力"生态莱西"建设》等 3 个智慧审计项目上榜"全省新型智慧城市建设优秀案例"；乡村振兴领域大数据审计研究成果入选青岛市大数据局《数创齐鲁行》专刊；大数据审计助力审计项目提质增效做法 3 次入选莱西市月份亮点工作；相关经验做法在山东审计、青岛审计信息等刊发推广 8 次。

"李沧智管"平台赋能城市管理

青岛市李沧区城市建设管理局

习近平总书记指出："没有信息化，就没有现代化"，信息化在国家创新体系建设及国际竞争中有关键作用，信息化已成为国家城市文明发展的重要力量，而城市发展离不开科学管理。数字化、智能化城市管理调度平台是城市管理的必然趋势，为新形势下推进城市建设高质量发展指明了方向。

为不断探索升级城市管理模式，提升治理效率和管理水平，李沧区城市建设管理局以创新信息化方管理方式，顺应新形势，通过"互联网＋监管"的创新管理模式，在全区城市治理工作中展开网格信息化和城市治理事件自动化管理，"李沧智管"平台应运而生，该平台是李沧区城市建设管理局实现城市精细化管理的重要一步。

一、主要做法

"李沧智管"平台综合运用互联网、云计算、大数据分析等科学手段，对城市管理的工作需求，进行移动端感知、上报，系统自动分析、派遣、处理、反馈和存档，可以构建更高效的城市管理模式，全面提高城市管理和服务水平。自主研发软件，实现全流程线上闭环管理：使用数字化管理调度平台，实现网格化管理、一岗双责、规范流程、主动发现，打破了"城管管城市"的传统模式，创新使用"自查自纠""互查督导",形成了广泛联动、动态监管的闭环业务流程,同时结合考评体系和数据分析系统,随着管理水平的提高,不断优化工作流程,最大限度发挥数字化城市管理的优势,针对当前痛点一一解决。

(一)网格数据信息化

李沧区城市建设管理局加大信息化发展,促进精细化管理,利用"李沧智管"平台,对市政、园林、环卫等不同类型养护公司的道路网格规范进行数字化、信息化地理编码。先后划分道路网格1225个,共计15万个坐标编码完成网格划分,网格覆盖面等划分中存在的问题一目了然,让城市管理更加精细高效。

(二)事件处理智能化

充分运用信息新技术、运用大数据分析,通过网格化,实现城市管理精细化智能化。按照"及时发现问题、及时派遣问题、及时处置问题"的工作要求,对于案件采集、受理、派遣、处置等过程中出现的问题及时进行沟通解决,城市管理智能化水平大幅度提升。建成了城市道路管理"一张网格",打造了应用广泛、功能完善、数据融合、处置高效的"李沧智管"平台。

(三)推进实施"互联网+监管"模式,实现自动化考核

工作人员可通过"李沧智管"平台后台查看城市管理问题处置问题,对处理过程及结果进行全程监督考核。城市管理工作考核实现信息化管理,"李沧智管"平台,可将每周、每月、每季度考核情况形成报告及统计分析以供参考,为进一步改善升级城市治理工作提供了详尽的数据支撑。

二、特色亮点

（一）道路网格化、信息化管理

打破城市养护公司网格各自为战的局面，统一道路网格划分，这是统一考核标准、优化城市管理机制的基础条件，并在"李沧智管"平台实现网格信息化地理编码录入，实现了李沧道路信息化"一张网"，每个网格责任到人。

（二）李沧智管 APP 城市治理事件随手拍

通过 APP 对网格员巡查和事件上报等工作进行记录和量化管理，并储存城市治理所有工作数据，为优化城市管理制度积累数据支撑。

（三）自查自纠、互查督导、日常考核多种模式并行提高养护人员积极性和主动性

通过"李沧智管"系统积极推广自查自纠、互查督导多种模式结合，配合相应的积分奖惩机制，调动各级网格养护人员的积极主动性，并对网格员巡查等工作留痕。

（四）实时调度提高工作效率

城市治理事件从发现上报到分配至相应专业、相应网格处置人 APP 不超过 3 分钟，大幅提高了事件发现率和处置效率。

（五）自动考核健全的考核机制和激励机制

通过每天任务提醒和考核周报，系统自动提醒和督促网格管理人员做好日常城市养护工作。通过考核数据的分析，逐步健全考核机制和激励机制，对发现和处理问题工作表现进行评估和奖惩，

激发城市养护治理工作的积极性和主动性。

三、应用成效

（一）"互联网＋监管"工作效果显著

在信息化之前，事件通过人工纸质上报，从上报到局业务科室再分派到相关网格员需要 1~2 天时间，信息化后，从上报到分配到相关网格员只需要 2 分钟，大幅提高了工作效率。根据"李沧智管"数据库近两年数据统计，包括市政、园林、环卫、公厕等事件共上报 10.78 万件，当前每天事件上报 900 余件，事件处置完成率达 90% 以上。

（二）信息化工作留痕是健全城市管理机制的重要数据支撑

通过网格信息化管理，事件从上报到处置全部清晰留痕，大数据积累为优化管理机制提供数据支持，先后根据运行情况不断调整，让管理机制责任到网格员并落到实处。

（三）全程监督、闭环管理

针对性对城市管理中的事件和巡查等数据局管理后台可全程监督时间处置状态，并通过大数据分析统计发现管理制度中的短板和缺陷,持续改进。同时,事件从上报到处置均通过"监督上报—执行处置—反馈审核—监督—存储"高效完整的闭环管理体系，且均有图片作为实证材料，数据真实有效，逐步形成良性工作业务循环。

"崂先办"诉求解决"崂山速度"

青岛市崂山区社会治理中心

新时代背景下，崂山经济高速发展、城市化进程加快推进。2022年，全区实现生产总值1081.17亿元，区级一般公共预算收入203.7亿元，主要经济指数和民生保障水平在全省乃至全国同类地区保持领先。随着经济社会的不断发展，基层治理领域也出现了一些新的变化，特别是崂山所特有的城市社区、城乡交界区域、农村社区"三元叠加"形态，对党建引领基层治理工作提出了新的挑战。在服务民生方面，诉求有门，但常常无应，亟须解决"民有所求，我有所应"的问题；在服务企业方面，"玻璃门""弹簧门""旋转门"的现象仍然存在，亟须解决"向谁诉求，谁来服务"的问题；在基层执法方面，基层吹哨不管用，还要靠面子、靠关系、靠交情推动执法，亟须解决"看得见的管不了，管得了的看不见"的问题。问题倒逼改革，建立全区统一、上下联动、整体推进的社会治理机制，成为必须解决的重大课题。

"崂先办"诉求解决平台的建设拓宽了崂山群众的诉求反映渠道，打造了主动服务型的全新工作方法，促成了多部门综合联动的共治模式，将新形势下的社会治理制度、技术和业务进行了有机的结合，重点解决了此前崂山区城市治理的难点、堵点问题，极大地提升了崂山区人民群众的获得感和幸福感。

一、主要做法

（一）重构赋能"五位一体"城乡社会治理新模式

崂山区结合自身特点，创新搭建以"崂先办"诉求解决平台为载体，重构赋能"一核引领"统筹、"一张网格"兜底、"一支队伍"治理、"一套制度"保障、"一个平台"运行的"五位一体"城乡社会治理新模式，以系统合力推动辖区社会治理体制机制"四梁八柱"迭代升级，更加成熟定型。

1."一核引领"统筹

全面加强党建引领基层治理，通过建设网格党组织、布局网格党群服务阵地和明确网格职责，实现党建引领与城乡治理同频共振。成立由区委、区政府主要领导担任双组长的议事协调领导小组，领导小组办公室牵头抓总，4个专班各负其责，通过召开区委专题会、常委会会议等，"五级书记"顶格研究部署，作为"一把手"工程调度督导工作落实。

2."一张网格"兜底

立足与崂山"三元叠加"的形态相匹配，根据国标规定并兼顾物业管理空白、城乡不同区域特点等因素，以无缝衔接、不留空白为原则，综合考量人口总量、小区四至、交通便利等因素，因地制宜、实事求是，不局限于规定标准搞一刀切，将全区社会治理基础网格精细划分调整为863个。以此为基础，与市场监管、综合执法、公安、税务等9个行业部门实施边界、职能和人员"多网融合"。针对税收过亿元重点楼宇划设10个楼宇专属网格，助力"中国楼宇经济标杆城区"建设，落实属地和监管条块责任，为社会治理融合形成"一张网"夯实基础。

3. "一支队伍"治理

全区共配备专职网格员 863 名，综合履行基础信息采集、社情民意收集、服务帮办代办等"七大员"职责。在此基础上，为汇聚网格工作合力，按照"1+4+X"模式配置网格力量，其中"1"是 1 名专职网格员，"4"是 1 名网格长、1 名网格指导员、1 名专业网格员警和 1 名楼长（居民小组长），"X"是指网格内的人大代表、老干部、社区工作者及志愿者等，形成汇聚各方力量的区域联动共建共治共享机制。

4. "一套制度"保障

进一步完善体制机制建设，形成"1620"工作体系。即印发 1 个纲领性文件《关于打造"崂先办"诉求解决平台推动党建引领社会治理水平实现新跃升的实施意见》；实施平台建设、网格划分、力量整合、宣传推介、费随事转和要素保障 6 项重点工作；完善"20 项配套制度"，实现规范化、常态化、长效化管理运行。明确职责清单、标准规范、考评机制等基层社会治理一揽子事项，实现有章可循、有据可依。汇总形成区直部门单位权责清单 4688 项，街道职责任务清单 188 项，确定社区（村）履行工作职责事项 105 项。制发《崂山区"崂先办"诉求解决平台会商研判工作规范》，加大对疑难复杂事项的协调处理力度，对于推诿扯皮、不履行职责的依法依规严肃处理，推动快派单、快响应、快处置，而且是高质量的"快"，实行"一诉一考"。通过会商、督办、提级办理和季度大排名等措施，在事要办结、群众满意上下功夫，畅通运转、数据赋能、要素保障、压实责任，倒逼提升诉求办理质效。

5. "一个平台"运行

以"数字平台支撑、联系群众广泛、民意表达畅通、办事成效持续提升"为总体建设思路，依托区网格化平台开发建设"崂先办"诉求解决平台。主要包括流转处办平台、微信公众号和手机 APP，对上接入市"青诉即办"平台和市社会治安综合治理平台，统一业务闭环管理流程，对下全域贯通 5 个街道、169 个城乡社区和 863 个网格，纵横联动收集办理民生、发展和执法"三大诉求"的核心运转枢纽。平台对接区云脑，试点选择公共设施损坏、占道经营等 9 个类型高发区域智能感知预警信息并及时处置。逐步整合政务热线、数字化城管、110 非警情等平台系统数据，打造一体化社会治理综合指挥平台。此外，平台汇聚人口、法人、政务热线、企业云服务等数据 190 余万条，为"未诉先办"提供数据支撑。

（二）打造"管用、好用、耐用"的"崂先办"平台

为保证"崂先办"诉求解决平台能够真正解决群众所关心的问题，成为真正为崂山群众办实事的诉求处置平台，崂山区社会治理中心以群众需求为基础，中心业务为依据，技术手段为抓手，打造"管用、好用、耐用"的"崂先办"平台。

1. 做到"管用"

建设"崂先办"大数据可视化云图，通过梳理业务，明确分析主题，根据党建引领、数据总屏、接诉即办、未诉先办、考核评价等主题领域，分级分类设计指标，从而构建完整的、全面的分析指标体系；建设未诉先办，通过对接城市云脑视频分析线索等数据，实现有效线索转换生成事件，涉及民生发展领域的事件采纳立案，通过构建专门的智能感知事件处置流转，完成事件流转、交办、反馈等功能，探索未诉先办；建设一诉一考，梳理绩效考核预置指标，对社区、街道、区直部门（单位）等考核对象进行分类分级评价分析和考评管理；建设"崂先办"推广功能，为提升"崂先办"品牌服务和宣传推广，畅通百姓诉求表达和评价通道。建设"督查箱"功能，解决诉求办理过程中的推诿扯皮等问题，实现区纪委监委、区委组织部对诉求办理的精准监管。

2. 做到"好用"

建设公众号端社区平台，社区从"崂先办"微信公众号即可掌握和办理社区内的民生诉求，第一时间解决民众的"急难愁盼"问题。

建设"崂先办"APP，随时掌握网格内的诉求概况，实现诉求事项上报、查看记录、满意度评价等功能，方便网格员工作；"崂先办"诉求上报界面接入高德地图，确保诉求处置过程中准确的定位事件位置，便于工作人员进行处置。

3. 做到"耐用"

持续优化"崂先办"诉求解决平台运行中遇到的问题，并监控"崂先办"诉求解决平台与市"青诉即办"平台的对接，确保平台高效、有序运转。

"崂先办"诉求解决平台

二、特色亮点

为全面提升群众的满意度和获得感，"崂先办"诉求解决平台坚持以人民为中心的思想，以服务群众为根本，进行了全面、务实的业务模式创新。

一是打造"一核引领"统筹、"一张网格"兜底、"一支队伍"

治理、"一套制度"保障、"一个平台"运行的"五位一体"城乡社会治理新模式。

二是开创"未诉先办"工作模式。在保证各类诉求接诉即办的基础上，依托技术感知手段，主动发现群众未报但系统感知的事件，做到未诉先办，真正落实好习近平总书记"及时把矛盾纠纷化解在基层、化解在萌芽状态"的要求。

三是充分数据融合，打造一人多诉、多人同诉处理模式。"崂先办"平台与市"青诉即办"平台、市12345平台、区云脑及区城管系统进行了深度数据打通和融合处理，充分发掘海量数据价值，进行数据智能分析，在已有业务分类和诉求解决模式的基础上，打造一人多诉、多人同诉重点业务场景。

四是智能分办，可视控制，快速响应，打造智能化业务体系。"崂先办"平台结合智能分类算法与人工分类功能，对群众上报进行快速分类响应。

五是一网通管，充分发掘网格力量与价值。"崂先办"平台以"三建联动"平台为基础进行建设，充分融合"三建联动"人员与网格数据，将平台功能、业务与"三建联动"进行智能结合，实现业务的一网通管。

三、应用成效

"崂先办"诉求解决平台不仅通过媒体进行推广，同时建立了"崂先办"公众号推广流程图，不断提升居民关注度。截至目前，"崂先办"诉求解决平台关注人数达到43余万人。平台共收到76058件诉求，结案75336件，结案率99.05%，群众满意率为95%以上，不断刷新着社会治理的"崂山速度"。

2023年，崂山的数字治理模式获得了新华网、中华网、新华社、学习强国、中国网、《人民日报》等媒体报道，共计中央级媒体报道 43 篇、省级 175 篇，《民生周刊》杂志社到崂山区社会治理中心进行调研。"崂先办"案例列入省委组织部干部培训教材，"崂先办"诉求解决平台被评为"中国智慧政法典型案例"、全国"民生示范工程"案例、"全国社会治理百强县（市、区）、中国数字社会治理优秀案例（2023）"。

大数据模型发力　助力乡村振兴

国家税务总局平度市税务局

平度市是山东省面积最大的县级市和农业大市，是全国唯一"粮油肉果"总产均跨入百强的县级市，连续 14 次荣获"全国粮食生产先进县"、8 次荣获"全国超级产粮大县"，粮食产量居全省县级市首位，平度农业在青岛乃至山东有着重要影响力。由于自开自抵、缺乏认证等原因，农产品收购发票在增值税链条中处于"开环"状态，为不法分子肆意抵扣税款提供了可乘之机。近年来，平度市税务局运用大数据算法模型持续优化农产品发票管理，打击虚开行为，筑牢防控网络，多措并举保障农产品收购发票发挥利农惠农、振兴乡村作用。

一、主要做法

（一）把握"三类风险"，紧盯"六项数据"，扎实做好风险预判

通过对大量案例分析总结，运用以数治税思维总结归纳"三类风险""六项数据"，为农产品发票风险预判提供依据和参考。

1. 把握"三类风险"

（1）政策适用风险。为降低收购费用，部分企业并非从农业生产者手中直接收购，而是从中间商贩手中收购大批量的农产品，

然后开具收购发票，在政策适用上存在风险。

（2）税款流失风险。由于收购企业自开自抵，而中间商贩既不办理税务登记，又不领取普通发票，可能造成大量税款流失。部分中间商贩供货金额甚至高达几千万元，明显高出普通农业生产者产能和体量。

（3）涉税犯罪风险。部分不法企业采取提高开具单价、虚高收购数量以及违规扩大收购发票开具范围的手段冲抵销项税，以达到进销项税额平衡，造成部分农产品经营及加工行业长期零税负申报和税负明显偏低，还有些企业通过虚开收购发票达到偷税、骗取出口退税目的。

2. 紧盯"六项数据"

（1）紧盯收购品类。企业农产品收购发票所列原材料与产成品不匹配。如传统的草柳编手工工艺品行业，原材料逐渐由麦草、玉米皮转变成布料、铁丝和纸绳，部分企业却依然开具麦草、玉米皮的收购发票作为 70%~100% 的抵扣依据。

（2）紧盯身份信息。主要包括供货人年龄异常、身份证号码违背编制规则、部分企业伪造居民身份信息，盗用下岗职工、农民的身份信息，盗用居民银行卡，伪造银行单据、公章，虚构农产品供货业务。

（3）紧盯金额数量。部分企业开具收购发票的数额明显超出当地的农产品供货能力。还有的企业开具收购发票单价明显高于市场平均价格。

（4）紧盯产能产量。部分企业用电、用工、厂房面积、仓储、生产能力等与农产品收购发票开具额、产品销售额不匹配。平度市税务局 2023 年日常评估发现的青岛某食品有限公司，其主营业务为生产腌制蔬菜，但通过实地查看发现，企业没有腌制萝卜、黄瓜的池子等设备，现场只发现初步腌制好的萝卜，生产能力与农产品收购发票开具额不匹配。现该企业已移交稽查查处。

（5）紧盯出口价格。高报出口货物价格是农产品收购、加工出口行业骗税的手段之一。以泡菜行业为例,据大数据分析统计,2022年,青岛市出口韩国泡菜27万吨,占韩国泡菜需求总量的一半以上。韩国海关公布的泡菜平均进口价格约为500美元/吨,但青岛市泡菜企业实际报关出口韩国泡菜平均价格曾高达1214美元/吨,是韩国海关公布价格的2.43倍。

（6）紧盯出口结汇。部分企业在虚报出口价格之后,想方设法通过地下钱庄非法购买外汇形成货款支付、外汇结汇的假象。例如,平度市税务局2023年日常评估的青岛某食品有限公司提供的2022年度外币账户流水情况,经大数据分析,发现该企业存在大量非发票客户汇款的情况,而且存在从离岸账户汇入美元的情况,部分货款由未发生出口业务的英属维尔京群岛、马绍尔群岛共和国、塞舌尔共和国和中国的香港地区等地国际知名避税港汇入。

（二）建立"三种思维",筑牢监控网络,不断深化风险应对

1.建立逻辑思维,创新行业监管模式

结合工作实际,研究制定《平度市税务局税收风险应对实施办法（试行）》,成立大数据和风险管理工作领导小组,下设领导小组办公室（以下简称"数风办"）和数据分析组、任务统筹组、风险应对组三个工作组,建立起"领导小组统一指挥、数风办统筹安排、风险管理科组织实施、各科室分工协作、各税源管理单位贯彻执行"的专业化风险应对工作机制。抽调各税源管理单位精干力量,组建风险应对团队,在数风办的统筹安排下开展风险事项的应对。打破以往风险管理科指导,各税源管理单位自行应对的惯例,将风险应对工作集中到领导小组统一指挥,数风办统筹安排,大大提高了平度市税务局

风险管理工作的工作质效，同时降低了应对工作中的执法风险。

2. 建立系统思维，深入开展专项整治

统筹抓好涉农发票风险管理工作，召开专项监管工作会议，局长亲自调度，顶格部署，风险管理科牵头抓总、制订计划，各税源管理单位提出困难、交流经验，各业务科室政策解答、业务支撑，办公室跟踪问效、督查督办，汇聚风险防控合力。分两批次召开农产品收购发票自查整改集体约谈会议，规范行业经营行为，整顿和理顺税收秩序，防范税收风险。以《平度市税务局税收风险应对实施办法（试行）》为指导，创建确定范围、集体约谈、纳税人自查、风险核实的"四步工作法"，制定《农产品收购发票异常风险点核实操作指引》，为核实人员提供借鉴参考。

3. 建立服务思维，持续优化营商环境

坚持服务柔性与执法刚性并重，通过政策解读、培训引导、集体约谈，加强与纳税人的沟通交流，构建和谐稳定的征纳关系。召开专题培训会，解读农产品收购发票相关涉税政策，重点讲解农产品收购发票开具风险点以及违法开票的税收行政处罚，做到早提醒、早预防。抽调业务骨干组成检查小组，首先，选取工艺品行业2户纳税人进行大数据分析、实地实证，通过以案说法、以案为鉴、以案促改，为企业整改指明方向；然后面向涉农行业280余家企业，分两批次开展集体约谈，进一步提高认识、明确红线、营造氛围。

（三）依托数据管理，深化模型运营，发票管理成效明显

1. 收购票开具数额降低

2023年第四季度，平度市辖区农产品收购企业共开具发票16.12亿元，较2022年第四季度的18.17亿元减少了2.05亿元，同

比下降 11.33%；开具户数 188 户，较 2022 年四季度的 325 户减少 137 户，同比下降 42.16%。随着数据模型运营的逐步深化，发票管理成效日渐明显。

2. 税收环境优化提升

2023 年 2 月，对青岛市最大的面粉加工企业开展核实，通过对企业发票、货流、资金流进行比对分析，证实该企业收购小麦业务符合实际，业务真实。同年 5 月，安排专人到外地对青岛某大型调味品公司的收购业务开展实地验证，实证人员根据其生产经营情况，实地查看了其购进的农产品与其实际产成品是否相符。通过核实其产品的合同、种植、采购、资金等情况，证实该企业购进农产品的业务符合实际，业务真实。

二、特色亮点

根据涉农发票专项监管工作经验，向国家税务总局、青岛市税务局提报优化建议，在农产品收购发票销售方栏次增加"关于农业生产者居民身份证号码填写监控和编码规则的强制监控"。目前，国家税务总局已采纳该建议，从开票源头规范农产品发票开具行为。构建以农产品为主要原材料的泡菜行业风险模型，采用投入产出法对泡菜企业收购行为进行大数据监控，及时发现企业虚高收购数量行为，目前，国家税务总局拟对该模型进行推广。

三、应用成效

（一）源头遏制成效明显

运用大数据算法模型识别风险企业，开展风险应对。2023 年

4月，根据大数据算法模型的风险识别结果，对两家公司进行了分析核实，核实过程中发现这两家企业存在无生产设备、出口结汇非客户汇款、进项发票资金回流等问题，有骗取出口退税嫌疑，将线索移交稽查局后，稽查局已立案查处，对虚开农产品收购发票犯罪行为起到了强有力的震慑作用，从源头上遏制了虚开农产品收购发票犯罪行为的发生。

（二）以数治税战果显著

充分发挥以数治税思维，根据青岛市税务局指导，构建去世人员供货、身份信息不正确、大额供货人、小麦补贴偏离值4个大数据算法模型，根据大数据算法模型扫描出 300 余家企业开具的 12000 余份发票存在问题，通过"四步工作法"开展风险应对工作，入库增值税、进项税额转出、入库企业所得税、调增应纳税所得额均有较大幅度增加。此次涉农发票监管工作不仅为国家避免了税款损失，同时也防范了税务部门自身的执法风险，提高了企业对税收政策的掌握和税法遵从度。

数字社会篇

聚力攻坚"高效办成一件事"
打造"双 12"民生服务品牌

近年来，青岛市以企业和群众需求为牵引、以数字化改革为主线，主动跨前一步，整合集成跨部门、跨层级、跨领域、跨业务、跨系统的"单个事项""单个场景"，在全国率先推出 12 个政务服务"一件事"和 12 个城市运行"一个场景"（简称"双 12"）重点改革事项，打造一批服务民生的标杆应用，实现办事服务由"多地、多窗、多次、多网"向"一地、一窗、一次、一网"转变，为数字中国建设贡献"青岛方案"。

一、主要做法

围绕城市运行和民生服务的痛点、难点、堵点，以需求为牵引，以场景应用为导向，从满足企业和市民对高质量生产生活需求、提升群众的获得感和满意度出发，抓住"一件事""一个场景"等"牛鼻子"工程，聚焦关键行业、关键领域，集中进行攻关突破，显著提升了工作效率和治理能力，城市数字化转型工作已形成一体化推进的良好态势。

（一）构建"三个一"改革机制

按照"需求摸上来、场景理出来、责任定下来、任务分下去、专班建起来、流程顺起来、数据汇上来、系统用起来、规范建起来"的建设路径，建立表格化、清单化、项目化管理机制和周报告、月例会等制度，每个"一件事"和"一个场景"改革事项实行"一位分管副市长挂帅一个任务、一个专班统到底、一套方案绘到底"机制。专班按照事项间的逻辑关系、数据间的关联关系，梳理"一件事"涉及的政务服务事项和"一个场景"工作范围，制订工作方案，并统筹组织工作的全流程推进。

（二）明确"六个一""六个全"改革成效

"一件事"方案按照事项间的逻辑关系、数据间的关联关系，梳理、归并、整合各类表单，研究确定流程再造后的"一件事"申请条件、申报方式、受理模式、审核程序、发证方式等要素，提出线下、线上可实现的工作路径，细化责任分工，明确责任部门、工作标准和完成时限，实现"一个入口、一个流程、一张表单、一套材料、一网集成、一事联办"的改革成效。"一个场景"方案遵循青岛市城市云脑建设指引的要求，突出关键重点，把基础的、重大的、基层亟须的项目优先做起来，实现"全数据共享、全场景整合、全业务协同、全方位互联、全系统接入、全行业统筹"的改革成效。

（三）优化"三项"改革流程

加大"一件事"和"一个场景"涉及的数据、系统、机制整合力度。数据整合改革方面，将办理过程中的政务服务事项办件数据、流程数据和结果数据等统一归集到市级统一政务服务平台。系统整合改革方面，"一件事"电脑端、手机端网上服务入口统一整合到"山东政务服务网青岛站""爱山东"APP，"一个场景"涉及的相关系统统一整合到城市云脑平台。改革体系优化方面，对改革事项建立"一张改革清单、一个改革流程图、一张改革对比表"制度，进一步明确改革成效，推动流程再造和工作衔接。

二、应用成效

（一）围绕提高人民生活品质，开展"个人服务一件事"改革

聚焦个人全生命周期的重点环节和高频事项，推出涵盖出生、教育、就业、就医、退休、养老、身故等15个"一件事"改革事项，不断提高公共服务水平。

1. 学有所教更高效

围绕"幼有所育、幼有优育、幼有慧育"的发展目标，开展"托育机构服务一件事"改革，推动婴幼儿学籍信息动态采集和管理，省内率先实现幼儿入园掌上报名。围绕解决义务教育招生报名过程中材料造假、烦琐等问题，上线"义务教育入学一件事"，整合接入9个部门14项基础数据，将过去需要两三周完成的审核工作缩短为5分钟，实现全市入学报名"零证明""零跑腿"。

2. 病有所医更便捷

围绕解决群众看病报销排队等待问题，开展"就医付费一件事""医疗费用报销一件事"改革，推广先诊疗后付费信用就医新模式，实现了区域就诊"一码通行"、医生号源"一网预约"、医疗缴费"一站结算"，就医时间从3小时缩短为1小时，有效解决了挂号、候诊、缴费排队时间长，看病时间短的"三长一短"问题。围绕解决医疗问诊重复检查等问题，开展"全市一家医院"改革，

实现 115 个检查检验结果的互认共享，25 家三级公立医院实现诊间结算，超 2100 家定点零售药店实现线上购药、药师审方、医保支付。

3. 老有所养更贴心

围绕社保待遇领取资格认证"零打扰""应认尽认"需求，开展社保待遇领取资格"无感认证一件事"改革，为全市 236 万待遇领取人员提供"无感"认证服务，养老保险待遇资格无感认证通过率超 96%。积极探索养老居家新模式，打造"空巢独居老人安全关怀一件事"，通过分析水电气运行情况及养老金发放状态、疫苗接种等行为数据，为 5300 余位独居老人提供了全链条安全监护服务。

（二）围绕营造一流营商环境，开展"企业服务一件事"改革

聚焦企业从开办到注销的全生命周期，推出惠企服务事项 20 余项，推动企业办事从"最多跑一次"向"一次不用跑""快办好办"纵深发展，降低企业办事成本。

1. 惠企政策"免申即享"

为解决信息不共享导致企业重复申报、多头申报、虚假申报的问题，开展"惠企资金申请一件事"改革，整合人社、发改、税务等 13 个部门 28 项数据，一口汇聚全市 2.5 万个政策，再造全市近 260 个政策项目资金快速兑现流程，实现企业"查政策、报项目、拿资金"的一站式服务和惠企政策"免申即享"，累计兑付惠企资金超 64.7 亿元。围绕科创主体"到处找项目、无处问政策"的现状，打造"科创主体创新发展一件事"，完成 1 万余家科创企业的画像建档，实现科创资源精准推送，支持企业"一站式"申报科研项目，帮助企业兑现 1500 多万元科技创新券。

2. 企业服务"无事不扰"

围绕企业数据重复报、多头报、报表负担重的问题，开展"企业统计报表'最多报一次'"改革，再造"部门承诺—企业授权—数据共享"流程，遵循"谁使用、谁承诺""谁参与、谁授权""谁调查、谁共享"的原则，实现统计微观数据从企业到部门的一体化、全链条即时共享，助力2100余家重点企业实现"最多报一次"，减少报送各类指标25.5万次，切实为基层企业减轻负担。

3. 企业办事"有求必应"

立足市场主体需要，以场景为出发点，梳理形成"我要开药店"等45项主题清单，将一个场景关联的多个办理事项打包为"一件事"，实现线上服务"一网通办"、线下专窗"一事全办"，平均跑腿次数压减71%、申请材料压缩60%、审批时间压减75%。以企业眼中的"一件事"为标准，对12个企业高频证照变更开展流程再造，将涉及多个部门的关联事项整合为"一事一流程"，申请材料减少40%以上，表单填写减少50%以上，办理时限压缩55%以上。

企业统计报表"最多报一次"	托管企业职工服务一件事	农民工工资权益一件事	企业注销一件事	质量检测一件事	保障性住房一件事
创业一件事	市政公用报装一件事	科创主体创新一件事	军人退役一件事	空巢独居老人安全关怀一件事	宅基地审批管理一件事
出生一件事	义务教育入学一件事	人才落户一件事	人才服务一件事	水电气暖有线与房屋协同过户一件事	就医付费一件事
医疗费用报销一件事	社会救助一件事	企业职工退休一件事	公民身故一件事	惠企资金申请一件事	企业高频证照变更联办一件事

（三）围绕构建现代化治理样板，开展"城市运行一个场景"改革

聚焦构建城市一体化规划、建设、运行、治理新模式，打造城市管理、应急管理、交通出行、文化旅游等 36 个领域系统性、一体化服务场景，进一步提升城市韧性和整体性。

1. 城市感知"一网共享"

围绕城市存在的"隐患发现难、人工探测难、预警效率低、响应处置慢、管理条块乱"等问题，实施"城市感知一张网"改革，推动感知设备统一接入、集中管理和感知数据共享利用，累计接入燃气、供排水、热力、桥梁、消防、气象等重点领域的 23.4 万余路视频监控、60 多个品类的物联感知设备资源，推动城市安全风险隐患从人工排查到精准感知、自动研判、精确预警的转变，实现城市"感知—预警—处置"全流程闭环管控。

2. 社会治理"一网统管"

围绕满足以网络化运行、海量化参与、社会化协同为特征的社会治理需求，实施"社会治理一张网"改革，打造了全息网格画像、事件协同处置等 15 个一体化应用，实现了"平时"的资源整合和网格管理，"战时"的靶向聚焦和联动指挥，居民安全感上升至 99.8%，满意度上升至 99.08%。开展"城市管理一张网"改革，整合环境卫生、综合执法等 16 个城管行业部门数据，共享住房城乡建设、园林和林业等 30 个市直部门及区（市）数据，月均流转处置城市管理问题 78 万余件，处置率为 99% 以上，实现城市运行"一网管理"；依托"爱山东"APP 上线"点靓青岛"小程序，设置"我拍我城""家政服务"等 16 个公共服务模块，实现群众诉求"一网通办"，推动社会共建共治。

3. 城市服务 "一网协同"

开展 "全市一个停车场" 改革，整合区（市）及社会停车平台，统筹接入全市停车泊位 62 万个，开放错时共享停车场 479 个、泊位 5.33 万个，道路交通运行健康指数居全国 10 个同等城市首位。整合公共交通实时信息查询、出行路线规划、低碳绿色出行、交通旅游融合等出行全流程信息服务，构建 "出行服务一张网"。开展 "一部手机游青岛" 改革，整合接入旅游资源 1.3 万余个，实现景区门票购买、酒店民宿预定、精品线路推荐等 20 余项功能，为市民游客提供 "吃住行游购娱" 的一站式服务。

构筑"农民工工资权益"数字堤坝
让农民工安"薪"不忧"酬"

青岛市人力资源和社会保障局

按照《2022 年青岛市重点推进政务服务"一件事"和城市运行"一个场景"工作方案》（数字青岛组办字〔2022〕3 号）工作部署和《"农民工工资权益一件事"工作方案》文件要求，为有效预防和化解拖欠农民工资问题，青岛市创建了"农民工工资权益一件事"平台，围绕农民工的工资保证金管理、工程项目监督、调解仲裁服务、大数据辅助精准执法等内容，打造了"全链条、一体化、智能化"的农民工工资维权治理服务门户，实现了农民工工资维权"预防、预警、举报、仲裁、执法"闭环服务，切实提高了农民工群体权益保障，让农民工安"薪"不忧"酬"。

一、主要做法

（一）场景驱动，编织"农民工工资权益"保障密网

平台将农民工工资维权业务划分为工程项目档案管理、工资保证金管理、普法宣传教育、欠薪投诉举报、劳动争议办案五个典型服务场景，针对每个场景开展跨部门事项集成，实施业务流程再造，通过网上、掌上、窗口等多元化服务渠道，为农民工群体建立

起"五个一"数字维权保障网。

1. 数字化档案"一档"流转

以工程建设项目为主线，整合人力资源社会保障、住房城乡建设、交通运输、水务管理、行政审批服务局、银行等部门业务事项和数据资源，建立全市统一的农民工工资权益"数字化档案"，建档过程自动流转，档案信息集中存储、全市共享。

2. 保证金管理"一链"协同

在"一档"的基础上，建设了农民工工资保证金管理系统。系统包含工资保证金的建档、缴纳、使用、减免、补足、返还、对账、公示等整个链路。每年约3万笔保证金业务办理实现了"一窗办理、多点协同、全程在线"，切实做到了让数据多跑路、企业群众少跑腿，使保证金管理更加高效、透明、安全。

3. 精准化普法"一屏"尽览

以移动端为阵地，利用大数据技术，结合短信、"青岛人社"微信公众号等载体，在精准普法上下功夫。让短信、微信化身普法使者，向用人单位和农民工"靶向"推送普法信息。以农民工"小角度""身边事"为切入点，编写《权益解读手册》、录制普法短视频，用"大白话"解读欠薪维权政策法规、服务流程。

4. 举报投诉"一码"办理

构建"零门槛受理"工作新机制，整合移动端、窗口、大数据预警分析等欠薪线索反映渠道，把反映欠薪线索的二维码张贴到每个施工现场，甚至安全帽上。将所有渠道采集的欠薪线索，全量接入并统一归集到欠薪线索集中处理平台中，将办案人员"首日对接""过程通知"制度嵌入系统中，重新梳理、调度工作流程，做到了全时在线、全程护航。

5. 化解争议"一键"联动

创新劳动保障监察与调解仲裁联动机制，整合监察案件、调解案件、仲裁案件的人员、流程、系统、渠道，形成一体化的线上调解仲裁服务平台。办事群众可以借助移动终端，"指尖"一键办理案件申请，支持线上案件跟踪、视频调解、远程庭审，并通过语音实时转文字在线制作笔录，实现相关文书电子送达，每年能够支持超过 2.5 万件劳动争议案件办理。

（二）流程驱动，构建"农民工工资权益"处置闭环

按照"一网统管"工作思路，平台构建了工资保证金管理、欠薪线索集中处理、大数据辅助农民工维权服务、劳动人事争议服务等四个子系统，形成"事前预防、事中调度、事后跟踪"的事件处置机制，构成了农民工工资维权"保证金托底、预防、预警、举报、仲裁、执法"多位一体的电子闭环。

1. "保证金管理"电子闭环

工资保证金管理子系统以统一工程项目建设档案为基础，实现了住建、交通、水务、铁路、民航等不同工程建设领域工资保证金的透明化、一站式管理。通过跨部门数据共享、业务协同，实现工资保证金管理的业务流、资金流、数据流、档案流同步传递，资金"收、支、管、用"全过程有痕迹、可追溯、能展现，形成了数字化的管理闭环。

2. "欠薪线索处理"电子闭环

欠薪线索集中处理子系统将来自于不同欠薪线索反映渠道的投诉举报数据全量接入、统一归集。通过对线索进行分类、分级、分区域梳理，合并重复线索，转办处理跨区域线索，根据管辖权限分配至各区（市）、各行业主管部门，做到"一窗受理、全市联动"。各类线索的来源、时限等关键信息全程可视化管理，无缝衔接劳动

保障监察系统和调解仲裁立案系统，形成了欠薪案件受理、调派、维护、跟踪、反馈等各环节数字化、一链式的联动闭环。

3. "欠薪预警防控"电子闭环

大数据辅助农民工维权服务子系统通过分析比对人社系统内部社保、就业等数据，融合市场监管、税务、水务、电力、金融、舆情监测等部门数据，监控用人单位和工程项目工资发放异常情况，对欠薪风险进行分类评估，实现分级预警。平台针对预警案件，进行处理指派、指定管辖、办理跟踪、办结反馈等指挥调度工作，并将数据综合分析后进行系统展示，形成了"欠薪预测、案件预警、预防化解"数字化风控闭环。

4. "调解仲裁办案"电子闭环

劳动人事争议服务子系统为农民工劳动争议案件办理提供了案件申请、案前调解、立案、变更追加、案件中止延期、恢复、终结等定制化、全过程、个性化的办案服务，农民工可自主申请仲裁并决定是否进行案前调解。同时，系统支持远程视频调解和线上仲裁开庭，办案人员可以在线编辑笔录，结案后自动归档并电子送达当事人，各办案环节与省级相关平台无缝衔接，形成了"疏导、分流、仲裁、送达"全流程、一链式、信息化的办案闭环。

（三）数据赋能，构筑"农民工工资权益"数字堤坝

平台坚持用数据优化工作场景、用数据延伸服务链条、用数据沉淀业务智慧，为农民工筑起全面、智能、立体的欠薪治理数字堤坝。

1. 整合资源，夯实数字维权之基

坚持数据资源和业务资源的深度融合。利用市政务信息资源交换平台和城市云脑系统实现跨部门跨业务数据资源、电子证照材料的整合共享，串联起人社内部劳动监察、调解仲裁，以及人社外

部行政审批局、住建局、交通局、水务局、银行等相关事项。根据农民工、项目建设单位、总承包单位等不同角色，采用"并事项、减材料、合表单"方式，为农民工工资维权"一次告知、一套材料、一窗受理、一同核查、一网联动"打下坚实基础。

2.挖掘政策，厘清数字维权之本

全面梳理、分析农民工工资维权相关的法律法规、典型案例、业务事项、风险指标、预警规则、处置策略，利用大数据技术，建立起维权知识图谱，形成动态的维权知识库，为日常监管、预警预防、案件办理、普法宣传等业务提升提供精准指引。

3.跟踪舆情，溯及数字维权之源

利用互联网数据采集"爬虫"技术，从青岛新闻网、半岛新闻网、百度热搜、齐鲁民生等网站抓取农民工权益舆情相关数据，拓宽欠薪线索来源渠道，及时了解农民工诉求，针对网络上的重大集体案件、重大信访案件和突发事件，力争做到有本溯源，主动防范化解。

4.预警调度，发现数字维权之需

深入挖掘税务、水电、社保、就业、信用、欠薪线索、互联网舆情等数据资源价值，通过支持向量机、条件概率、决策树等大数据分析手段，综合评估用工方的经营状况、工程进展、资金状况、欠薪风险，实现自动化分级、分类预警，结合大屏指挥调度，变"事后被动监察"为"事前主动预防、事中联动处置"，形成"抓工资维权前端，促和谐劳动关系"新机制。

5.迭代算法，形成数字维权之智

通过省人力资源社会保障厅数据接口和回传库共享数据，强化人社内部与外部之间的数据共享，充分利用人社大数据平台算力，对数据资源进行不断的积累、清洗、比对，持续挖掘政策案例，优化预警模型，改进处置流程，不断提升农民工工资维权的精度和速度。

二、特色亮点

"农民工工资权益一件事"平台在全国人社系统率先实现了住建、交通、水务、铁路、民航等工程建设领域工资保证金项目建档、应交、减免、缴纳、使用、返还全流程闭环服务管理体系，充分运用大数据挖掘分析和网络舆情实时监控等新兴手段，提前获取有关拖欠农民工工资的第一手讯息和预警，将拖欠农民工工资事件扼杀在摇篮里，有效实现在事前、事中、事后全阶段对农民工工资权益的有力保障，为推进人社行业农民工工资保护权益工作数字化、智能化发展提供了青岛解决方案。

三、应用成效

（一）全面提升数字化综合治理效能

一是汇聚人社内部和市场监管、行业主管、行政审批等外部数据资源，建立健全全市用人单位信息库（含项目）和劳动者信息库。截至目前，共采集单位信息53万家、人员信息700余万条，对开展农民工工资权益数字化治理提供了数据支撑。

二是充分运用大数据、人工智能技术，深入挖掘税务、水电、社保、工伤等数据资源价值，构建欠薪预警研判模型，实现欠薪隐患的早监控、早发现、早处理，有效降低欠薪案件发生数量，提升农民工群体的获得感、幸福感和安全感，推动优化营商环境，促进经济社会发展。

三是建立全市欠薪线索集中处理平台，实现了全市欠薪线索的入口归集、集中分办、在线流转、全过程跟踪，建立市、区（市）、镇（街道）和行业主管部门三级跨域线索处理体系，整合全市根治欠薪工作力量，利用信息化手段夯实"属地责任""部门责任"，督促各级各部门履职尽责，提升劳动纠纷基层调解、部门协同处置效率。

（二）深化筑牢农民工工资保证金运行基础

一是建设农民工工资保证金全流程在线一体化管理服务平台，通过打通与行业主管部门的数据共享通道，实现建筑项目登记信息向平台的实时归集，为政府、企业、银行多方参与农民工工资保证金管理运行提供了统一的平台服务。截至目前，平台已实现保证金存储项目 1011 个，涉及存储总金额 10.58 亿元。

二是创新农民工工资保证金管理跨部门协同联动工作模式，通过全面梳理工资保证金管理各个工作环节，实施全流程再造，充分运用信息化技术，破除各个部门间业务壁垒和数据障碍，实现各经办环节业务有机衔接、数据深度融合，有效提升工资保证金运行效率，降低管理成本。

三是助力提高农民工群体维权意识，通过在平台设置政策推广宣传专区，相关政策信息一站式发布和展示，利用大数据分析，开展政策信息精准化、个性化推送服务，降低农民工群体政策信息获取成本，有效保障农民工个人权益。

（三）构建农民工工资权益舆情管理运行机制

一是探索政企合作新模式，充分利用社会第三方机构专业技术优势和丰富的行业运营经验，委托开展网络舆情智能监控，对重要网络舆情来源，进行常态化舆情信息抓取分析，进一步拓展农民工权益舆情信息收集渠道。

二是依托全市欠薪线索集中处理平台，实现舆情发现、分析、分发、处理、反馈全流程闭环管理，持续提升舆情防范处理能力，推动青岛市农民工工资权益保护工作高质量发展。

聚焦统一与精准创新点
打造食品领域融合监管应用场景

青岛市市场监督管理局

按照山东省市场监督管理局"提升系统智慧监管能力和水平，高效推进智慧监管应用"的工作要求，青岛市市场监督管理局围绕服务型执法工作理念，按照"四聚焦四提升"工作思路，开展重点领域智慧监管提升行动。经调研，食品安全各环节使用的各级智慧监管平台多达13个，建设开发缺乏统一的规划设计，导致目前平台使用中存在数量众多、标准不统一、数据共享难、业务协同不畅等问题，制约了青岛市食品监管领域流程再造和数字化进程，影响食品生产、经营等领域相关企业营商环境建设。青岛市市场监督管理局以"进一次门，查多项事"为总目标，聚焦食品监管领域，以青岛市场主体全生命周期智慧监管平台为支撑，打造市场监管重点领域全生命周期智慧监管系统，提升市场监管重点领域智慧化水平，有效优化营商环境。

一、主要做法

（一）专班统筹，专业支撑

为更好地统筹市场监管领域各方力量,形成合力,2022年12月,成立青岛市市场监督管理局数字化转型工作领导小组。组织召开多次专题调度会，部署食品领域智慧监管工作；信息化服务部专业技术人员充分发挥技术支撑优势，深入调研业务领域数字化现状、发展需求、业务流程等，合力推动市场监管数字化转型工作。

（二）立足需求，优化功能

系统搭建"2+3+7"智慧监管体系框架。其中，"2"指系统搭建监管端和企业端，分别为监管人员和企业提供智能化监管服务；"3"指系统融合食品生产、流通、餐饮全环节监管流程，优化形成统一的监管闭环；"7"指七项功能，包括监管主体数据库、网格化管理、风险评级管理、日常监督检查、市场监管码、风险预警管理和数据看板功能。

1. 摸清底数，开发监管主体数据库

青岛市食品安全智慧监管系统，通过青岛市场主体全生命周期智慧监管平台数据汇聚中心，打通与省局审批许可备案系统的数据通道，实现许可备案数据的实时下落。同时，开发九大类食品流通领域无许可、无备案主体摸排系统和青岛市小摊点数据采集系统，实现监管主体全覆盖，开发监管主体数据库。

2. 属地认领，开发网格化管理

网格化管理功能包括网格管理、监管地图、主体认领和标签定义管理四项业务。在摸清底数的基础上，系统优化网格化管理功能，协助市、区、所每个层级的监管人员根据监管职责明确监管范围，通过精准推送、智能标签等方式，轻松认领自己的监管对象，为实施精准监管打好基础。

3. 精准分级，开发风险分级管理

系统根据食品各环节监管要求，梳理原先散落在各监管系统中的风险评级业务流程，在对流程进优化设计后，将各环节的风险分级功能统一融合至一套风险评级模块中，并在电脑端和手机端同

步运行。监管人员锁定企业后，根据系统归集的许可证信息，对每个许可证分别进行评级，实现了食品领域各环节风险评级标准、流程和数据的融合和统一。

4. 融合检查，开发日常监督检查

为真正实现进一次门、查多项事的目标，将监管过程统一化、标准化，全市的监管人员使用统一的、规范的监管流程对企业开展监管。系统在电脑端和手机端同步上线日常监督检查功能，将监管行为数据化，进行留痕，为下一步留档备查、统计分析打好基础。

日常监管检查功能分为计划管理、新建检查、后处理和查询统计功能。监管人员锁定企业后，针对不同的许可证对不同环节的企业开展检查，将三大环节监管统一到一套监管流程中。在检查完毕后，系统提供市场监管码、微信群、直接下载和服务通查看的四种方式，协助监管人员便捷地将检查结果发送给企业。

5. 码上监管，开发市场监管码

系统为企业打造市场监管码，监管人员通过扫描市场监管码精准定位监管主体。在日常检查结束后，企业通过张贴一次监管码，即可实现所有监管信息的公示要求。彻底解决企业存在已久的每次检查都需要将纸质检查表单进行张贴公示的需求。消费者扫码即可查询企业全部监管信息，实现社会共治。

6. 风险预警，提升服务企业和监管防控水平

在对监管主体开展全覆盖监管的基础上，为进一步提升监管效率，提高服务企业水平，让监管跑在风险前，探索开发风险预警模块。针对监管流程中的每个环节开发提醒和预警服务，协助监管人员及时发现监管风险，提升监管效能。一是短信预警服务。提供食品流通许可证即将临期企业的短信提醒功能，通过该模块，监管人员可定制化向企业发送短信，并实时监控临期企业后续的办证情

况。二是监管预警服务。针对监管需求，对风险覆盖率、检查问题发现率等宏观指标进行监控预警。

7. 数据看板，辅助领导决策和基层监管

为方便市、区、所各层级领导和监管人员实时掌握辖区内监管的宏观情况，开发了数据看板，从监管主体产生到监管不合格后处理整个监管流程的每一个环节的数据进行统计和分析，方便领导决策和监管人员开展监管。

根据业务逻辑，梳理了一套食品领域智慧监管数据展示指标体系，共包含70余项指标内容。这套指标体系，根据展示侧重点不同，筛选不同的数据指标项，分别打造了食品安全一张图（云脑版和电脑版）和全局数据看板食品监管领域内容。

二、特色亮点

（一）三个统一，打造融合监管新模式

1. 实现流程统一

梳理食品生产、流通、餐饮、特殊食品和农贸市场等多个重点领域的法规文件，厘清各业务条线现有监管业务流程，遵循法律法规的要求，对重点领域监管业务流程进行优化和流程再造，最终形成统一的符合食品领域监管要求的融合监管流程。

2. 实现一企一码

在整合已有业务系统产生的各自独立的企业身份码的基础上，归集市场主体全量数据，关联至主体名下，为市场主体量身打造全景画像，生成市场监管企业码，并在智慧监管系统、服务通等市场监管信息化平台中推广使用，实现企业二维识别码的统一。

3.实现监管服务的统一

依托青岛市全生命周期智慧监管平台，整合已有监管业务系统，打造一体化智慧监管系统。通过整合市场监管面向社会提供的服务应用，搭建面向市场主体和社会公众统一服务信息化平台，打造"市场监管服务通"数字化品牌。

（二）三个精准，打造智慧监管新模式

1.网格化监管，精准定位主体

系统打造网格化管理功能，通过接入百度地图，在为监管人员提供市场主体实时地理信息的基础上，创新研发地图标点划分网格的功能，为监管人员提供可视化的网格边界划分功能，方便各级监管人员实时掌握辖区内监管网格及网格内监管主体的宏观情况。

2.标签化监管，精准识别信息

智慧监管系统打造三级标签体系，通过为市场主体打多维度、专业性标签的方式，精准识别、匹配企业信息，减少层层调度汇总数据。以食品生产环节为例，省市场监督管理局每周调度使用国外进口水产原料食品生产企业情况，在日常监管过程中通过标签的方式标注企业信息，即可通过系统实时查看企业情况，减轻基层工作负担。

3.预警式监管，精准防控风险

智慧监管系统搭建风险预警模块，针对许可证到期前30天和60天、许可证状态和营业执照状态存在差异等业务条件，为监管人员提供单项指标预警提醒服务。同时，建立风险分级覆盖率、监管频次未达到的企业数、检查项目未全覆盖的企业数、抽检不合格率等多指标预警，精准防控潜在风险，为监管工作提供指导。

三、应用成效

2023 年 8 月 1 日，系统在全市正式推广使用，至今全市市场监管部门认领食品领域市场主体 193728 家，完成日常监督检查 38465 次，开展企业风险评级 65650 次，实现了一次检查完成多个检查事项，极大提高数据录入效率，并在 2023 年秋季开学检查任务中取得良好的应用效果。青岛市市场监督管理局坚持"食品安全无小事"的原则，聚焦食品安全监管各个环节，实现三个优化，打造标准监管新模式。

（一）优化清单式监管，形成标准化融合监管模式

通过智慧标签自动识别主体业态，智能化匹配监管清单，形成各种监管主体业态定制化监管流程，提升基层监管精准性，形成全系统统一、标准智慧监管模式。

（二）优化全链条监管，形成食品领域监管闭环

各类监管任务均通过系统平台进行分派与流转和整合，按"最急优先"原则安排监管人员一并实施完成所有的监管执法任务。检查结果归集到主体名下，对下一次的风险评级和产生影响，实现食品领域全链条监管的同时，形成监管闭环。

（三）优化数据管理，形成食品领域数据标准化体系

建立统一的数据标准，推动实现统一数据、统一标准、统一管理。通过青岛市一体化大数据平台，加强与各部门业务数据的对接，搭建标准化数据体系。推动实现跨层级、跨部门、跨系统的数据融合、资源共享、协同管理和综合利用。

搭建智慧物业管理平台
科技赋能基层社会治理

青岛市物业服务保障中心

聚焦破解业主大会召开难、业主委员会选举难、物业公司选聘难、维修资金使用难等物业管理和基层治理难点、堵点问题，青岛市物业服务保障中心牵头组织开发建设青岛市智慧物业管理服务平台。目前已完成一期上线，搭建起小区业主、业主委员会、物业企业、街道办事处议事协商平台。首次业主大会召开时间由法规规定 150 天压缩至 20 天以内，提速超过 650%。科技赋能物业管理和基层社会治理精细化、精准化，全面践行"人民城市人民建，人民城市为人民"理念，保障业主权利，增强业主获得感、幸福感、安全感。

一、背景目的

青岛市第十三次党代会提出"一二三四六十"目标定位和思路举措，其中建设人民城市上新突破、"共享型"发展导向、现代化治理样板城市等与 2021 年住建部确定青岛等 9 个城市为智慧物业试点城市和青岛市在建的青岛市智慧物业管理服务平台实现目标定位高度重合。试点工作开展以来，青岛市以"全覆盖、高品质"为物业管理服务目标，按照"政府组织、企业参与、市场运作"的原则，引入社会资本，推进智慧物业管理服务平台（以下简称"平台"）建设。

平台以物业管理和基层社会治理痛点、难点、堵点为切入点，坚持以基础房屋数据库搭建夯实物业管理平台信息化基础，以业主电子投票等场景和功能推动平台惠民利企。经过一年多的工作，政、民、企交流渠道更加畅通，业主幸福感、获得感、安全感大幅提升。

二、主要做法

（一）理清用户，注重功能实用

通过梳理《民法典》和省、市物业管理条例等法律法规，进一步厘清业主大会召开和物业管理活动相关参与主体，从业主、业主委员会、物业服务企业、相关行政管理部门等四大主体开展平台建设和用户分类。根据用户需求和使用习惯，业主用手机通过人脸识别和手机号双重验证登录平台并进行业主身份验证即可查看房屋交易、不动产登记等数据，业主随时、随地实现小区、房屋状况的实时查询。同时，业主可通过该平台与物业"管家"、业主委员会、街道办事处等物业管理服务活动主体线上联系，反映问题、报事保修、议事协商，推动相关用户通过平台加强沟通、增进互信，搭建起共建、共治、共享的物业管理和基层治理信息平台。

（二）理清流程，注重关联共享

平台通过梳理目前物业管理和基层社会治理中的痛点、难点问题，以梳理小区信息开放共享流程解决小区业主知情难、行权难、问题反映不畅等问题；以建立小区房屋和设施设备全生命周期档案数据库等流程解决物业企业交接难、监管难、底数不清等问题；以线上业主大会流程再造解决业主大会召开难、维修资金使用难、老旧小区改造征求意见难等问题；以重塑自下而上的问题反映和多元化服务流程，解决物业服务不到位、不规范、不透明，以及服务内容单一等问题。

平台建设中，始终注重与青岛市现有平台、系统的关联共享。其中，平台有关建筑物及其附属设施、场地的物业概况数据关联至房屋全生命周期管理服务平台；物业企业等市场主体数据关联山东政务网系统；业主数据关联不动产登记系统、房屋交易系统。平台着重采集物业管理区域内建筑物及配套附属设施和相关场地的数据信息，并通过与房屋全生命周期平台的互联互通，实时对以上数据信息进行更新和完善，同时将设施设备的更新、养护档案及时向相关用户、主体进行推送和共享。

（三）理清数据，注重管理应用

平台按照市、区（市）、街道（镇）、社区、小区五个空间层级和小区、楼栋、单元、户四个维度整理并展现物业管理和物业行业的概况，以满足相关主体管理和应用需要。其中，前四个层级主要展示物业和行业概况。物业概况主要展现建筑物及其附属设施、相关场地面积、数量等。物业行业方面主要展示市场主体、从业人员数量以及合同、房屋维修资金等，便于相关管理主体及时掌握辖区物业管理的宏观情况，为相关决策和精细化管理提供数据支撑。小区这一层级主要展现物业管理服务对象和应用场景，这一层级主要展示了小区内业主、设施设备以及物业服务人的相关情况；户即房屋这一维度主要涉及向业主推送其房屋的地理位置、面积、相关合同以及单元平面图等有关情况。

三、特色亮点

（一）物业小区房屋数据库实现全覆盖

平台电子投票系统通过与房屋交易、不动产登记系统建立数据共享接口和利用不动产空间数据图形技术，从市、区（市）、街道、社区、小区五个层级和小区、楼栋、单元、户四个维度全面归集整理小区房屋数据，搭建起 3720 个小区房屋数据库，占全市物业小区 95% 以上，完成"全市物业管理一张图"建设，实现一图总览、一网统管式管理模式革新。

（二）业主实现智慧物业平台多元化登录方式

平台设置三种平台登录方式，方便不同类型、年龄、习惯业主登录平台增强用户黏性。平台通过与房屋交易系统数据共享实现了业主在售楼处网签即可绑定"准业主"身份，登录平台即可查看小区、房屋的相关信息。基于平台建立的基础房屋数据库，业主通过搜索所在区（市）、街道、楼栋、单元、户可实现业主身份后台自动检验、绑定。此外，业主还可以通过房产证号实现房屋绑定，精准高效。

针对业主办理不动产登记时预留 15 位身份证号与二代身份证不匹配无法绑定等问题，经与公安部门对接，自研一代与二代身份证转换小程序，实现全业态、全类型的业主房屋绑定。

（三）基于"一码关联"建立小区、房屋全周期档案库

充分考虑后续关联和场景应用，分别建立小区房屋、设施设备全生命周期档案数据库和户档案数据库，每个楼栋、户均采用唯一编码"不动产单元号"进行记录和存储，便于后续与水、电、气、

暖、通信实现一键关联。实现房屋和设施设备维修、更新、改造数据的全程留痕，实时更新。

四、应用成效

截至目前，智慧物业平台业主、业主委员会、物业服务企业、行政管理端等物业管理活动四大主体用户全部上线运行，业主电子投票、小区公共收益公开、物业"三公开"、行政管理数据统计与信息共享等功能和场景上线。已有 20 多个小区通过该智慧物业平台业主电子投票高效表决通过物业公司选聘、业主委员会选举、加装充电桩等小区公共事务。

社保参保"一件事"
用数据驱动服务更便民

青岛市人力资源发展研究与促进中心

社保参保"一件事"深入贯彻落实人力资源社会保障部和山东省、青岛市政府数字化建设决策部署,聚焦企业和个人社保参保全生命周期重要阶段政务办理手续精简的需求,解决跨部门、跨层级政务服务事项多次跑腿、长期等待等堵点问题,破除跨部门业务和系统数据交换壁垒,打通信息交互共享和业务协同联动通道,用数据驱动政务运行,为企业和群众提供泛在可及、智能精准、融合共享、安全高效的社保参保"一件事"服务,推进人社数字化转型升级,优化改善营商环境,增强企业和群众的获得感、满意度。

一、解决社保参保业务的现实问题

根据国家机构改革决策部署,社保业务中医疗、生育保险服务管理移交医保部门,养老、失业、工伤保险服务管理归属社保部门,各险种的缴费管理统一移交税务部门负责,形成了目前社保参保缴费业务的不同环节需在社保、医保、税务三部门间交叉办理。从经办情况来看,社保、医保经办模式、经办流程、经办渠道有差异且信息服务能力不同,群众和单位办事重复跑、多次办、反复提交材料时有发生。尽管政务服务大厅、街道、社区等服务点提供一窗受理服务，但工作人员使用多套系统办理业务，且业务经办量大，耗费时间长，造成企业和群众不满事件时常发生。经调研，企业和群众对汇报参保业务联办、一门办、一次办需求强烈。

二、满足服务对象日益变化的需要

社保参保业务是人社业务中面向群众广、政策复杂度高、办事频率高、涉及资金体量大、数据规模大的民生业务，是人社数字化转型工作的重中之重，每一个环节都是人民群众密切关心的。当前，我国对社会保障的政策支持力度持续加大，社会保障制度日趋完善，但整体人口老龄化严重，城乡居民社会保障需求扩大，亟须加快社会保障数字化改革进程，创新服务模式，提高基本业务服务效率，让人民群众办事更全、更快、更好，全方位提升服务体验；采用数字化手段释放经办人员和单位的压力，将更多时间投入智力活动中，让数字人社可持续发展。

三、符合数字化转型的目标和要求

贯彻落实《数字中国建设整体布局规划》《国务院关于加强数字政府建设的指导意见》和"十四五"系列规划，人社部《数字人社建设行动实施方案》，山东"数字强省"，青岛《数字青岛发展规划（2023—2025 年）》等建设要求，以人为本，场景牵引，数据驱动，简化社保参保流程，积极开展数据共享和开发利用工作，打造社保参保服务"一件事"协同服务，实现"一次告知、一套材料、一窗受理、一同核查、一网联动、一证准营"，让广大群众切实享受政府数字化转型带来的便利。

社保参保"一件事"按照"1+2+3+N"的整体框架进行布局。"1"

个目标：社保参保数智化；"2"个体系，即标准体系和安全体系；"3"个平台，即"一件事"数字服务平台、"一件事"协同管理平台、"一件事"数智平台，即N个多样化公共服务渠道。

推行 12345 政务服务便民热线智能化
打造便民服务"总客服"

青岛 12345 政务服务便民热线

智能化是服务型政府、智慧化政府建设的重要内容，也是 12345 政务服务热线发展的方向和重点。当前，12345 政务热线服务面临诸多挑战：一是针对突发性公共危机事件对政务热线提出了更高要求；二是如何帮助政府做好舆情防控和治理是当前遇到的重大课题；三是持续面临巨大的人力反复招聘、培训成本是 12345 不可回避的问题；四是作为便民服务"总客服"，持续面临知识复杂和直办效率不高的问题。

推行 12345 政务服务便民热线智能化，可以极大地提升热线服务水平，提高热线运行效率。为进一步提升热线服务效率和质量，使受理渠道更畅通，通过引进智能化技术，围绕"打得进、听得懂、办得快"的业务目标，以及"降人力、升效率、强公信"的运营管理目标，形成了智能接诉、座席辅助、话后质检、智能回访、智能数据分析等模块，整体上提升了热线智能化水平和工作效率，初步实现了国务院将 12345 热线建设为便民服务"总客服"的目标。

一、主要做法

面向 12345 政务服务热线，构建热线超脑，通过语音识别、语

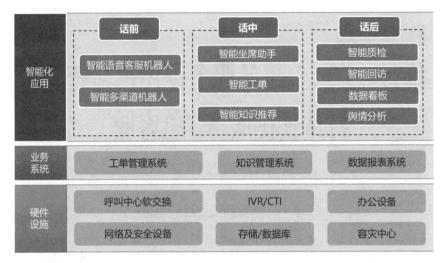

图 1　智能化呼叫中心架构图

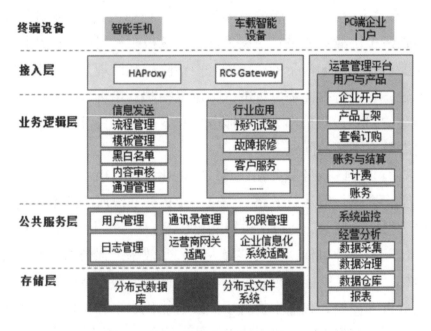

图 2　底层服务拓扑图

义理解、文本分析等人工智能技术，实现人机协同服务的功能，落地智能语音客服、多渠道客服、智能工单、助手、智能回访等智能化应用，提供从底层硬件设施到中层业务系统及顶层智能化应用的全集成解决方案，并可以提供建设咨询和系统运营服务。帮助政务热线建设、运营新一代智能化呼叫中心，提升服务能力，实现服务价值。

本次创新项目包含如下几个子系统。

1. 智能语音客服机器人

在已有服务热线12345的基础之上，建设智能语音导航机器人，利用智能语音技术以及知识库语义解析能力，打造一个可以替代人工面向市民提供用热咨询服务的客服数字人。在满足市民常规咨询业务的同时，可以为人工客服缓解来电压力，让客服人员有精力处理复杂和更有价值的问题。既能够保证市民来电实现"零"排队与热线的100%接通，又可以从容面对疫情突发等应急场景突发事件，实现夜间不打烊服务。

2. 智能多渠道在线机器人

利用已有的微信公众号，打造可以在移动端与市民进行文字交互的在线客服数字人。利用移动网络丰富的内容表达形式，可以面向市民提供基于图文、视频等各类服务支撑。同时，根据12345业务的特性，提供一部分业务的在线办理，由在线客服数字人手把手引导市民进行线上业务办理，对热线客服起到分流作用。

3. 5G 消息 chatbot 智能客服

当群众来电服务热线挂机后，智能咨询服务平台将向群众推送咨询相关业务的卡片5G消息。群众无须下载APP、无须关注微信服务号，在5G消息窗口点击相应模块即可进入预约取号、在线申办、进度查询、服务评价等页面，高效解决群众日常办事需求，实现从"人找服务"到"服务找人"的转变。非工作时间呼入时，系统将自动推送互动式政务服务链接，方便群众办理高频需求业务。

4. 智能回访机器人

为了实现12345业务服务闭环，对于工单办结后的回访工作，之前都是通过人工拨打电话实现。回访占用了人力，这让原本人力就捉襟见肘的客服工作更加无法及时应对疫情暴发、公共热点事件。通过构建外呼客服数字人，代替人工，根据设定的话术和外呼逻辑，与市民进行连接，既可以实现工单回访推动服务闭环，还可以提升市民对 12345 热线的温度感和体验感。

5. 座席助手机器人

座席助手运用自然语言处理技术，在服务过程中，通过在座席工作台上实时高亮提醒座席服务态度，保障了服务质量。实时分析客户诉求，通过语义识别，自动匹配和输出推荐知识库，即使是新手座席也能为客户提供快速、精准的咨询服务；在服务后，通过工单总结和智能短信推荐，快速完成工单填写及短信下发，进一步提高了座席人员的服务质效。

6. 智能质检机器人

智能质检机器人运用 AI 语音分析能力，对每日 12345 热线录音进行深度质检与分析。质检每一位客服人员的服务质量、态度以及专业能力，为座席服务的改进与优化提供有效的支撑。分析每一通市民来电，挖掘市民的核心诉求，及时发现市民反映的热点问题。从整体上对政务服务进行监管，并为政府运营提供数字化决策支撑。

二、特色亮点

（一）对已有智能化系统进行持续运营，让系统真正做到"问什么，答什么"

例如，对科大讯飞智能语音应答系统的知识点进行持续积累和优化，提高系统的应答效率和准确率，对智能回访系统进行持续优化，提升回访精准性，这是一项长期工作。

（二）将传统客服系统和智能化系统进行联动，打通业务流

例如，针对座席流动性高的问题，计划构建招聘、培训、质检等闭环业务流，让员工可以发现自己的问题，也知道自己需要加强哪些方面的技能，从而形成一个高质量的客服服务供需体系。

（三）丰富数据应用场景，持续挖掘数据资产价值并赋能社会治理

将业务数据分析从市、区（市），下沉到街道、社区，提高数据精细化运营管理能力，真正做到数据精细化管理。另外，加强12345中台数据的共享和价值挖掘，为政府疫情防控、社保民生、教育医疗部门提供数据决策支撑。

（四）发挥12345桥头堡作用，提升直办率，为市委办局、区（市）减压减负

探索并应用研究语言语义分析技术，增强知识运营能力。基于现有海量语音、工单数据和接诉办理过程数据，通过语言语义解析技术，自动分析转办单的诉求问题，进行知识点智能聚类分析并推送座席，提高转办率。

三、应用成效

（一）提升市民满意度

预计通过政务服务热线智能化建设，在深化提质咨询热线服务的同时，青岛市政务热线服务平台全面融合5G消息、政府门户网站、智能机器人以及自助终端等多种咨询服务渠道，打造全时服务

在线、多渠道全方位的政务客服。搭建的智能语音服务平台和5G消息chatbot服务平台，为市民提供便捷、自然的语音和短信息交互服务。让市民在使用过程中体验到高新技术的便捷与科技感，从而进一步提升12345的服务效率和市民满意度。

（二）高效实时社会热点问题分析预警

系统能够对来自12345、政务网站、微信等服务渠道的数据进行集中处理，将语音、文本等非结构化数据统一转换为结构化信息。对社会公众咨询大数据热点问题建立分类模型，进行数据化、可视化监控，从海量数据中智能挖掘、实时分析社会服务与群众反映的热点，提供舆情预警，并辅助领导决策，为政策效果评估和民情民意了解提供科学的工具和抓手。

（三）政务服务工作应用智能语音技术的应用效果

智能语音项目在政务服务工作上具有较强的示范意义及社会效益。为市民提供便捷、自然的语音交互服务，为一线座席人员提供高效的工作辅助，为运营部门和管理者提供及时的热点分析。从而进一步提升12345的服务效率和市民满意度。实现12345信息化应用创新，率先取得语音应用领域新突破。在2022年度政务热线数字发展优秀案例遴选中获优秀单位奖。

大数据赋能精准促就业

青岛西海岸新区人力资源和社会保障局

近年来，随着西海岸新区经济快速发展，大量基建项目增多，项目用地增加，一是一些经济大镇因为项目建设用地，被征用土地或失地的农村居民增多，这批失地的劳动力有就业需求；二是在新区某些路段马路上，由外来务工人员自发聚集形成的散工马场，他们从事着灵活性更高的建筑类等零工，更有就业需求；三是为进一步缓解企业"用工难、招工难"和求职者"找工作难，无工作可找"等信息获取不对称的堵点问题，也需要搭建一个本地化的灵活就业用工平台，帮助企业优化用工方式，增强企业吸纳就业能力，促进本地区就业形势向好稳定发展。青岛西海岸新区人力资源社会和保障局围绕"为民办实事，着力解决急难愁盼"堵点问题，用人单位招工难、灵活就业人员找工作难、"人""岗"信息沟通不对称的痛点问题，聚焦重点困难就业群体，积极探索、促进劳动者多渠道灵活就业，创新搭建"智找活"产业人才供需通平台，进一步提高就业智慧化服务程度，保障居民增收，实现更高质量更充分就业，全力促进新区经济社会发展。

一、主要做法

（一）加强多方协同，实现精准匹配

"智找活"产业人才供需通平台服务系统建设，实现企业、求

职者、灵活务工人员岗位精准匹配。对企业而言，人才库解决了企业所需专业人才的储备、灵活用工解决了企业季节性用工需求，降低用工成本和用工风险，提升企业运营效率和用工弹性。对求职者而言，企业库解决了就业问题。用信息化方式解决企业、用工冲突，主要实现有就近就业、企业用工、灵活就业、热门职位及岗位快速检索等五大功能及其他特色功能。平台系统根据求职人员手机登录，智能自动定位、搜索并推荐方圆 10 千米以内的岗位信息，供灵活就业人员根据自身技能情况就近就地找工作。降低成本、提高智慧就业，对政府、企业、求职者等方面都具有十分重要的意义。

（二）立足智慧就业，突破服务模式

"智找活"产业人才供需通平台包括线上人才市场、产业人才供需通平台、线上"零工之家"三大版块。其中，线上人才市场定位社区（村居），立足服务基层，打通社区灵活就业求职人员和用人单位招聘的通道，旨在为社区灵活求职人员提供精准就业服务，促进本辖区闲置劳动力足不出户实现家门口就近智慧就业；线上"零工之家"致力于服务新区有灵活务工需求的工人（瓦匠、保洁、钟点工、钢筋工等），实现零工信息云地图，即时发布后供有求职人员实时查看，通过系统平台执行用工任务，构建岗位"发布—推送—匹配—反馈"供需对接闭环机制；产业人才供需通平台是为新区企业、院校和人力资源机构搭建的官方线上供需对接平台，致力于为政府提供产业覆盖的人才数据缺口统计，为企业打通招聘引才、品牌宣传、政策查看全流程服务，为用工者呈现西海岸在招岗位信息。平台链接用工企业和人力输出两端，打造人力资源蓄水池，既为各地人力资源公司灵活调剂人力资源，形成人力互补，同时方便了院校推送学生就业，形成精准有效，政府、人力资源公司与院校"三赢"的良好局面。

（三）规范数据采集，实现信息共享

"智找活"产业人才供需通平台，一是规范数据采集渠道，建立基层、企业、求职人员数据采集网，可设置数据采集专业岗位，专门从事信息的采集；二是加强数据质量的管理，按照统一标准录入有关数据，对采集的数据进行逻辑和真实性检验，把好数据进口关，制定数据审核规则，加强数据质量事中控制和事后比对，将数据质量纳入绩效考核，为数据应用提供准确可靠的信息来源；三是实行信息数据集中处理，建立覆盖采集、交换、分析、应用等主要环节的数据管理体系和运行机制，实现各个管理系统各类征管数据统一存储、加工和管理，实现各类信息资源互通互联共享，实现征管工作各环节在信息化支撑条件下的相互衔接。

（四）加强平台监管，强化信用建设

一是建立平台企业"白名单"申报管理制度。规范灵活就业用工平台"白名单"筛选推荐程序，对申请入驻平台的企业，按照规定条件进行大数据比对甄别、筛选后，进入"白名单"。每年对"白名单"进行一次复查，将不符合条件的企业从"白名单"中清除，维护平台优质企业资源，保障就业信息可靠性、真实性。二是健全社会信用信息"黑名单"监管制度。灵活就业用工平台应以数据为驱动，以信用为基石，形成公安、法院、人社、税务等部门联动机制，网络互联、信息共享，对违法乱纪、屡遭投诉、损害社会群众利益的个人和法人，进行双向信息告知，纳入征信系统和平台准入"黑名单"，实现平台与社会的联合惩戒。三是实施平台就业人员身份认证。对注册平台的用户进行实名认证及人脸识别，同时接入集群注册系统，核实用工身份，规避企业用工风险，确保企业用工安全规范，省钱省心。

二、特色亮点

"智找活"产业人才供需通平台通过大数据分析，可以精准定位求职者需求，向其推送合适的就业信息，不仅提高了信息的有效性和利用率，同时也减少了虚假信息带来的困扰。平台通过建立多维度的就业信息发布平台，覆盖各个群体和各类人群，将本地和外地岗位有效整合，进行可视化数据展示，方便劳动者及时了解和掌握就业信息。通过收集、整理和分析各类就业数据，挖掘就业市场的潜在规律和发展趋势，为劳动者和用人单位提供了更加高效、便捷、精准的就业服务，为政府和企业提供决策支持，进一步推动就业市场的健康发展。

三、应用成效

"智找活"产业人才供需通平台自 2022 年 12 月 20 日上线以来，西海岸新区人社局多措并举加大宣传推广应用，提升新区居民的知晓度，扩大平台的影响力，促进新区居民就地就近就业。一是加大线上线下渠道宣传推广力度，提升社会知晓度。通过人社干部到镇街走流程、区人社局微信公众号、各镇（街道）企业工作微信群、社区（村）微信群等方式推广宣传。二是通过 23 处镇（街道）人社办事窗口、村居劳动协理员和就业人才专员在人口密集的社区（村）及辖区企业等活动场所、宣传栏的醒目位置，张贴宣传海报和发放宣传册推广使用。同时不断加大小程序应用优化，提升平台操作体验性。三是借助招聘会活动宣传推广。结合"春风行动"、"直播带岗"、周三专场等系列线上线下招聘活动，通过在招聘展位摆放易拉宝、发放宣传海报，帮助企业通过平台发布招聘信息，引导求职人员通过平台获取招聘信息，进行宣传推广。四是加大线下马路零工市场推广。印发不干胶贴纸海报，在主要马路零工市场及公交站点张贴，引导灵活务工人员、社会求职人员使用平台，扩大知晓率。目前，已注册企业 7000 余家，个人用户达 4.5 万余人，发布用工职位信息 5.4 万余条，意向撮合 1.7 万余人次，撮合热度最高的前六位职位是 365 跑腿员、客服、话务员、城市管理网格员、操作工、物管人员等。通过线上人才市场、产业人才供需通和线上零工之家三个子平台，常态化发布重点产业、技能型人才需求目录，打通招聘、求职信息不对称的痛点，实现"人""岗"智能化精准撮合匹配。2022 年以来，"智找活"产业人才供需通平台创新工作经验被人民网、新华社、《光明日报》、《大众日报》、山东网、青岛电视台等国家和省、市媒体进行专版报道，获评省人社厅"山东省第二届公共就业服务优秀成果"、青岛市人社局"2023 年度全市人力资源社会保障系统优秀创新成果"和西海岸新区"2022 年度全区机关特色创新奖"。

数字化转型赋能市南区智慧教育高质量发展

青岛市市南区教育局

市南区是青岛市政治、文化、金融中心，区内 41 所中小学校和 68 所幼儿园大多依山傍海。在建设现代化国际大都市样板区的目标引领下，市南区作为青岛的教育强区和教育信息化先行区，一直致力于教育教学的革故鼎新，曾获全国课程改革实验区、全国社区教育数字化先行区、省首批教育信息化示范单位等称号。

市南区教育数字化工作历经三个阶段：一是以教育信息化 1.0 行动为代表的"数字化转换"阶段；二是以教育信息化 2.0 行动为代表的"数字化升级"阶段；三是以智慧教育为代表的"数字化转型"阶段。通过落实 8 个 100%，市南区实现教育数字化转换和升级的阶段性突破，成为山东省首批智慧教育示范区创建单位。在示范区创建过程中，聚焦"一体系、两提升、三集群"建设目标，全力打造"智优市南"智慧教育特色品牌，以"智优"助推"最优"促进区域教育高质量发展。

一、主要做法

（一）拓格局：顶层设计先行，明确目标定位

1. 顶格谋划，强力推进建设

市南区区委、区政府高度重视智慧教育示范区建设工作，区委、

区政府主要领导专题调度示范区创建工作，成立区教育局局长任组长的智慧教育示范区创建工作领导小组，统筹示范区建设工作。

2. 高位规划，精绘发展框架

对标国家级智慧教育示范区发展规划，对接青岛市智慧教育示范区工作计划，制订包含六大工程 13 个项目的《市南区"智慧教育示范区"建设实施方案》，力争实现"一体系、两提升、三集群"发展目标：打造"智优市南"智慧教育生态体系；全面提升创新人才培育能力和智慧教育治理能力；构建数据驱动教育治理、智慧赋能因材施教、信息素养创新培育三大应用集群。

市南区智慧教育"六大工程、13个项目"建设任务

可视　强基　攻坚　创新　提升　创建
智优市南

（一）、智慧数据与网络安全强基工程
1.数据中心平台建设项目 2.智慧网络安全升级项目

（二）、教与学模式智慧变革攻坚工程
3.AI智能学伴试点项目 4.智慧学习终端应用项目 5.教学模式创新孵化项目

（三）、数据驱动下学生发展评价工程
6.升级智慧学业评价项目 7.创新智慧体育评价项目 8.构建综合素质评价项目

（四）、信息素养与创新意识提升工程
9.教师信息素养提升项目 10.实施人工智能教育项目

（五）、未来学习空间与资源创建工程
11.智能资源平台升级项目 12.智慧学习中心建设项目

（六）、现代教育治理能力可视化工程
13.教育监测系统创建项目

3. 引领筹划，设计实施路径

市南区同步立项智慧教育课题研究，以课题研究细化区域智慧示范区创建的过程，形成区域引领、学校跟进的实践路径。立项省、市、区 35 项智慧教育课题。立项山东省规划重点课题"指向基础教育高质量发展的区（县）域智慧教育体系整体构建与推进路径研究"。成立由 30 项区级"智慧教育"专项课题组成的课题群，课题研究先行，引领智慧教育探索实践。

（二）多举措：融合创新为本，深推教育变革

1. 锻造智慧教育发展底座

前期市南区已经构筑起坚实的智慧教育基础环境，所有学校实现了 8 个 100%。在此基础上，实施市南区教育城域网升级，将全区互联网带宽由 2G 提升至 4G，幼儿园网络带宽由 100M 提升至1000M。按照青岛市新一代智慧校园标准，建设完成金门路小学、宁德路小学、澳门路小学和镇江路小学等四所学校，配备智慧大屏、平板电脑、课堂行为分析等先进软硬件。

实施网络安全治理升级。部署新一代网络安全设备，强化网络安全快速处置能力，筑牢网络安全底线。借助情景剧、快板、说唱等形式开展宣传教育，承办青岛市网络安全进校园活动，推进网络安全教育常态化，提升学生网络安全素养。

2. 创新悦动智慧课堂模式

课堂是智慧教育的主阵地。开展"悦动智慧课堂"研究，探索智慧黑板＋学生终端、AI 智能作文学伴、课堂互动即时反馈系统、运动健康智能监测手环、智能评价系统等技术应用场景，打造"集备研技术—教案写技术—授课用技术—评课评技术"全链条应用模式，形成《基于云平台的初中"DDB"教学模式》等 14 项有创新价值和示范意义的悦动智慧课堂教学法与教学模式。

在线上教学期间制定全国首份《直播教学技术应用指导规范》，对直播教学的概念、特性、功能进行清晰界定，细化提出直播教学的 11 项具体技术标准，指导各校打造"轻负高效"的直播课堂。

开创"启点云课堂"名师直播课，开展主题式、跨学科、大单元的教学实践，通过"实时直播＋强互动"的模式为学生提供个性化学习空间。截至目前，共直播 40 期，覆盖全区 60% 学生，打造线下、线上融合发展的悦动智慧课堂。

3. 特色推进人工智能教育

人工智能教育是培育未来人才的关键。2022 年，将人工智能实验室纳入区办实事，高标准完成首批 12 间实验室建设，100% 覆盖区内六大学区，采用"智能机械臂和模块化机器人"的组合模式提供多样态学习场景。创建 3 所青岛市人工智能示范校，采用"3+3"模式组建结对发展微集团，开展集团内科技节、学生竞赛、人工智能讲座等活动，发挥示范校的引领带动作用。

增设 2 名人工智能教研员，同步发挥原有 2 名信息科技教研员引领作用，提升研究针对性。开展真实情境体验式的"创意工坊"教师系列研修，提升教师学习力、指导力；举办人工智能教育支点论坛，展示人工智能示范课，推广人工智能教学法、教学模式。

2022 年，市南区在国家级学生竞赛中获奖 82 个，省级竞赛获奖 58 个，市级竞赛获奖 115 个。青岛 59 中等 4 所学校获评信息学奥赛"山东省金牌学校"，大学路小学等 7 所学校获评信息学奥赛"山东省优秀学校"。

4. 全面提升教师数字素养

教师的数字素养是高质量智慧教育的核心。制订《市南区教师信息技术应用能力提升工程 2.0 实施方案》和考核方案，组建区、校两级技术指导团队，全区 87 个单位、3957 位教师通过研修学习、实践应用和考核评价完成能力认证，市南区的工作案例被省项目办推荐到教育部展评。

有效提升现有设备和平台的使用成效，梳理班级智慧大屏的 12 个基础功能点，以多轮培训和"自评＋抽测"的方式确保 100% 教师熟练掌握 12 项技能，切实推进教师信息技能提升。

5. 深挖数据提升治理能力

数据是教育数字化转型的基础性要素。市南区依托"智能教育平台"智能题库、智能阅卷、大数据分析三大功能，深化数据挖掘，创新分析指标，建立横纵对比的增值性评价图谱；创新试卷查阅功能，实现每名考生作答批阅痕迹的线上查询。2022 年生成分析报告 6983 份、报表 147853 份，为教育决策提供科学依据。

建设市南区"青少年健康促进大数据平台"，汇聚全区学生体检、体质监测、视光检测三大健康数据，累计 45 万余条，覆盖42214 名学生，形成一生一策分析报告，精准提升学生健康水平。

在数字市南"一屏治市南"的目标引领下，依托市南区党建引领基层治理平台，完成跨业务数据共享和数据全要素分析，通过18 项监测指标、34 项监测点和 8.1 万条数据，为市南区教育现代化治理提供数据依据。将教育关键数据融入市南区云脑态势感知平台，探索数字孪生技术支撑下的治理方式变革。

二、特色亮点

（一）建设海洋地质实验室，开展海洋特色教育

建设市南区青少年海洋地质实验室，融合标本和模型、多媒体智能互动、VR 体验等方式，集科学性、趣味性和互动性于一体。与崂山实验室对接，利用在地化资源，搭建"海洋科普教育移动课堂"，运用 VR、触摸屏、L 屏、AR 魔屏等数字化科技手段，构建了"穿越海洋时空"物理海洋 4D 影院、"海洋生命之树"可视化系统、"海洋大国重器"透明海洋装备科教模型展示系统和海洋VR 互动实验等四大板块数字化设备与课程，实现地域限制的突破，让学生不出校园便能接触到"地道"的海洋科学。

（二）打造智慧场景，提升应用质量

以智能技术的场景应用形塑区域教育新样态。围绕"教、学、评"，智慧教育示范场景的应用，呈现出百花齐放的特色，涌现出

一批高质量、可复制、可推广的教育数字化转型典型案例。

1. 悦动智慧课堂赋能学生最优成长

青岛太平路小学充分运用 Classin 平台的小奖杯、照片墙、小组合作、选择器、定时器、在线作业等功能，建设线上虚拟学校，增强线上学习的趣味性、互动性、实效性，满足学生线上学习需求。

通过师生互动数据、随堂练习数据、作业批改数据、课堂视频回放数据等过程性记录，生成学生课堂报告，满足学生个性发展，让学习可见。

2. 人工智能打造"双智协同"课堂

青岛大学路小学借助 AI 作文平台系统，开启作文课堂 2.0 教学研究，构建以人工智能技术为支撑的人机协同作文教学模式。

AI 作文教学模式通过"自主读题尝试写作—上传 AI 基础纠错—根据需求精准指导—二次作文修改完善—互评作文分享借鉴—作品整理梳理成集"的方式完成作文教学，有效提升学生写作能力和语文学科素养。

数据显示，学生作文的内容、表达、发展维度均有明显提升，作文平均分从 84.6 分提升到 90.3 分，优秀率从 89.26% 提升到 92.52%。

3. 智慧评价促五育发展、让成长可见

青岛金门路小学借助"学优评"评价平台，经历"熟悉平台功能—研发新需领域—丰富指标内容—常态教学融合—推介学生家长"等步骤的实践与改造，推进数据驱动下的学生综合素质评价研究，让评价促进学生个性全面成长。

平台围绕"五育并举"设置了完备细致的评价指标体系。为让评价更加切合学生生活，学校采用"小金鱼银行存折"的形式，把学生评价结果存入存折，既培养学生"财商"又实行兑换奖励，进一步促进学生形成良好的习惯和品格。平台生成的学生报告经过

老师反复完善，生成个性化的学业述评，带着对学生的成长建议送给家长，让聚焦学生生命成长的家校合作有目标、有方向。

三、应用成效

国家智慧教育示范区和山东省智慧教育示范区的创建，为教育数字化转型带来新的发展机遇，市南区智慧教育工作迎来了跨越式发展。全区教育系统的硬件环境明显提升、"轻负高效"悦动智慧课堂成果显著、信息化应用的深度广度有效拓展、智能时代师生数字素养充分提高、市南特色的人工智能教育卓有成效，支撑教师与学生更高层次生命成长。

2021年11月，《市南区"智优市南"智慧教育新生态》案例获第一届中国新型智慧城市创新应用大赛一等奖；2022年6月，市南区《直播教学技术应用指导规范》获评山东省第三批教育教学改革"双减"典型案例；2022年11月，市南区应邀在全省召开的"元宇宙与教育变革研讨会"上作主旨报告；2023年2月，作为首批山东省智慧教育示范区创建单位的唯一代表，市南区在省教育信息化交流指导活动中作典型经验介绍。《青岛日报》3次专题报道市南区在课程教学、学科考试中深入应用人工智能、大数据等技术所取得的显著成效。青岛电视台"今日"栏目以头条方式报道《直播教学技术应用指导规范》提升学生线上学习效果的经验。在教育部2023年"全国智慧教育优秀案例征集活动"中，市南区有1项区域案例和5项学校案例获评"全国智慧教育优秀案例"，获奖数量名列山东第一、全国前茅。

推进家庭数字化　试点办成示范点

青岛市城阳区大数据发展管理局

2021 年 4 月，住房城乡建设部、中央网信办、工业和信息化部等 16 部门印发《关于加快发展数字家庭 提高居住品质的指导意见》（以下简称《意见》）；2022 年 8 月，住房城乡建设部、工业和信息化部印发《关于开展数字家庭建设试点工作的通知》（以下简称《通知》），青岛城阳区作为山东省唯一地区，入选全国 19 个数字家庭建设试点地区名单。数字家庭建设试点的目的，就是不断满足人民日益增长的美好生活需要，持续提升人民群众的获得感和幸福感。

一、主要做法

（一）遵循一个根本，把试点的着眼点放在不断满足人民日益增长的美好生活需要上

《意见》明确，要加快发展数字家庭，提高居住品质，改善人居环境，不断满足人民日益增长的美好生活需要。这是开展数字家庭建设工作的根本要求，必须贯穿数字家庭建设试点全过程。因此，立足于居民消费现状，把数字家庭建设划分为四种类型：一是基础型数字家庭。安装了燃气、烟雾、水浸传感器以及可视化对讲机、智能门锁等 8 种生活必备智能家居，为群众安居生活提供基础性保

障。二是舒适型数字家庭。在基础型的基础上，增加了智能窗帘、智能灯控、人体红外 PIR 等 10 种智能家居，为有舒适生活需求的群体营造温馨家庭氛围。三是品质型数字家庭。在舒适型的基础上，增加了智能课桌、智能魔镜、智能马桶等 13 种智能家居，主要是满足年轻人、城市白领、高收入者等特定群体的高品质生活需求。四是适老型数字家庭。包括生命体征探测仪、防摔倒检测仪、居家康养设备等 3 种智能家居和防摔倒护栏等辅助家居，主要为 60 岁以上老年人提供身体预警、风险防控等方面的生活保障。

（二）坚持双线推进，以点面结合的方式推动试点工作健康顺利开展

按照《通知》关于"建立协同机制，形成工作合力，综合利用信息化资源"的要求，统筹住建、民政、公安、大数据等 11 个部门涉及数字家庭、新城建、智慧社区、安防小区等信息化资源，既突出重点，又统筹全区，以点面结合、双线推进的方式，协力推动数字家庭试点工作健康顺利开展。一条线是选择一个成熟社区（沟角社区 384 户）深入探索数字家庭建设试点落地工作，以期形成可复制可推广的解决方案。另一条线是在全区层面统筹推进包括智慧社区在内的智慧城市建设工作，让更多居民享受智慧便利生活。按照"为民、便民、惠民、安民"的要求，深入推进智慧社区建设，46 个智慧社区通过省考核验收，城市社区覆盖率达 50%；全面完成 684 个住宅小区的智慧安防建设；提质升级 1 个区级、8 个街道级、20 处居家社区养老服务中心（站），完成 1500 户半失能、失能、高龄孤寡等老年群体的免费居家适老化改造，区、街道、社区和家庭四级联动，逐级响应，服务闭环，以数字赋能实现"老有颐养"；搭建全区智慧物业管理服务平台，已纳入 90% 的物业管理项目，总计录入有效业主近 14 万户。

（三）把握三维角度，全方位推进社区智慧化、家庭数字化、个人健康监测常态化

按照《通知》关于"结合完整居住社区建设，通过社区与家庭信息深度融合，扩充数字家庭功能和服务内容"的要求，通过社区、住宅、个人三位一体，探索开展数字家庭建设试点工作，实现社区智慧化、家庭数字化、个人健康监测常态化。一是社区智慧化方面，坚持硬件、软件一起建设，硬件主要安装运行了智慧控制终端、智慧安防系统、智慧消防系统、公用设施智慧监测、单元智能设施等五大类 30 种智能化设备；软件主要是设置了数字文化景观小品、数字文化长廊、数字文化理念宣传语等，在社区内营造浓厚的数字家庭和智慧社区文化氛围。二是家庭数字化方面，搭建区级数字家庭基础平台，作为数字家庭相关服务的统一入口，实现与已有政务服务、社会服务、智慧社区综合管理服务平台互联互通，使其成为城市大脑中的"社区微脑"。三是个人健康监测常态化方面，在住宅内配备智能无线卧床探测器、智能无线睡眠监测床垫、生命体征探测仪、居家康养设备等，同时鼓励居民佩戴智能手表、智能手环等可穿戴智能装备；海银朗健（青岛）科技有限公司达成合作意向，通过普及智能健康监测可穿戴装备，共同建设居民动态健康数据库，为慢性病预防等居民健康管理积累数据、提供依据。

（四）满足四种需求，充分体现人民群众的获得感这一数字家庭服务功能

《意见》明确了数字家庭三类服务功能，即满足居民获得家居产品智能化服务、线上获得社会化服务、线上申办政务服务的需求。《意见》中明确的数字家庭服务功能，归纳起来就是人民群众的获得感，将其细分为满足居民线下与线上两个空间共四方

面的需求。一是满足居民获得家居产品智能化服务的需求。依托数字家庭基础平台和基础设施建设，为居民获得家居智能化服务提供便利的途径，鼓励居民安装并便利管理和控制智能家居产品，使智能家居产品真正为我所用、服务生活。二是满足居民获得社区智慧化基础设施服务的需求。在五大类 30 种社区智能化设备中，C2C 智能交互大屏以及嵌装在智慧灯杆、数字长廊的 15 处屏幕，不但可以发布社区事项、公益广告，而且发挥了服务居民日常生活的作用。三是满足居民线上获得社会化服务的需求。以数字家庭基础平台为入口，构建围绕家庭的数字经济服务平台，链接线上线下社会化服务。四是满足居民线上申办政务服务的需求。居民在小区内或足不出户就可以申办政务服务事项，真正实现"零跑腿、掌上办"。

（五）实现五类原创，因地制宜探索数字家庭建设路径和服务模式

《通知》在"试点目的"中要求，因地制宜探索数字家庭建设路径和服务模式，加快物联网新型基础设施建设，形成可复制、可推广的解决方案和典型经验，科学有序地推动数字家庭发展。紧紧把握这一要求，紧密结合区域实际，解放思想大胆创新，在五个方面探索了原创性做法。一是选择在成建制成熟社区试点先行。把试点先行社区选择在红岛街道沟角社区一个成建制运转成熟的社区。该社区是近年来拆迁新建小区，居民和租住户各半，基础设施和入住群体半城半乡、亦城亦乡，有着城乡双重代表性。二是研究制定数字家庭建设地方标准。联合青岛市标准研究院、赛迪研究院、北岸控股集团红小哥（青岛）科技有限公司，综合研究国家、省、市关于数字家庭、新城建、智慧社区、住宅小区智慧化等系列文件精神，编制数字家庭建设指南设计要求和运营服务标准，已向省大数据局进行标准申报。目前，北岸控股集团红小哥（青岛）科技有限

公司已完成 1.0 版本数字家庭建设企业标准，并向社会发布。三是顺应数字家庭发展趋势培育经济新业态。一种趋势的出现，必然会孵化出新的经济业态，数字家庭建设试点承担单位北岸控股集团红小哥（青岛）科技有限公司抓住这一点，积极探索新业态培育模式，反哺数字家庭建设。通过数字家庭实施部署，围绕家庭消费场景，根据社区居民人员结构和消费习惯，有针对性地选取商品，建设了红小哥智慧生活馆、福利仓、社区在线商超，以线上线下混合型团购等形式将线上流量导入线下实体福利仓门店。2023 年 9 月以来，通过数字家庭平台开通的在线商超在试点小区单一门店发起团购近500 次，成交 7480 单，销售额计 10.5 万元，毛利润 1.4 万元。四是打造数字家庭千亿元级产业链。综合数字家庭建设试点情况，经粗略测算，如户均家居智能化费用在 1 万元左右，家庭服务性消费每户年均在 2000 元左右，全省约有 1000 万户城市家庭，将数字家庭建设拓展到全省，则有望打造成为一个千亿元级产业链。作为全省唯一入选试点地区，又是地方标准的制定者，将争取国家部委和省、市支持，向数字家庭千亿元级产业目标迈进。五是培育数字家庭建设本土品牌。北岸控股集团红小哥（青岛）科技有限公司，是区属国有平台公司与深圳中兴网信孵化设立的合资公司，既有头部企业中兴网信的技术力量支撑，又有本土国有企业的市场优势，在承担数字家庭建设试点任务过程中逐渐形成了自己的战略定位，即数字家庭、智慧社区建设集成商及运营服务商。目前已拥有自主知识产权的红小哥云平台运营系统以及社区、家庭网关设备，构建从建设获客到围绕用户经营的长期收益模型，通过强大的平台整合能力整合业界生态产品，通过成果发布加大宣传力度，通过"走出去、请进来"探索外溢路径，依托数字家庭建设试点开展业务外拓，提升红小哥品牌的用户价值和国内知名度、影响力，逐步打造数字家庭建设细分领域本土品牌。

二、特色亮点

根据国家、省、市工作部署，结合全区新型智慧城市建设、智慧社区、新城建等相关工作和实际，城阳区数字家庭建设强化组织领导，建立协同机制，专门成立了以区委书记、区长为组长，副区长为副组长，各区直部门主要负责人为成员的数字家庭城阳领导小组，定期召开工作推进会。形成了"出台一个方案、先行一个社区、搭建一个平台、研究一个标准、培育一个产业、打造一个品牌"的"六个一"的工作思路，推动建设数字家庭系统基础平台建设，强化工程规划建设管理，引导相关市场主体立足居民消费新需求，推动数字家庭产业协同发展。

（一）出台一个方案

在全区范围内发放《青岛市城阳区数字家庭建设试点调查问卷》，问计问需于民，并在此基础上研究出台《数字家庭试点建设实施方案》，制订推进计划、分解试点任务、明晰职责分工，将试点"规划图"变为建设"施工图"。

（二）先行一个社区

在整体思路的指引下，红岛街道沟角社区作为先行社区的工作重点，在建设过程中探索总结试点经验，不断优化调整建设方向。

（三）搭建一个平台

搭建全省首个数字家庭基础平台，作为数字家庭相关服务的统一入口。一方面，实现家居设备的监测与控制；另一方面，实现与已有政务服务、社会服务、智慧社区综合管理服务平台互联互通。从而构建围绕家庭服务的数字经济生态应用场景。

（四）研究一个标准

凝聚相关单位、企业、民间团体力量，总结提炼数字家庭试点建设实践经验，研究制定全省首套数字家庭建设标准，指导全区数字家庭建设工作。

（五）培育一个产业

打通数字家庭上下游产业链，力争形成一条包括智慧社区智能化基础设施配置、智能家居产品研发生产、建设施工安装、运营维护的全产业链。构建以家庭、社区为中心的数字经济生态服务体系，完善应用场景，实现服务生态闭环。

（六）打造一个品牌

利用全省唯一一家担负试点任务先发优势，树标杆、立品牌，将数字家庭、智慧社区的建设运营思路推广到全市、全省，乃至全国，打造知名的城阳区本土品牌企业。

三、应用成效

以提升群众生活质量、带动地方经济为落脚点，打造数字家庭试点标杆。

（一）满足居民获得家居产品智能化服务的需求

鼓励居民安装并便利管理和控制智能家居产品，使智能家居产品真正为我所用、服务生活。沟角社区居民小刘在外地工作，其89岁的老母亲独自一人生活，2023年8月20日晚上在卫生间不慎摔倒，小刘第一时间收到了防摔倒检测仪发送的手机报警，他通过 APP 联系电话联系上了小区物业，与此同时，物业也通过老人摁通的一键报警器了解到有关信息，网格员及时登门查看情况，在确认无大碍后方才离开，并向其子女报了平安。小刘全家对社区服务非常满意，对数字家庭解决的独居老人看护问题赞不绝口。

（二）满足居民获得社区智慧化基础设施服务的需求

在五大类 30 种社区智能化设备中，C2C 智能交互大屏以及嵌装在智慧灯杆、数字长廊的 15 处屏幕，不但可以发布社区事项、公益广告，而且发挥了服务居民日常生活的作用。两个月来，沟角社区有 3 户居民子女结婚，社区"两委"和红小哥科技共同为家有喜事的居民送上祝福，15 处屏幕同时滚动播出新人的姓名、祝福百年好合的祝福语以及红双喜字，广播里同步播放《今天是个好日子》等歌曲，喜庆色彩和优美旋律共同交织，使居民真切体会到了数字家庭带来的幸福感。

（三）满足居民线上获得社会化服务的需求

以数字家庭基础平台为入口，链接社会化服务平台。截至目前设置了 3 类 27 项社会化服务项目，其中物业类服务包括报修、装修等 8 项内容，智慧社区服务包括访客预约、健康检测等 8 项内容，便民服务包括家政、交通查询等 11 项内容。据不完全统计，线上社会化服务运行以来，仅氢氧服务就已达 1800 人次，平均每天预约 22 人次。

（四）满足居民线上申办政务服务的需求

目前，数字家庭基础平台已链接"爱山东"共 16 类 177 项政务服务事项,包括公共服务 42 项、医疗保障 15 项、创业就业 12 项、社会保障 11 项、养老服务 7 项等;同时,在社区党群服务中心安装了青岛市政务服务一体机,可自主申报 9 类 254 项服务事项。居民在小区内或足不出户就可以申办政务服务事项,真正实现"零跑腿、掌上办"。

(五) 提升参与方经济效益

数字家庭相关内容的建成不是最终目的,而是长期为社区、居民提供服务的开始。为实现数字家庭的"自我造血",城阳区充分利用市场化手段,在全面运营方面做了有益探索。一方面利用社区、国企现有资源,打造社区福利仓、生活便利店和团购小程序,对接物资直供原产地,整合商家质资源,内部黏合社区居民需求,为社区居民提供物美价廉的福利商品,并反哺数字家庭建设运维。另一方面充分整合生态资源,建设社区智慧生活馆,引入家电、保洁、保姆、配餐、康养等服务提供商,并在社区引入智慧充电桩、健康水站等智慧化运营设备,为居民提供服务的同时,实现数字家庭建设工作内生循环。如此一来,居民拥有了便捷化线下生活体验,获取了质优价廉的生活服务,降低了生活成本;企业获得了运营收益;政府、社区等管理方获得了数字家庭运营输血,降低了资金压力,打造了多方共赢的局面。

"爱莱西"党建引领诉求解决平台

中共莱西市委政法委员会

党的二十大报告提出，畅通和规范群众诉求表达、利益协调、权益保障通道，完善网格化管理、精细化服务、信息化支撑的基层治理平台；建设人人有责、人人尽责、人人享有的社会治理共同体。山东省第十二次党代会提出"社会治理效能实现新跃升"的目标要求。通过建设"青诉即办"诉求解决平台体系中区（市）级诉求解决平台——莱西市"爱莱西"党建引领诉求解决平台，进一步拓宽和畅通群众、市场主体和基层的诉求表达通道，引导广大群众积极参与基层治理，推动"人人都是网格员"变为现实，构建起共建共治共享的基层治理格局。

建设"爱莱西"诉求解决平台，目的是通过构建"青诉即办"平台体系莱西市平台，实现数字化、智能化赋能政务服务与社会治理新型智慧服务平台的探索实践，推动社会治理重心向基层下移，把更多资源、服务、管理放到村和社区，更好地为群众提供精准化、精细化服务。

一、平台内容

莱西市通过建设"爱莱西"党建引领诉求解决平台，有效畅通了群众民生、企业发展、镇（街道）执法等诉求集中解决渠道。平台通过数字化、智能化的手段，实现民生、发展、执法三类诉求

"指尖倾诉、一键办理"，实现了群众诉求的快捷办理和问题的高效解决。平台涵盖全市各部门和镇（街道），构建了全流程的诉求处理链条，实现了一门对外、一口受理、一网运行、一体评价、闭环管理的运行模式。

二、关键技术

平台所采用的关键技术主要是信息化诉求处理平台网页端、微信公众号小程序群众诉求上报入口、诉求解决平台移动端 APP。通过建设完整数字化、智能化的平台体系，实现了诉求的快速接收、分类处理、分派转办、审核验收和评价回访等过程，提高了诉求处理的效率和精准度。同时，通过数据资源的整合和共享，实现了各部门之间的协同工作和信息共享。

三、数据资源

平台的数据资源包括各部门和镇（街道）的相关数据，如诉求信息、处理进度、评价结果等。这些数据资源通过平台进行整合和共享，实现了数据要素的流通。平台系统涵盖全市 75 个部门、11 处镇（街道），形成了完整的数据流通链条，同时通过公众号等渠道将数据资源传递给群众，群众可以通过公众号小程序了解诉求办理的流程进度和答复结果。

四、运营模式

平台的运营模式是"快捷受理、统一转派、协同处置、多元共治"的民生诉求服务体系。在运营过程中，各部门和镇（街道）相关主管单位承担起办理责任，通过定期调度和管理，推动诉求办理工作高效运行。诉求通过登记上报,经由社区、镇(街道)、市级根据职责分流办理,承办单位办理完成后由市级审核把关、统一回复。群众根据办理情况进行评价,市级对评价不满意的情况进行相对整改。平台系统的建设和运营,涉及各部门的配合和协调,通过信息共享和协同办理,实现了问题的及时解决和群众满意度的提高。

五、运营成效

项目的运营成效体现在群众满意度的提高和问题解决的效率。平台受理各类诉求超过 3 万件,满意率达到 99.26%,解决率达到 98.84%。平台的公众号关注人数达到 33.45 万人,关注率为 46.85%。平台通过数据赋能和规范办理,实现了快捷受理和高效答复,为群众提供了精准化、精细化的诉求解决服务,将诉求解决在基层,将矛盾化解在萌芽,切实实现"身边事、身边管、身边解",让群众在最短时间内看到变化和成效。

六、经验总结

一是党建引领是推动社会治理的重要力量,各级党组织要发挥作用,共同抓好基层治理工作。二是信息化建设是实现快捷办理和高效解决问题的关键,通过数字化、智能化的手段,提高工作效率和规范化水平。三是协调联动机制是解决复杂问题的关键,需要各方力量的共同努力。四是建立日常督促机制可以确保诉求得到及时解决,提高群众满意度。这些经验可以为其他地方的类似项目提供参考和借鉴,推动社会治理效能的提升。

大数据＋智慧医疗
构建运管一体化智慧医院新格局

青岛西海岸交通投资集团有限公司

2023 年是中国信创的第四年，重点行业升级成为重中之重，医疗行业更是成为数字化建设的关键。

采用一体化集成手段，把构成整个医院各子系统独立分离的设备、功能和信息集成到相互关联、完整和协调的运管一体化智慧医院，并把这些分散、复杂而庞大的各类设备和系统进行充分的信息、资源、任务共享，从而方便地在统一的界面上实现对各个子系统的监测、控制和管理，有效控制和降低管理运营成本，提高医院管理的效率和综合服务能力、应对突发事件的控制和处理能力等，实现对整个医院最优化的控制和决策，达到高效、经济、节能、协调运行状态，并最终与建筑艺术相结合，创造一个舒适、温馨、安全的科技环境。

运管一体化智慧医院是医院管理服务工作体系落地运行的技术支撑体系，是医院管理部分的工作平台、宣传平台、指挥平台。通过该平台，各级管理部门能够直观纵览医院或单个楼宇的运行状况，实时掌握各项管理数据，深入了解跟踪运维工作落实细节。

通过数字孪生技术将真实的院区进行还原，采用院区、建筑、楼层和设备的层级三维可视化方式进行展现，实现医院运维监控、能耗监控、运营管理、报修服务、统计分析等多种综合管理功能。

集成各种"感知"能力,在传统医院各单一系统的基础上实现"互联互通",多维度对医院数据进行展示、分析和预警,同时打造场景联动、事件联动,基础设施运行更加智能、绿色,使医院运营管理更加规范、高效,提供更加高质与便捷的增值服务。

将已有海量数据依据一定的标准规范进行加工治理,促进数据的规范性、完整性和融合性,建立具有使用意义的中心级别的数据库。高性能图形引擎实现海量数据、复杂场景的加载,为建立在BIM基础平台上的场景应用提供数据支撑,提升行业信息化应用能力,促进院区实现精细化管理。

1. 统一数据规范,避免信息孤岛

信息孤岛的类型众多,分别为数据孤岛、系统孤岛、业务孤岛、管控孤岛。其中,数据孤岛是最普遍的形式,主要存在于所有需要进行数据共享和交换的系统之间。

出现信息孤岛的主要原因:缺乏统一的规划,信息化、BIM等各自为政;多厂家多套系统,且不同系统中使用不同的数据格式和标准无法集成共享;旧系统不支持现代集成技术,难以对接新产品、新技术。

因此,必须制定统一数据标准,统一规划信息系统建设,确保信息化建设和业务需求紧密结合。首先,制定技术规范和数据规范,统一数据架构和指标口径,优先实现数据的价值;其次,对元数据和安全方面进行治理,清晰数据血缘,保障数据安全;再次,从技术架构、任务和资源进行治理,提升数据处理和使用效率;最后,沉淀规范形成数据标准,完善从业务到底层技术自上而下的数据全生命周期管理。

2. 设备/事件实时感知与响应

对院区已对接设备实时监测,主要目的是提高设备可用性和效率,并确保设备能够按照其设计目标稳定运行。通过实时

监测设备运行状况，以及对设备各种参数进行分析，提前预测设备可能发生的故障。一旦系统检测到设备存在潜在故障风险，自动发送报警信息至设备管理员进行维修。不仅可以大大减少设备因故障的停机的时间，还可防止严重设备故障导致人身伤害和财产损失。

3. 设备运维全流程

传统设备运维采用巡检到位确认的方式，具有滞后性，易被修改且无电子化管理；巡检结果无法监督和保障；巡检过程中，漏检、错检时有发生；现场发生异常时，无法直接快速地对现场作业进行指导；纸面作业繁杂耗时，记录难以辨认，且数据无法有效分析；难以对历史记录进行追溯和审核；难以在巡检中实现预测性维护，进而对具有潜在问题的设备或状况制定特殊的应对策略。因此，需规划智能运维，实现医院设备的远程管理和控制。通过智能运维，管理员远程访问设备，执行一系列任务，如更改设备配置、升级设备软件和固件、执行诊断和维护任务等。远程管理和控制的功能，可以大大提高设备可用性和效率，同时降低运营成本和人力成本。

4. 智慧医院可视化

对于医院管理者而言，面对数量众多的系统、设备等资源，很难从整体上进行把控，从而导致资源管理缺乏呈现、医院运营管理难以协同、产生的数据价值难以挖掘利用、整体管理决策缺少依据，因此需规划智慧医院可视化功能，面向医院管理部门，支持整合医院各部门已有信息的数据资源，覆盖医院管理各领域，凭借先进的人机交互方式，实现医院综合态势监测、医院运营态势监测、医院运维态势监测、指挥调度等多种功能，从而助力医院实现信息聚合、数字建模、三维映射，搭建一个智能化数字空间，借助数据治理、知识图谱、轻量建模技术，提升医院运营管理效率，打造医院智慧运营新模式。

一、主要做法

根据《数字中国》《数字青岛》等一系列标准化体系，建设数字医院综合管理基础规范化数据体系，夯实第二中医医院数字化基础底座，深入开展高效协同的数字化院区管理体系建设，从管理运营对医院数字化需求的实际业务需要出发，设定以下核心建设目标：

以"一套标准、一套平台、N个场景化应用"为基本主线，提升线上线下协同的精准治理能力，营造"观全面、管到位、防见效"的智能应用生态，实现"一屏观全院、一网管全院"的目标；构建快速响应、全面感知、智能研判、高效协同的院区管理运营，打造高效、精准、智慧的医院数字治理体系，让医院更智慧，及时、精准地发现各类设备问题和系统问题并快速解决问题，让医患更有亲切感、满足感、安全感。

（一）一套标准

一是建设一套设备数据标准。通过对各系统设备的管理业务分析，建立一套完整的设备数据标准，基于设备管理业务标准，开展设备数据分析应用、数据建模、数据展现，搭建完整的设备管理指标分析体系。

二是通过设备数据标准的建立，实现多种设备数据的对接、多类系统的数据采集通信驱动运行、统一数据格式，实现多类系统、多厂家的数据标准化转换输出，实现数据采集调度功能，打造与平台、云端通信代理及数据传输能力。

（二）一套平台

一是形成一套综合设备数据管理平台。通过设备数据标准的建立、采集、清洗、转换，充分利用大数据、物联网、人工智能等技术，采集设备日常运维以及运行数据，形成一套综合设备数据管理平台，实现设备运行监测、智能运维、故障报修、工单管理、运维统计等设备全生命周期管理，支持各类系统、设备的状态、在线离线、报警提醒等。

二是为数据管理提供配置有效期属性及配置提前提醒时间的功能；根据有效期属性，可查询即将到期和已过有效期数据；根据有效期及提前提醒时间，系统自动发送提醒相关用户。

三是基于综合设备数据管理，推动智慧化场景的打通和场景联动服务，实现设备、事件、场景等联动处理设置功能，支持事件联动配置、联动模板设置、高级事件联动配置以及历史事件联动执行日志的查询与管理。

（三）N 个应用

一是打造 N 个场景化应用。通过各系统设备数据综合管理，架设各系统之间的桥梁，实现各种事件、场景等联动功能，消除信息孤岛，消除各系统设备单打独斗、互不关联的状况。

二是数字孪生实现各个子系统的查看，包括设备及各楼层立体图层信息及点位的查看、实时业务交互的查看、业务联动等功能。同时支持自定义场景联动配置，实现设备在场景中的自控、场景配置、场景切换以及切换记录日志的查询与管理。

三是打通设备运维与数字孪生，实现运维数据、运维过程的统计分析与展示，贯穿从设备报警、设备巡检、设备二维码管理、设备保养等，一直到设备报废的设备全生命周期管理与展示，用户对医院已对接的设备运维一目了然。

四是为用户提供统一消息中心功能，并可以根据阅读状态、消息分类进行筛选，消息由各功能模块自动发送，如运维工单推送信息、设备设施警告信息或静态数据变更信息等。

二、特色亮点

智慧医院利用先进的信息技术和物联网技术，实现医院运营管理一体化，通过信息化管理、智能设备、远程医疗、智能化服务和大数据应用等特色亮点，在基础环境的建设、体制机制的完善、重点应用的推进、实施路径的规划、市场合作的拓展、产业带动的促进以及建设运营模式的创新等方面得到有效提升。这些特色亮点共同推动智慧医院的发展，提升医院管理和医疗服务水平，为患者提供更加便捷、高效和个性化的医疗服务。

1. 基础环境

智慧医院建设依赖先进的信息技术和物联网技术，需要具备稳定的网络基础设施和高速数据传输能力，在医院内部需要布局智能化设备和传感器，利用物联网技术连接各种智能化设备，实现设备之间的互联互通，以及对患者和医务人员的服务和管理，通过智能化监测和预警，随时感知各智能化设备、系统的状态及运转情况，实时预警，智能联动，场景联动。

2. 体制机制

智慧医院通过建立全面的运管一体化体系，实现对医院各个环节数据的采集、分析和管理。通过边缘网关，从终端设备采集数据，对其进行处理和存储，并向云端服务器发送经过处理和封装后的数据。通过与物联网设备相连，实现对设备的实时控制和监测，并对数据进行分析和决策。

3. 重点应用

应用三维 GIS+BIM、AIOT、BIM、数据挖掘、深度学习、人工智能和大数据分析技术，对海量数据进行挖掘和分析，实现设备风险预测、个性化运维等应用。通过数据分析，可以预测设备故障的发生频率、定制个体化的维护保养，提高设备寿命，降本增效。

通过移动端小程序，实现运维人员、运维管理人员、服务商、公众等角色的打通，建立一整套从设备档案维护、设备巡检、维保、报修、报警等环节的运维流程，并支持按周期对各运维业务生成相关数据统计，为项目运维管理人员提供数据支撑。

4. 实施路径

智慧医院的建设制订明确的规划和实施路径，包括技术支持、设备采购、系统集成等方面的具体安排，逐步推进智能化设备的引入和应用，同时进行信息化系统的建设和完善。

5. 市场合作

医院与技术企业、设备供应商、医疗服务机构等进行合作，共同推进智慧医院建设和应用。通过与大数据分析等技术公司合作，利用大数据技术提供个性化运管服务，并且在实际应用中促进技术的发展与创新。

6. 产业带动

智慧医院的建设和应用带动相关产业的发展，包括数字孪生、物联网、人工智能等领域。通过引入智能化服务机器人，能够为患者提供自助导诊、药物发放、医嘱解读等服务。通过人脸识别、语音识别等技术，提高患者就诊的便利性和体验感。智慧医院的需求也会促进相关技术和设备的研发和创新。

三、应用成效

智慧医院的应用在经济社会发展等方面成效显著，实现人员、智能设备、医疗场所等系统之间的互联互通，围绕患者、医护人员需求，挖掘数据背后的价值，提高服务数字化程度以及智慧通行、智慧安防、绿色节能和智慧运维等领域的创新应用，打造一站式数字医院解决方案的同时，推动了科技创新和产业升级。

一是提高了医院设备的利用率。通过及时发现和处理设备故障，运维管理系统能够减少因设备故障而导致的停机时间，提高设备的利用率，保障医院的正常运营。

二是减少了运维成本和人力投入。智能余位的自动化和远程管理功能，能够减少运维人员的出动和维修时间，降低了运维成本和人力投入。

三是优化了设备资源配置。通过信息化和网络化的方式，实现智能化场景、事件的优化配置和协同工作，提高了单一设备的利用效率，减少了设备资源的浪费。

四是提高了医院运维的响应速度。数字孪生应用使得设备状态信息实时可见，报警信息及时推送，能够有效地提高医院运维人员的响应速度与管理效率，减少了设备故障对医院运营的影响。

五是实现了医院的整体绿色节能管理。结合室内外的各类传感器测定温度、湿度、一氧化碳浓度、二氧化碳浓度等环境指标，制定节能策略，自动控制医院照明、空调、新风等各类机电设备自动化运行，实现自动调节医院室内温湿度等环境参数，为医务人员、患者等提供舒适环境体验。

六是促进了科技创新和产业升级。智慧医院的应用推动了医院智能化应用场景的科技创新和产业的升级，促进了科技与医疗的融合，推动了医院智能化科技产业链和价值链的发展。

"现在时·智慧交通"提升交通效能

胶州市公安局

随着城市机动车保有量不断增加，交通压力越来越大，道路拥堵问题日渐突出，交通事故与交通违法事件与之俱增。以胶州市为例，目前安装了交通信号灯的路口有近 400 处，交通管理工作复杂、部分路口和区域通行效率偏低。特别是上合示范区、胶东临空经济区的建立，对智慧交通提出了更高的要求。因此，提升交通信号控制系统的智能化水平，在治理交通拥堵方面取得一些老百姓看得见的效果，继续深挖并释放道路通行潜力，成为摆在交通警察面前的一道难题。在这种背景下，亟须急需一种交通指挥系统，能够实时、精准地自动调控路口乃至区域的交通信号，进而替代交警现场指挥，最大限度地提升通行效率。

一、背景目的

交通信号控制系统自 19 世纪初诞生以来，经历了"固定方案式定时控制系统""方案选择式定时控制系统""自适应信号控制系统（根据实时检测数据每隔一段时间更新一下控制方案）"三个阶段。

目前，使用的交通信号控制系统主要有两种：方案选择式定时控制系统和传统的自适应信号控制系统。方案选择式定时控制系统是指，信号机根据预先设定好的一个或多个方案，按照时段和信号周期重复运行的控制方式，每个周期的放行时间都是一致的，也称为定周期放行；传统的自适应信号控制系统是指，根据地感线圈、地磁、视频或微波雷达检测到的本阶段的交通流量，预测下阶段的交通流量，然后把预先设定好的时间段（如5秒）增加到或减少到下阶段的放行时间，并按照这个原则在以后的阶段反复调整，也叫"过去时"交通信号自适应调控。

定周期放行无法根据交通流量的变化自动调整放行时间；而"过去时"交通信号自适应调控，采用地感线圈、地磁车检器、视频分析等采集交通流量信息，地感线圈和地磁车检器功能单一、施工难度较高、路面破坏严重、检测结果误差较大，而视频分析易受天气等自然环境因素的影响，且因为系统自身架构和算法也存在延迟大和精准度差等诸多问题，无法做到真正实时、精准地自动调控交通信号。

基于此状况，胶州市公安局与北京交通大学、青岛开元科润电子有限公司三方合作，采用军转民相控阵雷达技术＋天网 AI 智能算法，研发现在时·智慧交通指挥系统。该系统采用军工级相控阵智慧感知毫米波雷达检测器，不受雨、雪、大雾等天气影响，可同时精准检测路口 350 米（最远可至 500 米）范围所有车道内大、小车辆数量及行驶速度。系统根据实时车流数据，对路口交通信号进行"现在时"的毫秒级自动调控，解决了传统主流的信号控制，采用地磁、线圈、视频、卫星信号等方式采集道路车辆数据，传回中心；中心根据历史数据，对特定时段、路口设定预案进行人工干预指挥的信号控制方式，真正实现系统实时自动指挥，实现"零空放少节流"，避免"绿灯空等红灯压车"问题，革命性地突破了交通信号自动控制的技术瓶颈。在解决交通调流问题的同时，叠加天网视频数据，利用 AI 算法实时感知车辆的驾驶违章行为，并预设了 300+ 算法场景，进行无阻尼的车辆事故便捷处理模式，极大地提升了交通效率。

目前，在胶州市 342 处路口启用现在时·智慧调控，点和线的智慧控制效能初步彰显。2022 年，胶州市公安局投资 3000 万元，在主城区全面推广现在时系统应用，打造城市区域交通智慧控制，提升通行效率，方便民众出行，助力智慧城市建设。

二、主要做法

（一）技术和实施方案

1. 技术方案

一是系统简介。现在时·智慧交通指挥系统主要由三部分组成，分别是信息采集层、信息传输层、信息决策层。

（1）信息采集层：主要为相控阵雷达＋天网视频，通过雷达进行道路车辆数据的实时采集，道路卡口的实时视频数据，实现对交通流运行状态全天候实时监控。

（2）信息传输层：道路雷达、信号机、边缘计算中心（ECCU）全部联网，通过网络实现采集信息的传输，将车辆数据和视频数据实时传送到边缘计算中心进行计算，并将计算结果实时用于交通信号智慧控制，同时，同步将路况信息实时发送给智慧交通中心指挥平台。

（3）信息决策层：现在时·智慧交通指挥系统，分为路口决策与中心决策两种指挥控制模式。对于单路口来讲，雷达探测到车流数据，通过网络实时传输到路口边缘计算中心（ECCU）进行单路口的智慧指挥放行。同时，探测到的数据与路口放行结果会实时传输到指挥中心，通过指挥中心对多路口数据的计算，可实现对干线、区域的协调控制。

现在时·智慧交通指挥系统，通过雷达实现道路的全面感知与检测、视频数据的直观 +AI 识别，实现感知数据的结构化处理；通过网络，将信息采集层与决策层相连接，雷达探测数据传输到路口边缘计算层，同时雷达数据和视频数据通过网络传输到决策层，通过边缘控制中心（ECCU）实现对单路口的自动控制，通过中心决策层实现对干线、区域的协同控制，同时中心平台通过数字孪生技术实时映射道路现场运行状态。

2. 关键技术

（1）信息采集技术。前段采集设备，采用当前最先进的相控阵智慧感知毫米波雷达检测器（简称相控阵雷达），为军民融合技术转化的典型高科技成果。相控阵技术，在军事上，被广泛应用于飞机、舰艇、导弹等尖端装备，具有多目标侦测、功能多、机动性强、反应速度快、精确度高、抗干扰能力强、可靠性高等特点。相控阵技术转化到民用领域后的相控阵雷达，是目前全球顶尖的毫米波雷达，作为路面非侵入式交通信息采集传感器，可以方便地安装在路口进行多车道、多目标、高准确度检测，采集路口实时、全面、准确的交通信息，包括实时位置、即时速度、车型分类、车道信息、车流量、平均速度、时间占有率、车头时距、排队长度统计和区域车流数统计等。

（2）信息决策技术。前端信息采集数据通过网络实时传输到前段边缘计算中心和中心指挥中心，边缘计算控制单元，利用人工智能引擎得到最优配时，联合交通信号机实时执行。同时信息上传给中心服务器，用于区域协调控制。

中心决策层，集成了交通态势监控、交通信号自动指挥、应急响应决策和设备运维等功能,通过计算机人工智能交通仿真模型，搭建道路数字孪生场景，可以在指挥中心用"高空视角"俯瞰城市道路交通运行情况，并实时调节。还可以监控路口和区域的交通态势信息，包括通行饱和度、道路拥堵指数、平均车速、车辆数目等。

当遇到突发交通事件时，系统会适时触发应急响应决策机制，根据现场交通态势科学调节相关区域交通信号放行。统计结果表明，部署了该系统的路口和区域的通行效率比之前平均提升了30%以上。系统将高精度、多目标感知和秒级响应设备部署在前端，采用边缘计算控制技术，以毫秒级的响应时间，根据实时车流量自动指挥交通信号放行，避免了以前的"数据回传→中心计算→配时下发"造成的指挥延迟和系统不稳定，实现了智能交通技术由"过去时"向"现在时"的历史跨越，颠覆了常见的"交通大脑"控制技术。

3.建设内容及主要功能

现在时·智慧交通指挥系统平台，通过对路口进行智能化改造，形成了包括智能网联式信号控制机、边缘计算中心（ECCU）、相控阵雷达、交通信号终端、智能信息处理终端等一体化的路口智能建设，利用相控阵雷达、边缘计算中心、中心指挥平台、智能算法等关键技术，实现智能感知、传输、大数据分析计算和存储于一体。

（1）建设内容。一是信息采集层，主要为相控阵雷达，通过雷达进行道路车辆数据的实时采集，实现对交通流运行状态全天候实时监控。二是信息决策层，现在时·智慧交通指挥系统，分为路口决策与中心决策两种指挥控制模式。对于单路口来讲，雷达探测到车流数据，通过网络实时传输到路口边缘计算中心（ECCU）进行单路口的智慧指挥放行，同时探测到的数据与路口放行结果会实时传输到指挥中心，通过指挥中心对多路口数据的计算，可实现对干线、区域的协调控制。

（2）主要功能分为以下九方面：

一是单路口感应控制。在独立路口实现单点自适应控制，做到精确调流，零空放、少截流，避免了城市中常见的"绿灯空等，红灯压车"现象，除了常规的单点自适应控制，还设有"防满溢"控制，当本侧绿灯放行车流还没有结束，如果雷达探测到另一侧道路红灯压车已经接近路面饱和，系统会自动终止本侧放行，打开另一侧绿灯，避免该路口满溢至上游，造成严重的上游路口反溢。

二是干线智慧绿波。在主干道实现线路协调，打通智能"绿波带"。以胶州市海尔大道为例，海尔大道全线安装了现在时·智慧交通系统。根据各交叉口实际需求，实现交叉口、全线智慧协调，路段智能绿波，兼顾公平与效率，既实现了干道绿波，又确保支路通行顺畅、不压车。

三是区域协调控制。在整个城区实现区域协调，实现饱和度智能均衡。系统以"以出量进、缓进快出"作为主要缓堵思路，充分发挥相控阵雷达看得远、测得准的优势，通过大数据分析，拥有区域性红绿灯控制能力，能够对全区内路口进行综合管控，协调每个路口通行，实现大范围内的通行效率最大化。通过"现在时"指挥系统和配套的交通诱导系统、城市调频广播系统，将各主要功能区域的交通流尽量引导到各大主干路，再利用已经完善的单点控制和"绿波"控制，实现快速疏散、精准放行、预防反溢、毫秒级感知、秒级响应。

四是智慧闸门。该技术主要针对特殊路段，因为车辆过度饱和容易引发安全隐患。如避免桥面因重型运输车辆停车等待过多造成桥梁坍塌、侧翻、车毁人亡等安全事故发生。未出现饱和时，持续绿灯，出现饱和，智能调控，慢进快出，减少车辆在桥面等待。该技术适应于高架桥、城市快速路匝道等对车辆停车等待有特殊需求路段。

五是智慧可变车道。通过"现在时"系统雷达，检测路口左转车辆和直行车辆的排队情况；通过现场边缘计算平台，动态分析道路区段的交通状况，灵活调控车道方向，从空间上提高路口通行效率。该技术适应于城市道路潮汐路口。

六是"干道常绿支线邀约"。干线道路与支线交叉多，且支线道路车辆稀少，存在明显的支路方向绿灯空放问题。对此现象，研发了"干道常绿支线邀约"技术，平时干道直行常绿，当雷达感知支路车辆到来时，发出虚拟邀约指令，智慧控制道路信号灯截停干线车辆，放行支路车辆。适用于国、省道与乡镇、农村交叉口，设置黄闪灯路口。

七是全息路段。通过将现在时雷达在路段全覆盖，添加视频辅助，可以实现对路段全息场景搭建，实现无缝稽查布控，"全机动"特勤，实时路况数字孪生——所有车辆行驶轨迹实时展示等。

八是其他拓展功能。通过雷视一体方式，实现重点人员看护——雷达＋视频全天候值守，有异动立即触发报警；重点场所周界防护，如看守所警戒、智慧派出所——"湖边防溺水"；机场防闯入警戒等。从系统功能性、技术先进性、算法智慧性等方面，拓展应用场景丰富，可以根据实际情况进行定制。

九是数据分析功能。对道路交通量、通行状况、历史数据等进行分析，包括车流量、平均速度、排队长度统计和区域车流数统计等指标。

（二）实施方案

实施方案包括但不限于系统软硬件部署、数据开发利用、要素资源保障、合作模式、投资回报周期等方面内容。

现在时·智慧交通指挥系统为胶州市公安局为服务民众出行，联合北京交通大学、青岛开元科润电子有限公司研发的新一代智慧交通信号控制系统，系统由青岛开元科润电子有限公司研发、建设施工，研发费用由企业独立承担，胶州市公安局为企业研发、试验提供测试基础，项目成熟后，由胶州市公安局主导建设。

截至目前，现在时·智慧交通指挥系统累计研发、试验投入3000多万元，主要为研发费用、试验设备采购、实验室建设、计算机和服务器购置、信号机设备购置，以及其他参与研发及项目人员费用。

三、特色亮点

（一）项目特色

1. 系统在控制能力上做到了点线面结合

在独立路口实现单点自适应控制，做到精确调流，零空放、少截流，避免了城市中常见的"绿灯空等，红灯压车"现象。以福州—兰州路口为例，除了常规的单点自适应控制，还设有"防满溢"控制，当本侧绿灯放行车流还没有结束，如果雷达探测到另一侧道路红灯压车已经接近路面饱和，系统会自动终止该侧放行，打开另一侧绿灯，避免本路口满溢至上游，造成严重的上游路口反溢。

在主干道实现线路协调，打通智能"绿波带"。以海尔大道为例，海尔大道全线安装了相控阵雷达，根据各交叉口实际需求，实时探测实时车流量和行车速度，实现路段智能绿波，既实现了干道绿波，又确保支路通行顺畅、不压车。

2. 系统在智能程度上实现了高低平峰自动指挥

"现在时"指挥系统不按照上下班时间固定划分"高低峰"时段，而是按照道路实时拥堵程度自动执行"高低峰"控制策略，特别适合城市瞬息万变的交通形势。

在高峰时，系统一方面确保单点自适应路口和"绿波带"线路的畅通，另一方面还要适当对车辆进行精准限流，确保道路无反溢。按照公安部交管指导意见，系统以交通流均衡调控为重点，实现缓进快出、精准限流防反溢，主动均衡区域饱和度。在平峰时，系统确保道路车辆精确清空，无绿灯空放现象，"绿波带"线路一路绿灯，保障道路通行效率，并且自动调整周期内绿信比，尽量缩减对支路的影响。在低峰时，系统在确保行人过街"最小绿"的安全基础上，实现来车就放、少等红灯，大大节省车辆等待时间。

现在时·智慧交通指挥系统在国内，乃至世界该领域处于领先位置，真正实现了对交通实时监控、智慧指挥。2020年，江苏无锡宜兴市主动到胶州市公安局考察学习，并将该系统引到宜兴市落地应用。该系统已经获上海、浙江、江苏、山西、新疆、山东临沂等多个地区交管部门的考察学习，市场应用优势突出。

2021年，现在时·智慧交通指挥系统荣获中国第一届新型智慧城市创新大赛特等奖（至尊奖）、最佳人气奖、百佳案例奖。

（二）具体优势

1. 创新优势

青岛开元科润电子有限公司为高新技术企业，是现在时·智慧交通指挥系统的核心研发单位，公司建有技术创新中心，并与北京交通大学、西安象德雷达博士团队成立城市综合交通研究所，建有北京交通大学岳昊教授专家工作站。目前公司有用专利3项、软著19项，申报受理发明专利1项、实用新型专利2项。

2. 竞争优势

一是采用了自主研发的相控阵雷达，能够全天候监测车流。这比常用的视频监控优势明显，因为视频技术：①易受天气影响，遭遇雨、雪、雾等恶劣天气几乎失效；②有效距离短（标称80米）；③无法精确预测到达路口时间。车流监测技术的先进性直接决定了智慧交通系统的信息感知精度，避免了常规系统关键时刻数据不可信的问题。

二是采用了实时控制的软硬件架构，让交通指挥直接服务于当前车流。这也是该系统命名为"现在时"的原因之一。相较于常见的交通信号控制有着颠覆性的提升。传统信号灯的控制主要有：①定周期控制（人工凭经验分时段设定红绿灯时长），②自适应控制（利用检测设备采集的上一个周期数据来确定下一轮的红绿灯时长），③大数据控制（通过多种渠道收集的历史大数据分析确定下一时段的红绿灯时长）三种模式。不难发现，上述三种计数都是利用历史车流量数据给出信号控制方案的，这也是他们不可逾越的技术短板，凸显了我们自研技术的颠覆性优势。

3. 推广优势

系统采用的军工级相控阵毫米波雷达传感器，可以方便地安装在路口原有的杆件上，可以直接新建，也可以在原有道路交通设施基础上进行改造升级。系统所有设备的安装均不需要破坏路面基础，免去道路维护保养成本，而且稳定性高，维护成本低。

（三）风险分析

1. 技术角度分析

系统前端使用的相控阵智慧感知毫米波雷达，根据工信部公布《汽车雷达无线电管理暂行规定（征求意见稿）》相关要求，即便在车路协同即将全面实现的未来，也不会对届时广泛使用的车载雷达造成干扰，因此具有更好的前瞻性和安全性。

2. 实施方面的风险

对于老城区进行系统建设升级来说，存在一定程度的实施难度，老城区管线陈旧，规划落后，通信可能无法满足要求，建设难度较大。对于该问题，系统可以采用5G来解决通信问题，设备支持5G网络应用。

四、应用成效

（一）应用整体成效

系统前端采用军工级的相控阵智慧感知毫米波雷达检测器（简称相控阵雷达）和边缘计算控制单元，为军民融合技术转化的典型高科技成果。相控阵技术，在军事上，被广泛应用于飞机、舰艇、导弹等尖端装备，具有多目标侦测、功能多、机动性强、反应速度快、精确度高、抗干扰能力强、可靠性高等特点。相控阵技术转化到民用领域后的相控阵雷达，是目前全球顶尖的毫米波雷达，作为路面非侵入式交通信息采集传感器，可以方便地安装在路口进行多车道、多目标、高准确度检测，采集路口实时、全面、准确的交通信息，包括实时位置、即时速度、车型分类、车道信息、车流量、平均速度、时间占有率、车头时距、排队长度统计和区域车流数统计等。

系统前端通过相控阵雷达获取交通流数据，信息实时汇聚到边缘计算控制单元，利用人工智能引擎得到最优配时，联合交通信号机实时执行。同时信息也上传给中心服务器，用于区域协调控制。

系统前端使用的相控阵智慧感知毫米波雷达，即便在车路协同即将全面实现的未来，也不会对届时广泛使用的车载雷达造成干扰，因此具有更好的前瞻性和安全性。

（二）经济效益

项目实施已带来或预计带来的可量化的经济效益情况，包括但不限于财政支出的下降、产业规模的扩大、税收的增加等。

一是传统的地感线圈、地磁等流量采集设备，施工安装时需要对路面进行较为严重的破坏，且存在检测精度低、功能单一、施工难度大、污染环境等问题。视频车检器和普通多目标微波雷达，需要在多个检测断面安装设备，存在反应速度慢、抗干扰能力差、受天气环境因素影响大、工程造价高等问题。系统采用的军工级相控阵毫米波雷达传感器，可以方便地安装在路口原有的杆件上，检测 500 米范围内的所有目标，节省了工程造价费用，单路口节省造价成本 5 万元。二是系统采用的相控阵毫米波雷达传感器，拥有军工级品质，出厂前经历了各种严苛环境下的测试，可靠性高，故障率低，减少了运维费用。

（三）社会效益

目前，现在时·智慧交通指挥系统已经在胶州市区 100 多处路口安装运行，缓解拥堵效果显著。统计结果表明，部署了该系统的路口和区域的通行效率比之前平均提升了 30% 以上。

一是提升交通管理水平，提高交通管理效率。系统实现了交通信号毫秒级的自动调控，是真正的"现在时"智慧交通自动指挥系统，替代了交警现场人工指挥，大大节省了警力资源。二是以胶州市为例，全市每天出行人流量约 185 万人次，按照系统提升通行效率 30% 计算，每人每天平均节省出行时间 10 分钟，全市每天节省出行时间 1850 万分钟，每年节省出行时间 11254 万小时。通行效率的提升，提高了市民的办事效率和幸福指数，也促进了社会的和谐。三是以胶州市为例，全市每天出行车流量约 30 万辆次，按照系统提升通行效率 30% 计算，每车每天平均节省怠速停车时间 5 分钟，车辆怠速油耗平均 1.6 升 / 时，全市出行车辆每天可以节省油耗 4 万升，每年节省油耗 1460 万升，每年节省油费 8760 万元。节能减排，促进了空气质量的优化，也提升了居民的生活品质和健康指数。

打造"综合出行服务平台"
服务市民绿色出行

青岛国信城市信息科技有限公司

《交通强国建设纲要》中提出建设总目标是"人民满意、保障有力、世界前列"。其中，"人民满意"是交通强国建设的根本宗旨，强调坚持以人民为中心的发展思想，建设人民满意交通。随着物联网、5G、云计算、大数据、人工智能等新一代信息技术的发展以及交通强国、新基建、数字交通的提出，构建以数据驱动的综合交通数字治理和服务体系，实现综合交通政府多元化治理、企业精细化运营、公众智慧化出行，推动综合交通管理及服务从智能化向智慧化的转变成为迫切需求。

随着青岛市综合交通建设持续深入推进，我市常规公交运营线路总长度及客运量飞速发展。在公交行业急剧发展的同时，由于受传统公交系统架构与工作流程的限制，公交车卡系统普遍存在充值难、易丢卡、进站耗时长等问题。

在全面分析用户诉求和客服反馈热点基础上，经前期调研、开发、测试和联调，公司上线了"琴岛通"APP。"琴岛通"APP立足实体卡用户中心导向，结合互联网平台思维，线上线下资源互补，为琴岛通新老用户提供方便快捷的出行服务工具，是全国行业内功能最全、覆盖最广的城市通客户端之一。

一、主要做法

2020 年，公司将 NFC 移动支付技术与传统琴岛通卡业务相结合，打造城市一卡通一站式在线服务平台"琴岛通"APP，轻松实现实体卡充值、开具电子发票、二维码乘车、老年卡和学生卡等卡片办理、余额查询等功能。2023 年 1 月，"琴岛通"APP 实现了全面升级，搭建琴岛通网上营业厅，提升用户数量及活跃度，满足消费者线上一站式服务。

（一）运用 NFC 技术进行移动支付

琴岛通 NFC 是指通过手机的 NFC 模块来实现琴岛通应用功能，相当于手机里的一张琴岛通虚拟卡，该功能无须打开 APP，无须联网，在手机息屏时也可使用，让市民的出行更为方便快捷。琴岛通 NFC 通过近场交互模式，支持用户离网付款，并且将支付时间缩短至 200 毫秒，极大提高了乘客过闸效率，为用户提供了无须持卡、无须打开 APP 即可便捷乘车的新体验。琴岛通 NFC 支持公交、地铁全畅行，且享受与琴岛通实体卡同等乘车优惠政策，在全国 300 余座交通联合互联互通城市均可使用，有效满足了市民个性化多样化的出行需求。

（二）联合腾讯，上线"琴岛通乘车码"小程序

基于无线通信技术、"双离线"二维码技术，公司携手腾讯公司共同开发了"琴岛通乘车码"小程序，采用"先乘车，后付费"的信用消费模式，通过极速验证技术，即使在网络不稳定、余额不足的情况下，也可实现快速刷码乘车。借助乘车码为代表的智慧交通产品，助力青岛交通行业实现数字化升级，提升青岛公交运行效率。

（三）自研"琴岛通碳普惠"小程序

碳普惠平台接入绿色出行（每日步行、公共交通）、缴费购物（公交卡充值、教育缴费、生活缴费、线上购药）、高效节能（"隧e通"过隧道）等低碳行为数据，围绕用户的衣、食、住、行、游，每一次绿色行为都将被平台累积并记录下来，基于统一标准量化为碳减排量，形成个人碳账本。个人碳账本作为个人的绿色资产，可兑换和享受国信通积分等优惠权益。"琴岛通碳普惠"小程序一定程度上缓解了城市交通的拥挤问题，减少了机动车辆对空气的污染，促使社会环境良性循环发展。

（四）推出琴岛通超级 SIM 卡产品

公司与中国移动公司合作推出了琴岛通超级 SIM 卡产品。该卡是对普通 SIM 卡的全面升级，以手机 SIM 卡为载体，应用了 RFID、NFC 技术等，将交通卡信息集成到 SIM 卡应用中，用户持手机实现刷 SIM 卡乘坐公交、地铁出行，且享受实体卡同等乘车优惠。该产品实现了传统交通卡与创新应用的结合，为用户提供了手机轻松"碰一碰"，便可"一卡走天下"的便捷出行和支付体验。

（五）乘车数据在线化

琴岛通数据分析系统可实现系统管理、发票管理、NFC 管理、卡面管理、订单管理、APP 数据管理、网点数据管理等多项功能。通过琴岛通大数据平台，分析用户出行画像，为交通运营提供决策支撑，提高乘客出行体验。

（六）聚集产业生态资源

在产业资源方面，"综合出行服务云平台"集聚手机厂商、通信商、终端商、互联网运营商等产业链上下游合作资源，与中国移动、腾讯公司、深圳雪球科技公司、深圳微付充科技公司等行业内领先企业合作，融合生物识别支付、大数据等"互联网+"前沿技术，在国内率先实现"乘车二维码""琴岛通NFC""琴岛通超级SIM卡"等支付应用。

（七）形成自主知识产权，加快知识成果转化

在建设综合出行服务平台的过程中，公司通过不断创新，形成了多项平台相关的知识产权，如《琴岛通卡业务运营平台软件V1.0》《琴岛通综合运维平台软件V1.0》《琴岛通线上营业厅APPV1.0》等计算机软件著作权，提高了研发人员的创新能力。

二、特色亮点

（一）聚合支付方式，提供一站式出行服务体验

"综合出行服务平台"以路线规划为切入点，串联公共交通（公交、地铁）和车场景（停车场、加油站、高速、隧道），聚合ETC、车牌付、NFC、二维码等多种支付方式，打造了城市级综合交通出行平台。用户在一个终端入口体验全链路出行体验，可享受出行方案的查询、规划、一站式支付等服务。

（二）推动城市交通数字化

在无感支付方面，实现了NFC技术在公交卡领域的多种应用，包括无须启屏、无须网络畅行全市公交、地铁功能，并享受与实体卡相同乘车折扣和换乘优惠政策，用户一"机"通全城。同时，

依托 NFC 技术，创新打造了"超级 SIM 卡"项目，基于手机运营商的 SIM 卡芯片，将交通卡信息集成到 SIM 卡应用中，通过手机 NFC 功能实现刷 SIM 卡乘坐公交、地铁出行。在公共服务方面，上线了公交实体卡在线充值功能，用户可以通过 NFC 功能为琴岛通公交卡在线充值。截至 2023 年底，线上充值笔数已超过线下网点充值笔数，成为实体卡充值渠道中占比最大的渠道。

（三）上线碳普惠平台，鼓励绿色出行

开发"碳普惠"功能模块，包括低碳行为数据接入、碳账户累计、公共服务兑换、商业资源鼓励等模块，形成累计—兑换—消费的碳普惠生态圈。借助移动互联技术将居民的减碳行为，如绿色出行行为、高效节能行为等，以"碳能量"的形式，核证为可用于兑换商业优惠的减碳量。截至 2023 年底，已有超过 40 万用户在碳普惠平台上产生了碳能量，通过兑换平台福利所兑换的碳能量总重已超过 170 吨。

三、应用成效

综合出行服务云平台经 10 余年沉淀和耕耘，已存有大量行业数据，为政府决策，无论是公共交通资源的投放、站点设置还是交通管理或规划都提供了科学的数据支撑。而聚合多种业态的支付方式，将实体卡、NFC、二维码等融合到一个 APP 中，通过技术手段进行用户群体细分，实现商业精准化的信息推送，以及关联穿戴设备的用户定位、后台的可视化管理都存在可观的商业价值。此外，"琴岛通" APP 推出特种卡，如老年卡、学生卡、献血卡的线上申领，以及电子发票申请、出行路径规划等多种功能，为用户打造了优质的服务体验和快捷的出行工具，实现动静交通场景的整合，为绿色

出行、智能出行创造了足够的便利条件，有效提升了公共出行的服务能力。

APP上线以来，服务青岛市民近400万人，其中，琴岛通NFC用户数超过100万人，乘车二维码用户数超过220万人，平台业务已覆盖地铁、公交、私家车等多种交通方式，市民用一个APP实现交通方式的查询、充值和支付。在提倡"智慧城市、公交先行"理念的今天，琴岛通以其便捷、优惠、通乘等优势成为岛城市民出行首先支付工具，有效解决了用户个性化的出行需求，提升了用户出行体验感和满意度，为打造青岛市公共交通出行综合服务平台奠定了坚实基础。

卫星遥感平台赋能城市治理

青岛市崂山区电子政务和大数据中心

城市大脑是建设城市的重要举措，运用大数据、云计算、区块链、人工智能、空天遥感等前沿技术推动城市管理手段、管理模式、管理理念创新，从数字化到智能化再到智慧化。通过空天信息技术赋能城市大脑，服务城市管理，将成为城市发展新动力。卫星感知作为崂山区全域感知的重要手段之一，影像数据是遂行遥感项目任务的基础，但崂山区卫星遥感数据积累较少，数据治理更新机制仍处于空缺状态。2022 年 1 月 7 日，由中国科学院空天信息创新研究院、山东产业技术研究院、青岛市科学技术局、崂山区人民政府共同主办的"空天信息与数字经济创新发展论坛"在青岛召开，推动青岛市崂山区卫星应用和空天信息产业的发展。各相关单位对卫星遥感数据需求的逐年增加与影像数据处理效率低、智能化不足的矛盾逐步升级。信息壁垒、保密共享机制不完善、应用服务面向对象单一等，导致对卫星遥感数据服务支撑力量薄弱，数据存量低，服务频次少、服务应用领域覆盖面单一和鲜活性、现势性较差等问题。青岛市智慧城市建设领导小组办公室关于印发《青岛市城市云脑建设指引》的通知，要求进一步规范青岛市城市云脑建设，加快推进各区（市）、各部门城市云脑相关系统与城市云脑基础平台对接，构建全市一体化城市云脑体系。卫星遥感基础能力平台位于城市云脑区（市）中枢的公共支撑层，与数字孪生 CIM 基础支撑平台、大数据中心、数据中台和业务中台并列，作为云脑区（市）中枢特色应用支撑，共同构建云脑中枢基础支撑部分，补充空天遥感服务能力。

一、主要做法

卫星遥感平台依托金宏用户体系面向各个单位，将卫星能力延伸到各个部门，发挥卫星数据的最大价值。

主要建设有卫星遥感影像数据协同交互系统、卫星遥感数据智能解译系统和平台运维与支撑系统。其中，协同交互系统是面向区各单位应用的主要系统；智能解译系统是引入AI（人工智能）技术，对影像数据进行快速的智能化自动化解译、反演；平台运维与支撑系统是保证系统正常运转，数据更新维护的重要模块。在平台运维与支撑系统中还设计了一组卫星遥感数据智能解译算法接口，将解译能力释放给更多的应用系统。

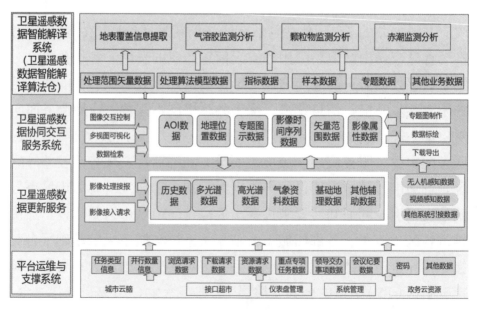

系统架构图

（一）统一提供影像数据

项目提供未来 5 年 60 期 0.5 米分辨率的影像数据，每月更新一次。影像数据以服务的形式对外开放，政府各单位都可以方便快捷地应用最新的卫星影像数据。能从全局上对城市演变进行查看。

（二）统一提供智能解译算法

项目提供了植被、建筑物、道路、水体四类常用的地表覆盖物智能识别提取算法。智能解译算法依托算力中心进行智能化提取，快速识别整个崂山区的关键地表覆盖物，大大提升了人工识别标注的效率和准确率。在各个领域的应用中起到基础支撑作用。

（三）统一提供应用功能

提供统一的数据处理平台，用户可对统一采购的影像数据进行查看、加工、标绘、下载、裁剪、比对，辅助不同业务单位实现不同的业务需求。

（四）统一提供算法接口和地图服务

方案将影像以图层的形式发布，用户可根据需求引用不同时期的影像图层作为底图。

算法接口以 API 形式开放，用户可调用接口对指定范围内的地表覆盖物情况进行提取和分析统计。

二、特色亮点

卫星遥感技术在城市管理的应用上面目前还存在着如下问题，包括不同部门之间遥感数据重复采购、城市地图更新频次低、卫星遥感数据技术门槛高等应用问题。在城市治理方面，各个领域对卫星遥感的应用都有需求，遥感数据存在重复采购的问题；城市管理中常用的 GIS 底图服务往往更新速度较低，用于业务支撑的卫星底图得不到及时更新；卫星遥感领域专业度高、应用门槛高，虽然在城市治理领域诸多场景都亟须卫星能力的支撑，却很难体验到卫星的赋能。基于上述问题，该方案从数据、服务、接口、应用等多层次进行建设。

（一）一眼观全区

卫星遥感基础能力平台以直观的方式提供"鲜活"的卫星数据服务，可通过本平台对所有影像数据进行查看，以满足各类业务规划需要。方案提供过去 10 年历史遥感影像数据 15 期以及未来 5 年每月更新的 0.5 米分辨率影像数据 60 期。

（二）一轴识变化

以变化监测成果作为重大项目监测、水资源管理、道路规划、城市绿化等业务场景的基础支撑。

长时序变化监测。"时间轴"比对功能，实现对崂山全域城市变化的监测。便捷直观地查看所关注区域历年来的变化历程。

任意两期变化提取及比对。"卷帘比对"对任意两期数据进行变化比对并提取变化信息，实现智能化比对提取。还提供了带有双光标的分屏比对功能，对变化较大的区域的变化识别和定位具有很好的效果。

（三）一键知分类

卫星遥感基础能力平台"算"的能力体现在建筑、水体、道路、植被等地表覆盖物的识别提取，方案提供局部区域的解译能力和全域范围整体地表覆盖物识别提取的能力。

（四）一网享资源

卫星遥感基础能力平台作为城市云脑平台层重要组成部分对外共享能力。资源从三个层面上进行分享，包括"数据地图""解译成果""接口服务"。

新鲜的"地图服务"共享能力。卫星遥感基础能力平台为全崂山区应用提供过去 10 年及未来月度更新的"底图服务"。

全量的"解译成果"共享能力。卫星遥感基础能力平台具备自动化解译能力，提供全量的解译成果下载和分享能力。

丰富的"接口服务"共享能力。卫星遥感基础能力平台封装了原始影像数据、解译成果数据以及算法资源 API，为新系统建设提供接口服务能力。可避免重复建设。

三、应用成效

系统自 2023 年 8 月正式上线以来，为多部门在城市管理领域提供了卫星应用服务。崂山区自然资源局引用系统提供的最新的影像数据对"青岛国际创新园区"的最新情况进行了观测；崂山区工信局对崂山区"生物医药产业园"地区最新影像情况进行了查看；崂山区发改局某项目引用所有历史影像数据服务，实现整个崂山区重点项目建设长时序观测；为"扬尘治理"点位落图，提供 50 多个点位的坐标获取；为崂山云脑应用提供了最新城市地图服务；为"张村河片区"城市更新情况监测汇报提供了影像支持。

数字生态篇

以公共数据运营撬动数据要素市场发展

青岛市大数据发展管理局

青岛市深入贯彻落实国家和省有关数据工作部署，围绕数字经济和实体经济高质量发展目标，创新形成"以公共数据运营撬动数据要素市场"的发展模式，推动数据"供得出、流得动、用得好"，促进数据资产化和产业化发展，为经济社会发展注入新动能。

一、主要做法

（一）开展公共数据运营试点

授权青岛华通集团下属全资子公司华通智研院开展公共数据运营试点，支持其建设全市统一的公共数据运营通道，根据市场个性化需求加工治理数据，以市场化手段带动市场主体挖掘应用场景、开发数据产品，形成公共数据应用的闭环商业模式。

（二）完善数据管理基础制度

出台《青岛市公共数据管理办法》《数据要素市场化配置改革三年行动方案》《青岛市公共数据运营试点管理暂行办法》《数据要素型企业评估规范》等政府规章、规划和制度、标准 30 余项。

制定《青岛市公共数据运营试点突破攻坚方案》，明确了"1346"发展思路。

（三）提升公共数据供给能力

通过建设完善全市一体化大数据平台、公共数据运营平台，对公共数据进行全量汇聚、精准治理和安全供给。融合汇聚公共数据总量超2100亿条，其中物理汇聚115亿条。

（四）强化各方数据要素意识

推广政务数据首席代表和数据专员制度，开展数据要素专题培训。通过打造线下"青数营"和线上"青夜谈"数据要素沙龙（已开展21期）、举办"2023首届公共数据运营大会"等6次全国性会议活动，推动政府部门、企业和协会逾千家单位交流互鉴，提升社会各界数据要素化意识。

二、特色亮点

（一）创新公共数据运营发展模式

构建集供数、治数和用数于一体的"1+1+N"的公共数据运营体系，创新形成"以公共数据运营撬动数据要素市场"的发展模式，青岛获评全国公共数据运营领军城市。

（二）推动数据资产登记评价互认

组织编制发布全国首个"数据资产价值与收益分配评价模型"标准，打通数据资产化路径。成立数据资产登记评价中心，上线试运行数据资产登记评价平台，实现青岛、厦门、武汉、兰州、湖州五城和深圳、贵阳两个数交所数据资产登记互通互认。

（三）创新数据要素产业发展生态

建成全省首个数据要素产业园，以"一园七区"协同发展和"以数招商"模式，累计引进和培育数据商和服务机构 62 家，构建了包括数据商以及数据集成、数据标注、合规认证等第三方专业服务机构的生态图谱。

三、应用成效

（一）数据产业化成效显著

15 家企业入选"2023 年度山东省数据要素型示范企业"第一批名单，占全省入选总数的 48%。累计培育省级数据开放创新应用实验室 27 家，市级数据开放创新应用实验室 30 家。引进培育翼方健数等一批行业龙头企业。全省首个通过金融监管审批的青岛大数据交易中心围绕影视、文旅、卫星遥感、工业等重点领域建设特色专区，上架数据产品、模型和算法 312 个。建成全国首个海洋大数据交易服务平台，开放 9 大类海洋数据，有效交易额超过 1053 万元。

（二）数据要素价值倍增

数据要素在金融、医疗等领域价值凸显。比如，在金融领域，金融机构利用涉企公共数据进行信贷管理，涉及贷前审查、贷中放款和贷后跟踪综合资金 3028 亿元。医疗领域，汇聚医疗数据 31 亿条，实现商业核保应用，将以往几天的核保时间缩短为 3～5 秒，实现医疗数据变现，相关产品已在省外复用。

（三）优势资源集聚青岛

开放群岛开源社区青岛站、公共数据授权运营小组落户青岛；成功举办首期数据要素高层次人才高级研修班（青岛站）；发起成立"公共数据运营全国统一大市场联盟"，组建首批20余家单位参与的海洋大数据合作发展平台，启动建设公共数据赋能大模型训练基地，为有数据需求和供给能力的企业、合作伙伴、投资方等提供交流互通的平台，带动国内更多企业"走进来"。

构建"定制化、高品质、一站式"综合交通出行信息服务体系

青岛市交通运输公共服务中心

根据《交通强国建设纲要》《青岛市交通基础设施建设攻势作战方案（2019—2022年）》等文件中"完善结构优化、一体衔接的设施网络""扩大多样化高品质的服务供给"等相关工作要求，深入贯彻落实数字山东、数字青岛规划部署，进一步加快新型智慧城市建设，2023年，青岛市交通运输公共服务中心（以下简称"中心"）围绕出行服务领域，以交通强国"综合交通大数据中心体系"试点建设为基座，建立以"六屏两微一热线"为主要内容的青岛特色综合交通出行信息服务体系，打造"交融致慧"的数字化创新服务模式，实现为公众提供"定制化、高品质、一站式"综合交通信息服务，为企业提质增效提供数据支撑。

一、主要做法

中心以"深化交通领域数字化转型"工作为契机，2021年，依托交通强国专项试点工程、青岛市双十二重点工程"青岛市交通运输一体化应用平台"，构建"城市级"综合交通大数据中心体系，促进交通运输信息化向数字化、网络化、智能化发展，赋能青岛交通运输各行业领域数字化转型，进行交通出行信息服务的智慧化升

级，于 2023 年度打造了"定制化、高品质、一站式"的综合交通出行信息服务体系，推动交通运输事业高质量发展。

（一）信息惠民，打造一体化出行信息服务体系

民生为本，服务先行，在全国首先以"六屏两微一热线"形式面向公众提供出行服务。一是建立多方式一体化的出行服务平台。中心深耕公众需求，整合原青岛交通 APP、网站、电视、广播、热线、微博等业务资源，打造具有青岛特色的一体化、多层次公众出行信息服务产品，对部分成果中央电视台"焦点访谈"栏目、中央人民广播电台、《大众日报》、青岛市广播电视台等媒体进行了报道。2023 年根据政务信息系统整合要求，中心相继推出"青岛交通公众出行服务平台""爱山东 APP 青岛交通专区"等应用，实现公众便捷查询公交换乘、航班动态、高速路况等 30 余项信息。二是开展多维度高品质出行保障服务。发布重大节假日"假期综合交通出行预测分析报告"，提前研判客流，及时疏导旅客，方便公众提前筹划出行方式，从而有效提高公众出行便利性，降低公众出行成本。新冠肺炎疫情防控期间，构建出行 APP "五验合一"便捷服务，为青岛地铁提供健康码等数据接口，开发实现支付码、健康码、核酸信息等"五验合一"，累积使用量超 6000 万人次，公众通行更加便捷。重要节假日期间创新利用网络直播等"互联网＋政务"的新媒体形式发布交通出行信息，累计观看人数近 2300 万，为社会公众提供了高效率和高品质的综合交通出行信息服务。

（二）以数兴业，助力营商环境升级

青岛市交通运输一体化应用平台中的"青岛市城市云脑交通数据中心"目前已归集管理青岛市交通行业数据资源十五大类、959项、14700 子项数据资源，面向胶东国际机场、青岛地铁、琴岛通

等企业提供出行服务相关数据超 300 亿条，保证企业运行高效、平稳。

中心通过面向企业提供数据共享服务，形成了对青岛市营商环境的数字支撑。一是根据青岛市关于推广公共交通领域碳普惠应用的工作要求，中心按照青岛市交通运输规范共享流程为"青碳行"APP 共享公共出行刷卡记录数据，引导公众低碳绿色出行，全面助力青岛市"双碳"战略落实。二是为胶东国际机场提供机场周边公交、地铁动静态运力运量信息，支持机场打造 GTC 指挥调度平台，实现乘客便捷换乘。三是为配合城市建设三年攻坚计划等行动，面向青岛市重要交通枢纽场站共享网约车、出租车车辆基础信息，支持枢纽场站停车管理系统建设。为营运车辆停车场闸机系统的运行提供了关键支撑，规范了相关枢纽场站的网约车、出租车进出管理，缓解了部分枢纽场站在调流期间的交通拥堵情况，并为司乘人员提供了良好的候客环境，有效提升了城市交通运行秩序。

（三）打造面向交通出行即服务（MaaS）服务场景

"出行即服务"（MaaS）是一种新的出行服务理念，指"将不同方式的出行服务整合到按需出行的一体化出行服务平台中"的一种服务。根据《青岛市"出行服务一张网"工作方案》通知中"建设公共交通出行多方式一体化的出行即服务（MaaS）基础支撑平台，整合公共交通实时信息查询、出行路线规划、低碳绿色出行、交通旅游融合等出行全流程信息服务""积极探索出行信息服务新业态、新模式，形成青岛市交通运输行业多方式协调、高效、便捷、绿色、开放的综合交通出行服务体系"等要求，中心以"青岛市城市云脑交通数据中心"为基础构建面向出行服务场景的综合交通出行数据库。在确保数据安全、符合规定的前提下，为"出行即服务"MaaS 平台 V1.0 提供所需的多种交通数据资源，全力支撑青岛市 2023 年度"双 12 工程"出行服务一张网项目开展，进一步提升公众出行信息服务数字化、协同化、智慧化能力。

二、特色亮点

青岛市交通运输公共服务中心围绕出行信息服务领域构建的"青岛综合交通出行信息服务体系"，从一站式"大交通"综合信息平台、出行服务智慧优质等多个方面进行了创新，保障综合交通出行信息服务体系不断优化完善,公共交通出行服务更加利企惠民。

（一）一站式"大交通"综合信息平台

依托"交通强国大数据中心体系"试点建设，中心按照跨部门、跨领域、跨区域、跨层级的数据汇聚机制，全面汇聚整合交通运输行业内外大数据资源，在全省十七地市中第一家搭建了一站式"大交通"综合信息平台。结构化数据方面涵盖公路、民航、公交、地铁、出租车、网约车、"两客一危"等动静态交通数据共计47TB约1600亿条；视频数据方面涵盖全市交通场站、枢纽、道路、车辆、船舶视频监控8.1万余路；地理信息数据方面汇聚全市交通各领域二、三维地理信息100余个图层，综合交通大数据基座持续夯实。中心以此为基础，构建了"青岛交通公共服务平台"，实现了市区路况、实时公交查询、周边出租车查询、地铁、高速路况、收费站、琴岛通、旅游信息等20余项出行服务功能，涵盖了公交、地铁、自驾车、出租、铁路、航空、长途客运等7种出行方式，有效满足广大市民的出行服务需求。

（二）出行服务智慧优质

随着生活水平的提高，人民群众出行服务需求加速升级，个性化、多样化、品质化、高效率的需求不断释放，对出行服务的便捷性、舒适性、安全性都提出了更高要求，打造多层次高品质的旅客出行服务系统，有利于更好地满足人民对美好生活的需要。中心在此目标引领下，以交通运输全要素、全生命周期数字化为基础，全面开展基于大数据的公众出行决策支持服务。一是针对综合交通出行信息开展宏观模型（路网建模、线网建模、人口岗位建模、四阶段模型等）与微观模型（重点区域、路段微观交通仿真）建设研究，实现出行信息服务从静态诱导到动态、可变，从单一信息到多元、可视，从被动请求到主动推送，从单点服务到全过程、伴随式的变迁，满足不同人群出行信息需求的"定制化、高品质"要求。二是常态化开展基于大数据的重大活动及节假日交通预判及总结，通过融合历年大数据分析，提前预判各领域出行客运量、拥堵时间和地点等，为交通运力调配提供科学依据，实现出行服务内容更加丰富，出行服务生态更加多元化，"人便其行"逐渐转变为"人享其行"。

三、应用成效

中心坚持以"更加注重出行服务便捷化、多样化、优质化、智慧化、绿色化、一体化发展"为目标构建青岛市综合交通出行信息服务体系。社会效益方面，有效改善了青岛市综合交通出行状况和环境。通过对动态、静态数据综合挖掘分析，在重大活动、黄金周等重点时期提前了解城市路网、轨道交通站点拥挤程度，出租汽车空间分布与客流分布均衡性等，实现对拥堵路段的动态识别，对于可预见的重大拥堵提供疏导决策支持，保障交通运输的基本通畅，服务全市人民。经济效益方面，提高了出行信息服务水平，提升了交通出行运行效能。通过"青岛交通"出行服务平台等系统的推广应用，能够为公众便捷提供全面、及时、准确的交通信息服务，使公众在出行时，有效规避交通拥堵路段和时段，选择合适的出行方式，有效提升公众的交通出行便捷度。

该体系于 2023 年建成并上线试运行，暂无申报任何奖项。近两年，中心在其他领域获得几个主要奖项：

一是 2023 年 8 月 18 日，中心"青岛市打造'交融致慧'的数字化交通服务体系 助力城市更智慧 出行更便利"案例在国务院办公厅电子政务办公室创办的《全国一体化政务服务平台建设专刊电子政务工作简报》（2023 年第 8 期）中推广宣传。二是 2023 年 3 月 15 日，中心"青岛市综合交通大数据中心体系建设与应用示范工程"获批山东省交通运输科技示范工程（第二批）。三是 2022 年 11 月，获批 2022 年度山东省大数据发展创新机构。

汇数据 提质量 建专题 促应用
——构建数据资产体系

平度市大数据和电子政务发展促进中心

平度市一体化大数据平台是对原有数据平台的升级与改造，旨在增强平度市大数据基础与开放能力、强化平度市政府在政务服务、城市治理和产业服务等领域智能化数据支撑水平，为多部门、多业务、多应用场景的信息化建设提供高质量数据支撑，显著提升平度市政务信息供给与服务能力、可持续发展能力，形成倍增效益；通过对多源异构政务数据实施采集、处理、存储、管理、分析与应用的数据治理工程，对各类政务资源进行汇聚，通过大数据分析与挖掘、预警预报、自动控制、大数据决策等手段，实现城乡更精细化的管理、经济更精准化的转型、民生更便捷化的服务、部门更智慧化的协同，提高政府治理和服务的水平，提升大数据产业聚集和发展的能力。

一、主要做法

（一）系统架构

平度市一体化大数据平台是为实现跨应用、跨业务条线、跨网络的信息资源服务共享建设的服务资源通道。通过挂接本地数据接口、应用服务接口，同时实现上下级服务级联共享的核心应用支撑系统。数据平台可以根据本地管理和应用需求进行定制，满足本地开展大数据服务和其他专题应用服务；可以集中管理本地所有类型的资源服务。支持 API、REST 等应用接入适配方式，支持大数据传输，支持分布式部署和各类主流云数据库，支持 WSDL/FTP/HTTP/JMS 等协议类型，支持通过 Hadoop 架构进行日志信息存储，支持高实时性数据传输及服务，支持数据订阅，能够满足应用的流式数据使用场景的要求。平度市一体化大数据平台有效适应和支撑大数据时代应用对数据和服务的各种使用场景，保证相关业务系统向大数据分析、大数据管理方向转型发展。

（二）技术架构

平度市一体化大数据平台采用主流成熟的技术、分层解耦的体系结构来构建。平台软件系统的主要功能包括以下内容。

业务层：包含各种业务呈现方式，包括但不限于数据目录、各类数据服务、服务检索等能力。也包括对服务目录的管理能力，具体包括编目、流程审批等功能。业务层以数据目录作为业务入口，整合和提供各类数据服务能力，通过对数据目录的操作，达到"目录驱动服务"的效果。

服务层：服务层是针对一些通用服务场景抽象出来的通用服务功能的总称。具体包括数据汇聚服务、数据查询服务等以及上层业务不感知的协议转换服务等。

级联层：服务控制层面上，在级联过程中提供的服务功能，用于针对两套软件在不同应用单位时进行级联控制。具体包含横向级联、纵向级联、级联控制器、跨网控制器等软件功能组件以及级联服务节点、跨网服务节点等管理实体。

执行层：为软件运行提供稳定、有效、有弹性的执行管理工具。执行层兼容多种引擎，能够处理库表、文件和实时流，能够兼容各种协议；具备在处理全量数据传输、增量数据传输、断点续传、写入控制、行列控制、服务限速、服务鉴权、多级流控等多种场景下的处理能力；向用户提供实时调度、周期调度、单次执行等控制手段；具备应对复杂场景、执行复杂任务的能力。

平台层：平度市一体化大数据平台兼容云平台架构，能够在各类云平台中进行独立部署，能够支撑微服务、容器化、弹性扩展、负载均衡等一系列云资源特性。

平台管理：提供贯穿业务层、服务层、级联层、执行层的管理跟踪能力，能够从部门、用户、角色、权限等多个角度进行管理、授权；对接金宏、山东通用户中心；能够提供日志管理、告警管理、运维监控、统计对账等多种管理监控工具，支撑日常运维工作。

平台安全：提供涵盖应用、数据、链路、存储、运行、平台等多个角度的安全控制，包括镜像安全扫描、运行环境隔离、敏感信息加密存储、SSL 信道加密、数据脱敏、租户隔离等具体功能措施。

（三）数据架构

平度市一体化大数据平台的数据架构，以原有数据资源池为核心，以已建成应用系统、互联网公用服务为补充，统一管理数据服务和应用服务，并以统一服务方式面向共享业务系统提供支撑。达到在数据查询服务、数据推送服务和数据汇聚服务等方面的平台支撑能力，实现对业务系统的数据查询需求、数据读取需求和数据上报需求兜底。同时，平度市大数据发展中心对接各单位有业务需求的单位，在不进行数据汇聚的场景下，要求完成具体业务动作，以服务方式将业务动作结果进行反馈，并将该动作注册于平度市一体化大数据平台上进行统一管理和发布，支撑新的业务开展工作，实现数用分离。平度市于 2023 年完成了市级平台与县级平台的互联互通，以全市一体化大数据体系为依托，获取上级、本级各相关数据及服务资源，落地本级一体化大数据平台。通过对接目录等方式，支撑数据汇聚服务、数据推送服务等方式，实现数据的及时同步。

（四）数据服务

数据查询服务是针对一个数据需求开发一个查询接口提供服务，在大规模业务使用数据平台时，会产生大量的专一查询服务，为提高运维效率，平度市一体化大数据平台在提供传统数据查询服务之外，提供通用的数据查询服务，支持通过统一的数据接口和标准化查询结构为调用者提供结构化数据的查询服务，支持配置多种查询条件组合参数，支持多表联合查询，支持自定义数据返回内容。使用通用查询服务后业务开发者进行数据查询应无须重复开发接口，数据资源只需要挂接查询服务即可，从而降低一体化智能化数据平台运维查询服务接口的难度。

数据汇聚服务是一体化大数据平台汇聚数据的通道。平度市大数据发展中心协同相关部门，以业务流为主线，建立本级特色数据标准体系，经业务单位审核后，统一向大数据中心进行数据汇聚。通过此手段，解决了较大部分的标准可控问题。各单位在按照数据汇聚服务定义的汇聚目录进行数据上报时，提交的本地数据资源能够按照大数据中心下发的数据标准针对每个信息项进行检查，含有不符合大数据中心数据标准要求的信息项的不会检查通过，实现从源头上录入符合规范的数据。

数据填报服务是平度市一体化大数据平台为各部门提供的个性化数据填报服务，保证服务目录提供的数据资源能够被下载到使用者本地 PC 机或其他存储设备上。可用于下级单位使用数据配合完成线下流程、文件制作等业务场景，用于业务系统支撑的场景更灵活方便。

二、特色亮点

对多部门、多业务、多应用场景的信息化建设提供整合数据支撑，显著提升平度市政务信息供给与服务能力、可持续发展能力，形成倍增效益；在此基础上对多源异构政务数据实施采集、处理、存储、管理、分析与应用的数据治理工程，对各类政务资源进行汇聚，通过大数据分析与挖掘、预警预报、自动控制、大数据决策等手段，实现城乡更精细化的管理、经济更精准化的转型、民生更便捷化的服务、部门更智慧化的协同，提高政府治理和服务的水平，提升大数据产业聚集和发展的能力。

三、应用成效

截至目前，梳理、归集交通、应急、自然资源、卫健、公安、信用等部门的 6500 余张数据表，累计汇聚数据超过 27 亿条，日增新数据超过百万条。通过数据治理分析，建设完成我市人口、信用、网格化事件、城市部件、重点人员统计分析、智慧社区、帮扶对象统计分析、城市事件管理等十四个主题库，为进一步探索数据要素市场化改革提供强有力的数据支撑。同时，依托青岛市一体化大数据平台进行数据编目、共享和应用，全面加强我市政务数据共享开放工作。截至目前，已通过青岛市政务信息资源共享交换平台累计发布 408 条政务数据目录，共享数据超过 27 亿条；申请上级信用处罚、城市管理部件信息、行政审批、社保等各类数据超过 230 项，近亿条数据，有力助推我市信用体系建设、行政审批等多个领域信息化建设，打造"区块链＋政务服务""平域微治""医保资金监管"等 40 个涉及民生服务、社会治理、行政审批多个领域的大数据创新应用。相关场景在全省首届"数据赋能大赛"青岛选拔赛中获 2 个三等奖；在"数创齐鲁行"活动中入选省重点推广数据创新应用 1 个；入选数创齐鲁行活动报告案例汇编 2 个；入选青岛市大数据创新应用案例 2 个。

打造企业大数据审计新模式
推动国有企业高质量发展

青岛市审计局

近年来，国有企业呈现规模化、集团化、多元化快速发展趋势，信息化管理水平大幅提升，企业审计环境发生了很大的变化。而作为长期以来最为复杂的审计领域之一，企业审计对人员综合素质、业务经验、学习能力的要求都很高，长期面临"人少事多"、审计力量不足的问题。审计环境变化与审计力量不足之间的矛盾成为阻碍企业审计充分履职尽责发挥效能的突出障碍。特别是青岛作为国资大市，国有企业数量多、规模大，企业审计重要性凸显，解决审计能力不足障碍的要求也更为迫切。为破解这一困境，切实推进企业审计全覆盖深入落实，及时发现国有企业发展过程中存在的重大风险隐患，发挥好审计机关促进国有经济规范健康发展功能，青岛市审计局积极落实"科技强审"指示要求，在全省乃至全国范围内率先搭建企业大数据审计平台，通过大数据赋能变革企业审计模式，大幅提升企业审计质效。

一、主要做法

在无先例可循的情况下，将研究开发与审计项目深入融合协同推进，率先搭建完成企业大数据审计平台，针对审计一线迫切需求设计功能架构，并配套建立数据分析"大兵团"作战模式，打造企业大数据审计新模式。具体做法如下。

（一）审研结合协同推动模式创新

开发过程中，团队充分依托企业审计项目开展，开发团队与审计组深度融合、共同研究。一是在人员配备方面，开发团队的主要参与人员同时担任审计项目组长、主审，确保平台开发与审计实践紧密结合、开发方向不偏。同时从有关处室抽调骨干力量参与研究，提供审计分析思路、收集基础数据，确保获得一手资料。二是在协同推进方面，开发团队与审计组密切配合。审计组提出问题和需求，与开发团队共同研究分析方法，现场调取数据实施分析。开发团队在分析中发现的业务问题由审计组协助解决，分析获得的结果由审计组现场评估并指导调整，最终结果直接交审计组取证纳入报告。三是在平台的总体设计、基础功能、界面交互、数据图表展示等方面，开发团队随时征询审计组的意见，对复杂问题组织集中讨论，从而实现深度"定制化"开发，确保贴合审计实践需要和审计人员使用习惯。

（二）围绕审计场景搭建企业审计 "综合驾驶舱"

平台开发紧密围绕数据获取、审计分析、项目管理、知识共享等应用场景，以大数据赋能解决审计迫切需求，搭建企业审计"综合驾驶舱"，包含三个子系统。

1. 数据资源对接子系统

主要实现数据的多元化采集、转换和集中存储等。通过现场采集和远程联网等方式，将国资、财政、市场监管、企业集团等有关数据引入平台；针对各行业特点设计标准表和转换模板，实现数据标准化，形成审计数据分析基础。

2. 审计分析子系统

主要实现数字化审计分析和问题疑点筛查等功能。根据审计需求研发审计模型,一是基本情况调查了解系列模型,主要用于对审计对象的规模、财务状况、风险指标等情况进行总体分析,发现审计重点确定关注范围;二是问题疑点筛查系列模型,主要针对政策措施落实审计、重大经济决策审计、资产负债损益情况审计、廉洁从业情况审计等四类审计场景设计分析模型。利用模型对企业生产经营全流程进行跨行业、跨部门全覆盖分析,锁定问题疑点,引导分散核实,提升审计效率。

3. 项目管理子系统

主要包括计划立项分析和审计过程管理等两项主要功能。一是在平台的常态化大数据风险评估基础上,建立企业审计立项模型,推进审计立项的数字化、精准化;二是在平台实施审计过程控制,对筛查发现的问题疑点跟踪后续核查落实情况,记录关键节点的研究讨论情况等。通过对企业审计业务的流程再造,支撑形成"全面覆盖、总体分析、发现疑点、分散核实、系统控制"的企业审计模式。

(三)建立完善运行制度,打造"大兵团"企业审计新模式

在建立企业大数据审计平台的基础上,完善配套运行制度体系,推动打造企业大数据审计新模式。根据平台设计运行特点制订《企业大数据审计"大兵团"作战方案》,一是确保支持人员到位、各项功能稳定运行。打破不同处室界限抽调业务骨干,组建"大兵团"企业审计分析团队,打造数据集中采集、集中分析、分散核查、系统研究、知识经验共享、反馈优化的闭环工作模式,提升企业审计整体实战能力。二是明确职能分工、实现技术平台与团队无缝衔接。在核心团队中设立技术支持组、数据管理组和应用指导组三个小组,分别承担平台技术维护支持、数据采集转换、系统应用分层培训等工作,明确工作职责和协同流程,为平台的持续运行和深入

研究开发打下基础。

二、特色亮点

（一）攻克企业信息系统繁杂、数据难以识别的难题，实现审计数据标准化

针对市属国有企业 36 种 96 个版本管理软件的复杂开发环境集中攻关研究，创新设计通用标准表 70 余张，对企业的数据进行标准化，并完成了对 21 家市属国企的数据采集转换，覆盖 1900 余家下属单位、数据采集量 13.15TB。改变了以往审计时面临的企业数据"打不开、看不懂、用不了"的尴尬局面，有效弥补了企业审计"数据短板"。

（二）破解企业规模大、查找问题"大海捞针"的难题，实现查核问题智能化

面对被审企业海量数据，通过设计系列分析模型实现对企业集团及下属单位同类事项的"一键式"分析，快速确定审计重点、锁定问题疑点。截至目前，已针对审前调查了解、政策措施落实情况审计、资产负债损益审计、重大经济决策审计、廉洁从业情况审计和审计项目立项分析等六大类审计场景设计完成 141 个审计分析模型，并在多个审计项目具体应用，大幅提升审计疑点筛查效率和覆盖范围，取得良好效果。

（三）改变数据分析模型难复用、不共享问题，实现"数据+模型"集成化

针对过去企业审计数据分析过程中存在的数据与分析模型

分散存放、不共享、难复现问题，通过平台有效集成数据资源与分析模型。一是实现分析案例的"可追溯"，模型在平台内挂接相应数据，通过查询历史分析记录可以重复有关分析结果，便于审计过程的复核；二是实现分析模型的"可升级"，通过平台保存的历次模型版本实现参数调优，使模型具有更强的通用性、准确性，避免每次都"从零开始"的困境；三是实现分析案例的共享传承，后续审计人员可在平台中还原历史模型的分析过程，从中学习分析思路，促进企业大数据审计整体水平提升。

三、应用成效

（一）有效服务保障国企高质量发展，借助大数据技术深度挖掘企业发展中的问题和风险隐患，提出对策建议

一是揭示重大违纪违规问题，助力反腐倡廉建设。依托平台对 21 家市属国企 5800 多个投资项目进行专项审计，揭示对外投资决策不规范、逾期不能收回等风险隐患资金 300 多亿元；向纪检监察机关、市国资委移送多起案件线索；促进回收资金 23.21 亿元、上缴财政资金 5315 万元。二是及时报告典型性、共性问题和重大风险隐患，为党委、政府宏观决策提供参考。上报的报告和专报获市领导批示 35 篇次，审计情况两次进入市委常委会决策，促进主管部门和企业出台制度 69 项。

（二）提升审计工作效率和水平，实现对海量数据的快速分析，提高整体工作效率

一是创新构建企业审计智能化分析体系，大幅提升审计分析效率。创建六大类 141 个审计方法模型，涵盖审计项目立项分析、审

前调查了解、政策措施落实、重大经济决策、财务收支和廉洁从业情况审计等领域。实现为企业快速"画像"，帮助审计人员掌握其资产收入利润分布、重大经济事项和指标异常变动，大幅提升确定审计重点的效率；实现疑点线索快速扫描功能，在对企业海量数据跨期间、跨企业、跨行业分析基础上，实现典型问题快速识别、定位，提升审计效率和精准性。二是创新建设标准化企业审计数据库，推动深化企业审计监督全覆盖。针对21家市属企业36种96个版本系统软件攻关研究，设计通用标准表70余张，完成1900多个下属企业13.15TB数据的标准化转换，增强了数据可识别性和审计模型的通用性。运用研发的审计模型，实现了对所有市属国有企业同类事项、一个企业所有下属单位两个维度的"审计全覆盖"。

（三）形成领先的可复制可借鉴的企业大数据审计监督模式

依托企业大数据审计平台实施企业审计"大兵团"作战，大幅提升审计效率，形成了一套较为完整的工作程序，初步实现了基于大数据的企业审计组织模式和工作模式创新，并在多个经责审计项目和专项审计调查项目实际运用，共促进发现公司治理与内控不规范、对外投资管控薄弱等四大类140多个问题。

该项目在2021年和2022年连续两年被列入省审计厅改革创新任务计划和大数据审计攻关选题。有关成果被收入《山东审计改革创新典型案例汇编》。

审计署企业司司长对有关经验做法批示"青岛市审计局坚持'三化'协同，一体推进，开展企业大数据审计，是一项守正创新的举措，探索了一条企业大数据审计的路子。拓展了审计的覆盖面，提高了审计的精准度，提升了审计工作的质量和效率，促进了企业高质量发展，取得了显著成效，值得学习借鉴，推广应用。"省审计厅厅长批示："青岛市审计局创建企业大数据审计平台的做法好，提高了审计监督质效，望不断完善提升，认真总结推广。"有关经验做法被《山东审计简报》和《青岛改革》转发，《中国审计报》以 4000 多字篇幅刊发向全国推广。

强化智慧审批能力　优化政务服务营商环境

青岛市市南区行政审批服务局

优化营商环境专项行动开展以来，市南区行政审批服务局围绕企业和群众急需、高频、获得感强的服务领域，依托智慧审批平台建设，以全流程数字化审批服务场景建设为抓手，开展智慧审批"高效慧企"攻坚行动，以数据共享化、流程快捷化、服务智能化为着力点，全面推动网上政务服务事项向"高效办、方便办、智能办"迭代升级，有力助推进营商环境持续优化、人民群众满意度持续提高。

一、主要做法

（一）立足申请便捷化，在夯实基础数据上下功夫

梳理事项"白话"办事指南，视听版办事指南让办事群众一看就懂、一听就明白；文字版"帮办提示""要点提醒"等智慧导引，为企业群众提供定制化服务，有效解决"不会填、反复填、易填错"等问题；梳理申请表单基础内容，系统根据申请人填报的相关信息，自动生成申请表单及格式文书，通过在线委托授权、电子签章直接在线提报，减少了申请人打印、盖章、上传的时间与负担；开发完成权限内 28 类涉证事项的电子证照功能，实现电子证与实体证同步制发、共享互认，相关证照信息由系统通过"数据共享"实现免提交。目前，271 个政务服务事项实现相关证照免提交，进

一步提升了办事效率。

（二）立足审批规范化，在提升数据融合上下功夫

根据统一的审批标准，系统智能检测申请人所填写内容，同步提醒注意事项并协助修改填写问题，有效避免了提交过程中因材料有误而反复申报的问题；申请人提报的信息或材料有误时，审批人员通过"在线批注"功能一次性告知，申请人根据批注内容修改材料即可，提升了告知规范性；现场勘验、审管互动等特殊环节，直接从线上发协查，监管部门通过"跨部门协查系统"反馈协查及勘验情况，有效提升了政府履职效能。

（三）立足办事高效化，在加大数据共享上下功夫

开展无证明窗口建设，身份证、营业执照等电子证照进行扫码识别，积极引导办事企业、群众通过"亮码"方式办理审批事项。通过"扫码亮证""在线核验"等数据资源共享方式，实现了身份数据"自动填"，"复用信息"只填一次，让传统手工填报升级为"共享填""选择填"，进一步提升了企业群众的办事体验感；经数据共享填充的申请表和申请材料，确保了信息的真实性、准确性，审批人员不必再核对，进一步提高了审批效率。

二、特色亮点

市南区行政审批服务局以企业和群众需求为导向，借力全市智慧审批平台建设，开展智慧审批"高效慧企"攻坚行动，8个场景52个事项实现全流程数字化审批。

一是智慧导引。文字版及视听版"零基础"办事指南嵌入申请全过程，申请人一看就懂、一填就对。二是智慧申报。市南区6个服务领域、8个数字化场景配备了视听版办事指南，办事群众一键

即可查看各环节语音图像申报导引、收看全流程申报要点。申报业务前智慧审批系统实时监测申请人账户情况、实时提示授权委托，申报业务过程中智能检测填写内容、智能识别填写问题、智能提示修改填写，避免申报材料有误而需反复申报。系统实时智能检测填写内容、同步提醒注意事项并协助修改，填写完成后由系统自动生成申请表格；相关联信息由系统进行共享核验、自动比对，实现身份数据"自动填"，历史数据"选择填"，共享数据"系统填"，让申请信息70%以上免填写，申报时间缩短50%以上。三是智慧审批。证面信息全部由系统自动填写，无须人工录入，制证时间提速90%以上；系统自动签章，实现电子证与实体证同步制发、共享互认，申请人通过手机即可领取相关证件。四是"申请表单自动生成＋审批意见在线批注＋跨部门一键协查"多角度服务智能化。智慧审批场景采用在线委托授权、电子表单在线填报、电子签章等技术，根据申请人在线填写的信息自动生成表格及相关文书，批量签章，文书无须打印上传。申报信息有误，审批人员通过"在线批注"一次性告知，申请人根据批准修改材料，材料审查效率得到提升。涉及跨部门协查、现场勘验等环节的审批事项，智慧审批系统可实现一键线上发起协查、一键反馈协查及勘验情况，数字赋能构建协同高效的政府数字化履职能力体系。

三、应用成效

（一）推进数据共享，政务服务"更智能"

企业、群众注册登录后，智慧审批一站式平台自动获取企业、个人基本信息，将申报信息"手工填、必须填、全部填"升级为"共享填、自动填、选择填"，企业、群众办事体验感大幅度提升。系统自动"数据共享"居民身份证、营业执照、许可证等材料，窗口自动扫描识别身份证、营业执照等电子证照，推动政务服务从减证办到免证办，审批办事流程更方便无感。

（二）推进智能申报，政务服务"更便捷"

针对群众部分材料申报难的问题，视听版办事指南可实现一键即可查看各环节语音图像申报导引、收看全流程申报要点，提高材料申报准确率和体验感。针对材料多次申报的问题，智能预检可实现智能检测填写内容、智能识别填写问题、智能提示修改填写，避免申报材料有误而需反复申报。

（三）推进多端协同，政务服务"更高效"

通过表单自动生成实现申报端材料精简、申报时间减少，减轻了办事企业群众的时间成本。借助审批意见在线批注技术实现审批端申报问题一次性发现、一次性告知，提升审批工作人员材料审查效率。依托跨部门一键协查，实现审批数据跨部门高效流动、实时共享，推动现场勘验环节的跨部门高效联动。

下一步将围绕青岛市营商环境创新政策重点任务清单，将更多的服务场景建成全流程数字化审批服务场景，以数据共享化、流程快捷化、服务智能化为着力点，推进审批服务智能化、审批流程快捷化、信息填报自动化，切实增强办事企业群众满意度，助推市南区营商环境持续优化。

搭建注册企业多维数据分析系统
打造精准助力优化营商环境"数字引擎"

青岛市市北区大数据发展管理局

为深入贯彻落实《山东省深化营商环境创新提升行动实施方案》和《加强集成改革创新优化提升营商环境 22 条措施》，坚持数据赋能，持续提高企业和群众办事便利度，畅通企业诉求反映和解决渠道，助力中小微企业长足发展，市北区聚焦中小企业发展，持续打造市场化、法治化、国际化一流营商环境，创新建设注册企业多维数据分析系统，探索新注册落户企业内注外营、外注内营企业识别场景，为服务中小企业、政府数字化转型、赋能营商环境建设提供数据支持。

一、主要做法

（一）一"库"归集，因数而智聚"数"而强

强化数据汇聚，赋能精准施策，成功申报第一批省级一体化大数据平台试点区县，实现省、市、区级数据三级联动、一体贯通。在汇聚全区企业法人数据的基础上，从市级层面打通企业社保缴纳、公积金、企业信用、注册注销、迁入迁出数据，社会层面聚合高德地理信息数据、寄递物流数据、产业链招商数据，与市北区政务数

据有机结合，实现"市场—政府"多维数据耦合，形成全面、完整、准确的全区"营商环境主题库"，累计汇聚数据 200 余万条，其中动态更新数据量占数据总量的比例超过 99%。通过打破壁垒，实现数据的动态精准更新，为实现精准产业招商提供坚实的数据基础和科学的数据支撑。

（二）一"屏"决策，化智为能有"数"可循

不断提升"大数据＋招商"辅助决策能力。全面分析全区"2+6"特色产业企业分布、重点园区定位，推进上下游产业链融合招商，形成《市北区数字经济企业分析报告》，深入剖析市北区数字经济产业现状。创新建设"领导驾驶舱"，一期上线 3 个场景、16 个指标项，全面洞悉全区 9 万余家在营企业状态，动态展示全区市场主体注册及注销情况，实现对全区企业所属街道、区域、成立年限构成及企业分析的"一屏展现"，为招商引资分析决策提供可信可靠的大数据支撑。

（三）一"体"研判，化能为动以"数"招商

基于企业数据、人才数据、产业数据，引入 ML（机器学习）、AIGC（生成式人工智能）、NLP（自然语言处理）等人工智能手段，对企业和人才进行全方位画像，叠加智能挖掘、智能匹配、智能推荐等技术能力，从海量产业大数据中精准挖掘招商线索、评估招商企业风险，为招商引资匹配最合适的目标企业，提高招商对接的精准性及相关政策服务的匹配性，根据挖掘，全区在营（开业）市场主体 90162 家中，21.00% 的市场主体集中在敦化路街道和双山街道。同时，外注内营企业中，敦化路街道占 23.5%，双山街道占 9.8%，呈现较为明显的聚集性，可重点关注本辖区内招引。在园区招商方面，通过综合分析研判，筛选最可能入驻园区的企业名录，为招商

引资和项目管理提供更加精准的决策支持，高质量推进数字经济时代的招商引资。

二、特色亮点

围绕全区"2+6"特色产业链布局，创新提出并积极探索招商引资、跟踪服务、优化营商环境数字化转型新路径，集中打造了以"营商环境主题库""领导驾驶舱""企业分析服务平台""新注册（注销）企业信息提醒平台"为核心的"一库一舱两平台"，从"产业分析—精准招商—企业落地—跟踪服务"全流程全生命周期把脉产业招商四大关口，打造了以"数据为基础、平台为支撑、服务为保障"的新型产业招商服务模式。精准识别注册经营地址分离企业26294家，其中区内注册区外经营企业12560家，区外注册区内经营企业13734家，通过金宏办公系统精准推送新注册（注销）企业信息数据11000余条。

三、应用成效

（一）精准推送到位

开发新注册（注销）企业信息提醒平台，通过金宏办公系统，每天向11个行业主管部门、22个属地街道办事处定时推送前一日在市、区两级新注册（注销）企业信息清单。平台上线以来，累计推送数据3700余轮次。依托推送数据，各行业主管部门、街道办事处可第一时间开展企业走访行动，精准出击，传递惠企政策、收集企业诉求，达到"第一时间发现、第一时间掌握、第一时间出击"的目的。

（二）精准画像到位

搭建市北区企业分析服务平台，通过直观性、系统性、整体性的数据分析，直观展现全区企业全景、迁入迁出、异常监测、注册经营分离等信息。在全区 9 万余家在营市场主体中识别经营活跃企业、经营异常企业及违法失信企业，通过对企业迁入迁出数量、区域和行业分布及迁入迁出方向进行分析，了解市北区产业发展情况，识别区内注册和实际经营地不符、区外注册区内经营、区内注册区外经营等 3 种分离情况，形成区内存量企业挖潜招商清单，并向行业主管部门及相关街道对口推送，切实提高了招商引资工作的针对性。

（三）精准跟踪到位

结合企业社保投保人数基数、快递物流等数据，每半年对企业进行一次全面的分析体检，对企业当前经营状况进行监测，形成《企业跟踪服务建议书》，为行业主管部门、街道提供意见和建议，便于街道办事处及行业主管部门及时了解招引企业现状，及时开展服务。实现从企业识别到精准服务的场景闭环，助力辖区企业健康稳定发展，打通数据直达基层的"最后一公里"，进一步提升企业的获得感和满足感。

推进数据融合应用　构建和合税收生态

国家税务总局青岛市市北区税务局

《关于进一步深化税收征管改革的意见》规划了"十四五"时期我国税收现代化新目标，也开启了"以票管税"向"以数治税"的税收治理变革新征程。处在数字时代潮流中的税务部门，以纳税人缴费人为中心，以智慧税务建设为牵引，积极运用数字技术赋能税收治理，统筹推进数据聚合、服务提质、监管升级，加快税收征管数字化转型，有力服务国家治理体系和治理能力现代化。致力于构建跨部门、跨行业的大数据平台，将分散获得的数据资源加工成可用的大数据资产，在智税领域创造和实现数据价值，为社会治理、征管改革提供核心驱动力。

国家税务总局青岛市市北区税务局深入贯彻落实党中央、国务院关于加强数字政府建设的决策部署，结合地区特色，进行数据深度挖掘和分析应用，依法依规推进数据共享共用，积极服务政府科学决策和经济社会发展，充分释放数据要素价值。以"数治+共治"的"慧治"模式确保各项税收政策"快准稳好"落实到位，用优质高效的服务助力企业发展，打造和谐法治、合作共治的"和合"税收生态。

一、主要做法

围绕税收工作中的不同需求，市北区税务局创新指标模型、机器学习、跟踪服务、外部联动、数据共享、数据可视化等举措，深化数据分析、强化数据共享共用，通过数据智能展现，实现数据治理。

（一）建立指标模型加速留抵退税

按照《2022年国务院政府工作报告》部署要求，实施新的组合式税费支持政策，其中实行大规模退税是主要措施。市北区税务局以系统观念为指导推进数字化改革系统工程，通过搭建风险模型对企业数据进行深度加工，充分发挥数据资产的穿透力，掌握留抵退税政策落地和风险防控的主动性。

综合企业经营状况、行业风险特征及产业链涉税数据，设立精准指向与逻辑判断相结合的指标体系；同时建立发票信息异常、行业定向风险特征等指标库与阈值表，结合上游企业发票疑点信息，运用定向分类数据输入、逻辑回归模型交叉验证的方式，实现了模型的反馈与快速迭代更新。对全部留抵退税企业进行事前风险机审筛选，风险识别机审覆盖审核操作指引中81%以上的内容，为科学统筹退税进度，分类辅导开展审核提供依据，有效降低审核颗粒度，通过细粒度的精准数据判定，进一步提高审核效率，实现了服务精准度与纳税人满意度的双提升。

（二）引入机器学习升级"非接触式"办税

为深入贯彻落实《关于进一步深化税收征管改革的意见》，提升基层税务机关纳税服务精细化水平，践行智慧税务创新要求，市北区税务局以代开发票业务为突破口，以数字智能化技术为辅助工具，基于机器学习模型训练、验证，助力提升工作质效。

一是利用金税三期核心征管系统数据库，将企业数据包括纳税人基本信息、代开发票申请信息、开票金额、货劳明细、行业名称、税款征收明细及其他外部数据等，与增值税发票电子底账系统中的税收数据进行对比验证。二是从政策、行业、频次、身份、风险五个视角进行历史数据分析并归集数据特征，将纳税人划分为高、中、低关注等级并预测纳税人未来进厅行为，分类施策，实现对目标群体的"非接触式"办税引导。指标模型实行季度动态运转，在人为经验判断基础上减误差、提速度，实现纳税服务效能更高、数据分析手段更新、风险预警范围更广的目标。

（三）强化外部联动服务 RCEP 战略

《区域全面经济伙伴关系协定》（RCEP）正式签署以来，市北区切实发挥改革的突破和先导作用，面向日韩、东盟等国家（地区）规划建设 RCEP 青岛经贸合作先行创新试验基地。税务部门积极作为，服务国家重大战略布局，发挥税务力量。

市北区税务局与海关、海事、贸促会、行政审批局等部门联动，深度融入全国首个 RCEP 企业服务中心建设，综合企业各类进出口业务、海关报关信息、金融信贷、物流运输信息，建立疑点筛查库，融合税负率系数和企业管理类别系数调整偏差，综合评判企业信誉度，关联办理出口退税审核结果服务。推出"出口退税 24 小时内到账"特色服务，大幅压缩退税时间，及时为企业发展注入资金活水。

RCEP 企业服务中心创新打造的"泛外贸综合服务平台"，市北区税务局深度参与其中，为中小企业提供"一站式"服务，实践报告被国务院办公厅采用。

（四）试点数据共享打破信息孤岛

数据赋能离不开数据的高效应用，而数据的高效应用离不开数据壁垒打通与数据高效运转，但政企组织中存在的大量"数据孤岛"限制了数据高效流转与应用。

市北区税务局在研判风险后细化场景，选择代表性企业试点实行数据共享。万科集团等房地产企业与税务局的"税企智连"数据通道被打通，企业的财税信息与税务部门实现实时共享，房地产企业土地增值税清算不用再准备成箱的资料，税务局只需要在网上对企业的收入、成本、发票、结算进行批量比对审核，相比以往逐项审核发票真实性提高效率95%以上。

（五）科学税收经济分析推动以税咨政

税收经济分析通过挖掘税收大数据蕴含的价值，可以反映政策执行效果、税务部门工作成效和经济社会发展状况及趋势，市北区税务局强化科学精准分析，推动以税咨政水平再上新台阶，实现了税收经济分析工作从服务到融入，以分析促共治的良好效果。

一是率先与上海市虹口区税务局、深圳市罗湖区税务局建立基层数据交流平台，交流近千条数据，并将税务机关采集的企业基础数据和涉税数据与发改、工信、统计等部门的数据进行比对、补充、相互印证，分析数据关系、变动趋势、波动因素，增强分析的科学性、针对性和说服力。二是研究新分析指标和分析维度，利用时间序列分析法、回归分析法等科学分析方法和SPSS等分析技术，建立多元回归线性模型等准确度高、有特色的税收经济分析模型，挖掘税收与经济之间更深层次的联系，更好发挥税收经济分析的洞察力、预判力、判断力。三是聚焦月度税收经济、经济税源、市场主体、减税降费、重点产业、行业、区域比较、企业类型以及中共中央办公厅、国务院办公厅约稿选题，开展"工业互联网""海运市场"等专项调研分析。其中《青岛港启运港退税政策调研报告》被全国政协采用，获得青岛市委深改办优秀调研成果一等奖和青岛市政协优秀社情民意信息第一名。

（六）优化跟踪服务助推重点项目

为充分发挥税务部门的专业服务优势，更好地服务青岛市"建设新时代社会主义现代化国际大都市"这一战略目标，市北区税务局坚持"精准服务""质效服务""创新服务""专业服务"等理念，切实提高服务重点项目的专业化能力，推动重点项目早落地、早投产、早见效。

跟踪服务团队主动对接政府部门，在需要纳入跟踪服务的重点项目范围内，探索区域总体经济分析，利用税务系统大数据信息，积极提供行业税负、重点企业税收等参考信息，进行重大项目前期税收贡献预测，为项目落地提出合理化建议。一是信息采集双向验证。通过金税三期等系统，动态了解项目发票开具、税款入库、报表申报等情况；根据项目提报的各类税费数据，进行详细的解读和分析预判，确保各项目数据资料的准确性。二是跟进推行以数治税。发挥税收大数据作用，综合企业各类业务、金融信贷、物流运输信息，综合评判企业信誉度，更深层次地掌握企业情况，提供精准服务。

（七）绘制数据地图透明土地税源

城镇土地使用税可以促进土地节约和集约利用，其中税源管理的一项基础性工作是确定应税土地面积，"以宗地控税基"全面摸清纳税人的税源信息，建立集电子地图、地类、面积、权属及其土地调查信息于一体的统一规范的土地税源数据库，有助于提升征管服务、风险防控、决策支持的能力。

市北区税务局积极响应税务地理信息应用系统项目建设，开展专题图层（土地等级矢量图层、税务机构场所及管辖服务范围矢量图层）绘制验证工作。一是验证土地等级矢量图层（以下简称"土地等级图层"）。二是验证税务机构矢量图层（以下简称"税务机构图层"），并采用案例法或随机法对辖区内街道的数据进行验证。案例法从金税三期核心征管系统中选取案例，在验证工具中输入纳税人登记注册地址和生产经营地址，验证地址所在的土地等级等信息是否准确。随机法从实际地图边界中随机选取图层边界，在验证工具中找到对应的边界验证是否准确。通过构建纳税人、税务人、税源与空间位置的关联关系，让税收要素立起来、联起来、动起来。

二、特色亮点

（一）数据深度加工

在税收大数据的分析层面，税务数据智能归集、外部数据导入后，对数据进行深度加工，构建分别应用于征收管理和纳税服务的指标体系和模型，契合"以数治税"新主题，促进征纳关系更加和谐，营造公平公正的税收法治环境。

（二）多源数据协同

在多元数据协同层面，以高度集成的征退税、内外部数据为基础，打通部门之间、政企之间的数据壁垒，拓展税收合作空间，实现减压"提速"促发展。

（三）数据反哺经济

在政企数据的应用层面，充分发挥税收大数据"金山银库"作用，以项目数据支持项目发展、税收数据预测经济形势，建立政企正反馈机制，用数据反哺经济，构建精诚共治新格局。

（四）数据可视化

在数据智能展示方面，通过矢量图层将国家土地资源、企业土地税源、税收征管数据库集中展示。

三、应用成效

市北区税务局在留抵退税工作中的经验做法得到总局、市局转发推介 12 次，5 次得到地方主要领导批示肯定，作为全市典型作经验交流。山东省"四进"督导组对市北局退税减税工作给予充分肯定，并重点向上级反馈。

市北区税务局在 RCEP（山东）企业服务中心设立的税收服务专窗，已实现 11 项涉税服务一窗通办，自设立以来，办理出口退税 9000 余笔，退税金额 13.6 亿元，RCEP "绿色通道"咨询专线为 1150 余家企业解决了备案、申报等涉税难题，无疑点企业全部实现退税款 24 小时到账。

作为首个与房地产企业实时共享数据的税务部门，市北区税务局在全国率先通过"发票过桥系统"完成房源与发票关联，90%以上的商品房实现了真正意义上的"交房即办证"。

"交房即办证"服务同步为 5817 户业主办理现场缴税，该项工作被列入青岛市"办实事"和"10 个民生领域管理服务提升行动"，显著提升了人民群众的满意度、获得感。土地增值税清算流程改革后，立项清算项目 19 个，较 2022 年增加 17 个，入库税款 3.8 亿元，是 2020 年的 24.3 倍，房产交易税收同比增长 180%，得到党委、政府和社会各界充分肯定。跟踪服务项目组累计已推送个性化政策 15 家次，组织"六税两费"减免、高新技术企业优惠、留抵退税等线上政策宣讲 28 次，为 40 余家重点项目单位送去政策福音。撰写整理项目信息资料 11 套、分析报告 2 篇、服务案例 6 篇、工作简报 6 篇，被青岛市税务局转发经验做法 3 次。

全国率先推出以数字人民币为结算方式的碳普惠平台"青碳行"APP

数金公共服务（青岛）有限公司

青岛市作为数字人民币试点地区之一，将数字人民币试点推广与公众生活方式转型紧密结合，由青岛市数字人民币试点本地化服务机构——数金公共服务（青岛）有限公司（以下简称"数金公服公司"）自主研发，创新性地在全国率先推出了以数字人民币为结算方式的碳普惠平台"青碳行"APP。平台按照《青岛市低碳出行碳普惠方法学》将用户地铁、公交、骑行新能车出行等低碳出行行为核算为碳减排量，通过隐私算法保护用户隐私，以联盟链区块链技术全流程存证碳减排量，通过智能合约设定合规条件将碳减排量兑换到用户数字人民币钱包中，实现公众绿色低碳出行可量、可视和可得。

这一数字碳普惠金融项目，是数字人民币智能合约等技术特性与公众碳普惠领域的一次成功尝试，获得了社会各界的一致好评以及国家、省、市各级行业主管部门的首肯。平台自2021年6月28日上线试运行以来，累计注册用户260万，累计产生碳减排量5万余吨，先后将地铁、公交、骑行、新能源车出行等绿色低碳场景纳入平台；先后与试点运营机构合作，通过"青碳行"平台运营活动发放数字人民币红包500万元，累计发放绿色低碳权益2000万元，有效地助推了数字人民币推广应用覆盖率，提升了公众践行绿色低碳出行的参与感和获得感。2022 年 7 月 30 日，青岛市政府举办的"2022 青岛·财富论坛大会"，青岛市地方金融监督管理局代表市政府以数字人民币的支付方式购买了"青碳行"碳普惠平台公众低碳减排量，用于中和本次会议的碳排放，实现了"青碳行"碳普惠平台闭环的商业模式。"青碳行"平台将数字人民币应用场景拓展至绿色低碳、健康生活的惠民特色场景，致力于推动数字生活领域节能减碳，倡导简约适度、绿色低碳的健康生产生活方式。

一、背景目的

2020 年 9 月 22 日，国家主席习近平在第七十五届联合国大会一般性辩论中宣布："中国将提高国家自主贡献力度，采取更加有利的政策和措施，二氧化碳排放力争 2030 年前达到峰值，努力争取 2060 年前实现碳中和。"碳达峰、碳中和目标既是生态文明建设的主要构成部分，也是一场广泛而深刻的经济社会系统性变革。

《"健康中国 2030"规划纲要》中指出，健康是促进人的全面发展的必然要求，是经济社会发展的基础条件，是民族长生和国家富强的重要标志，也是广大人民群众的共同追求。不断推行健康文明的生活方式，营造绿色安全的健康环境，坚持共建共享、全民健康，坚持政府主导，动员全社会参与，是建设健康中国的实现路径和基本目标。

在此政策背景下，数金公服公司研发了"绿色出行、健康中国"的碳普惠项目，以区块链技术为依托，将"碳达峰、碳中和"与"健康中国"结合，推出"青碳行"APP，将居民的低碳行为和健康行为以"碳减排值""健康积分"的形式，进行具体量化并予以激励，核证为可用于交易、兑换商业优惠或获取政策指标的减碳量和精力值，利用市场配置推动数字生活惠民领域节能减碳，倡导简约适度、绿色低碳的健康生产生活方式。

二、主要做法

"青碳行"APP可以概括为"搭建一个平台、兼顾两种需求、体现三项特色、展现四个创新"。

一个平台是指以数金公服公司打造的"青碳行"APP平台，依托区块链技术，引入数字人民币为结算方式，构建由青岛市推广到全国的碳普惠城市综合解决方案。

两种需求是指以公众绿色出行为切入口，倡导以地铁、公交、步行、骑行、新能源车出行等健康绿色的出行方式，兼顾"绿色出行"和"健康中国"两种需求。

三项特色。一是形成青岛市的碳减排标准方法学，创新性地将碳减排与公众健康有机结合考量，形成完备的城市碳减排综合考量体系。二是将碳减排量进行量化，并采用联盟链的分布式记账方式，解决了多方信任的问题，最大限度地激发了多方参与的可能性和积极性。同时将用户通勤或运动的个人信息通过加密算法最大限度保护用户隐私和数据安全。三是将公众产生的碳减排量形成积分，以数字人民币为结算方式，动态满足企业减排需要和公众获利需要，更好地发挥市场机制有效配置资源的作用。

四个创新是指"青碳行"APP与数字金融相结合、与区块链技术相结合、与绿色出行相结合、与健康中国相结合。

具体而言，"青碳行"APP为可感知、可流通、可体验、可增值的公众碳普惠服务平台。项目以国家低碳和数字人民币试点城市——青岛为发起城市，以区块链技术平台为依托，通过数金公服公司打造的"青碳行"APP平台为入口，将公众（组织或家庭的成员）的工作和生活中需要通勤的距离按出行方式，如地铁、公交、步行、骑行、新能源车出行等出行行为，形成可量化的低碳标准，通过区块链分布式账本来记录，让参与多方透明并对等记账，有利于形成合力和共识。公众通过绿色方式出行所获得的低碳积分以数字人民币计价，可以通过运营平台向公众支付数字人民币方式统一收集，以公益捐赠或有偿出售等方式将减排指标交易给有碳指标需求的机构；也可由碳指标所需机构直接收购，通过价格手段来改变出行中的碳排放结构，让公众更加自发地选择步行或骑行等绿色健康出行方式。同时，公众的低碳积分与企业碳排放共享循环，即一方面通过绿色出行减少二氧化碳等温室气体排放，同时增加碳汇、发展碳捕集和封存技术等，实现排放量和吸收量平衡，使得绿色出行与健康共得，以"碳中和"的方式实现城市低碳。

三、特色亮点

"青碳行"APP在设计理念、技术手段和运营模式等方面进行了多项创新，与"绿色低碳、健康中国"理念紧密结合，充分运用数字人民币、区块链技术等新概念、新模式。

（一）采用联盟链的分布式记账和共识算法，用技术手段强化了信任机制，便于拓展低碳行为边界

目前，"青碳行"平台采用工商银行的"工银玺链"区块链以及数金公服公司的"长数链区块链服务平台"跨链存证，双区块链技术保障了碳普惠平台碳资产产生、转移以及消纳的全生命周期存证，具有公开透明、去中心化、不可篡改等特性，确保了碳减排量的真实性、准确性、唯一性。"长数链区块链服务平台"已通过中央网信办备案，通过高性能、金融级的隐私保护技术和软硬件结合的国密加速技术，在实现技术可拓展性、安全性保障的同时保护用户隐私。平台目前已将地铁、公交、步行、骑行、新能源车出行纳入绿色出行方式，并将逐步拓展节水节电、垃圾分类等生活方式，更广泛地激发全民参与节能减碳的积极性。

（二）力争早日将公众低碳行为减排量纳入碳市场交易

平台遵循节能减排"人人参与、人人减排、人人收益"的原则，在一个平台内建立了"碳积分"和"健康积分"两套记账体系，对个人的低碳行为和健康行为进行量化并以数字人民币兑换方式予以奖励，力争早日将兑换所得的碳减排量通过 CCER 在碳市场交易。

（三）契合"健康中国"理念

平台与全民健身理念相结合，鼓励公众采取公交、地铁、步行、骑行、新能源车出行等健康、低碳的方式出行，有助于促进公众运动健身习惯的养成，推动"健康中国 2030"目标落实。

（四）丰富数字人民币应用场景

2020 年 11 月，青岛被列为国家第二批数字人民币试点城市。"青碳行"平台与试点运营机构合作，通过"青碳行"平台运营活动发放数字人民币红包 500 余万元，有效地助推了数字人民币推广应用覆盖率，提升了公众践行绿色低碳出行的参与感和获得感。2021 年 5 月，青岛地铁、公交实现数字人民币支付方式应用，成为第二批试点城市中首个公共交通场景接入数字人民币的城市。市民可将"青碳行"APP 的碳积分和精力值兑换成数字人民币，进行扫码乘车和日常消费支付，进一步扩大了青岛市数字人民币试点范围，助力青岛市金融赋能数字化城市建设。

"青碳行"APP 上线后，受到国内业界的广泛关注，全新的碳普惠商业模式、数字人民币的创新试点场景以及数字金融、绿色出行和智慧生活协同发展的新模式，在国内绿色出行低碳减排方面形成了示范带动效应。

四、应用成效

（一）经济效益方面

按照"青碳行"APP 项目规划和总体目标，至"十四五"期末，全社会碳普惠总量将达到 653.59 吨，客流固定情况下城市因碳减排所产生的经济效益约为 1.95 亿元，客流递增情况下城市因碳减排所产生的经济效益约为 2.71 亿元。

（二）社会效益方面

旨在提升社会运行效率，通过倡导绿色出行，引导公众转变现有出行模式，加强出行智能化发展，提高出行效率，提升社会运行效率，尽量减少人类碳足迹与二氧化碳排放量，发展低碳经济模式，为节能减排、发展循环经济、构建生态社会、和谐社会带来了操作性诠释，是建设资源节约型、环境友好型社会生活方式和价值观念的全球性革命。

（三）生态效益方面

低碳出行实现碳减排符合双循环的健康绿色生态系统，融绿色出行、低碳减排、数字人民币试点应用、个人回报、企业供需于一体，起到碳排放和碳吸收相抵的生态循环，具有明显的生态效益。

"青碳行"APP 自 2021 年 6 月 28 日上线以来，先后在全球财富论坛大会中被各央媒给予充分关注和报道；在青岛市发展和改革委员会节能减碳周启动仪式上作了典型案例介绍；在中国国际服务贸易交易会上，"青碳行"APP 设置了"低碳 1 分钟"减排骑行互动区，得到了社会各界的高度关注和一致好评；连续三年结合青岛市绿色出行宣传月和公交出行宣传周系列活动以"青碳行"APP

为主要活动载体，开展了"绿色出行"个人挑战赛，通过引导市民以低碳的绿色公共交通出行方式，积攒碳积分兑换成数字人民币，增加市民参与低碳绿色出行的参与感和获得感。此外，"青碳行"APP举办多次绿色低碳宣传活动，包括"互联网＋全民义务植树""世界地球日""520为爱奔跑""'青碳行'绿色生活节""'青碳行'义务植树"等100余场线上线下活动，与广大市民共享共建绿色低碳美好家园。

2022年7月，青岛·中国财富论坛会务组以数字人民币支付形式购买"青碳行"APP的碳减排量，用于中和本次财富论坛会议交通、餐饮、住宿、会务等产生的碳排放。这不仅是山东省在大型论坛会议中首次实现"零碳会议"，也是数字人民币在碳金融领域的首创应用，标志着山东省在开展和推广碳普惠工作方面迈出了具有里程碑的一步。

"青碳行"APP上线以来，近260万市民朋友参与到碳普惠平台中，积极践行绿色低碳生活方式，平台累计产生碳减排量5余吨；开展数字人民币主题运营活动累计发放数字人民币红包500余万元，累计发放绿色低碳权益2000余万元；先后荣获2021年度青岛市金融创新奖二等奖、第五届（2022）数字金融创新大赛数智平台银奖、山东省新型智慧城市优秀案例扩面打榜一等奖、最佳产业应用TOP10、2022全球区块链创新应用示范案例集等荣誉。随着该平台功能的不断丰富，在拓宽全国公共交通领域低碳减排城市覆盖面的基础上，逐步增加居民用水用电、垃圾分类等低碳生活行为，拓展在大众体育、健康山东等场景应用，支持群众性健康活动，实现绿色低碳与全民健身有机融合，平台示范效应将不断凸显，以实际行动探索节能减碳，为碳达峰、碳中和以及数字中国建设贡献力量。

构建全新数字化运营管理体系
提升企业智慧化管理水平

青岛百发海水淡化有限公司

青岛百发海水淡化厂二期扩建工程位于青岛市李沧区印江路，占地约 3.5 万平方米，新建气浮车间、海淡车间、矿化滤池、产品水池及送水泵房、污泥处理车间和 35kV 配电间等构（建）筑物，建设规模 10 万平方米 / 日。海水淡化厂具有能耗高、药剂费损耗大、人员运维难度大等问题，在面对百发厂区规模扩大、人员增加的情况，以及一、二期厂区同步生产运营的前提下，亟须完善底层基础设施建设、自控系统建设，上层规范化、标准化的生产管理平台，采集底层数据，搭建标准化运营管控流程，以智慧化运营管控为基础，辅助本厂区各类人员、上级业务部门和领导的监管、决策工作，从各个维度来提升企业整体运营管控能力。

一、主要做法

采取"互联网 + 传统水务"的建设模式，运用物联网、云计算、人工智能、大数据等信息化技术，建立智慧水厂运营管控平台，通过平台对水厂生产、运营全过程的监管，实行智能在线监测，建立高效集约管理模式，保证水厂长效稳定运行，实现水厂降本提质增效。

（一）膜组件智能监管

AI 膜组分析系统是一个针对海水淡化厂区二期的超滤膜 / 反渗透膜车间提供在线监控、智能分析及阻垢剂投加分析的系统，通过物联网、大数据、神经网络算法等技术，可实现膜组件性能的实时监控，动态掌握膜性能状态，并进行智能分析展示。通过建立的神经网络算法，能够实现阻垢剂的智能投加分析，有效降低药剂的使用成本。

（二）数字孪生水厂可视化监管

基于图纸数据进行海淡厂区设备和车间构筑物的三维模型搭建，精准还原实际厂区周边环境、地形地貌。对接底层自控系统，整合静态数据、动态数据和生产管理数据，以三维虚拟模型为基本呈现形式现实厂区的数字化镜像。通过三维仿真模拟，将厂区进行直观的呈现，提供厂区漫游与信息展示、工艺实时数据展示、设备状态展示、视频信息展示四个功能。通过数字孪生系统可实现海水淡化厂对外宣展、科普教育的有力载体，建立起数据驱动的智慧化生产模式。

（三）能耗智能分析

从精细管理、智能运行的角度出发，设置电耗管理模块，提供满足大规模、可靠性、实时性的智能电表监控服务，实时反映分区电耗即时情况、电表状态、电耗异常等情况，实现用电大户水泵电量异常统一监管的功能。同时，基于分区电量监控管理，以单元电耗评价指标，建立本厂全流程电耗情况分析，辅助运营人员了解各个环节的电耗情况；通过构建节能综合评价模型，筛选出本厂能耗影响因子（设备），为挖掘本厂节能潜力提供数据依据。

（四）生产集中监管

针对海水淡化厂产水的工艺流程，通过对数据采集、存储、分析，实现对海水淡化厂工艺运行和设备运行数据的监控，实现实时数据的展示、设备状态的监视、实时超限预警的可视化管理，界面清晰明了，数据指标实时更新展示，设备状态一目了然，同时可自动生成每日生产报表及运营分析报告，实现生产工艺的集中监管。

（五）设备智慧管理

为厂区的每个设备建立详尽的电子档案，参考海水淡化厂设备资产管理员日常的工作内容和厂区设备资产管理的规定，实现"一台一档"。设备台账的主要内容包括设备名称、设备所属期、设备保养记录、设备故障维修记录。设备的电子档案提供了快捷的设备档案查询功能，可轻松查询出设备的各类静态、动态信息，设备档案中的保养、检修记录自动根据工单记录生成。

二、特色亮点

（一）跨越式一次性配齐"先进武器装备"，为海水淡化厂运行打造"智慧内核"

海水淡化智慧水厂在设计上落实了"顶层规划牵引"的机制，打破了传统"先建设再提升"的渐进式思路，按照"全局最优"的建设思路设计建设，减少了智慧化建设过程对基础设施的消缺改造占用的时间、二次施工的成本。实现了自控率100%、远控率80%，并在此基础之上，引入数字孪生、AI、大数据、边云协同技术，打造了业务标准管理、过程智能分析、运营评价决策三位一体的AIOT系统。

（二）构建数字孪生海水淡化厂底座，打造海水淡化厂的"科幻大片"

以数字孪生为底座拉通了实时监测数据、业务过程数据、运营评价数据，以"科幻大片"的体验提供管理必备的"工作助手"。特别是针对核心处理工艺单元膜处理车间，运用 VR 技术和设备，构建 VR 展示功能，使用者可以获得身临其境的沉浸式体验感，从而高效地用于培训、参观等场景。

数字孪生的仿真呈现更是给了运行、设备操作员工最为直观的感知工作空间，对于日常巡检、设备维保提供真实物理世界的虚拟映射，虚实结合使各种现场行为更加有效、避免未知情况下的危险作业产生安全隐患。

（三）融合数据理论和现场经验，构建膜组运营分析"专家"

针对海水淡化核心工艺"双膜工艺"，利用数据采集技术，结合膜污染微观过程机理，融合现场经验，将膜组运行指标膜通量、跨膜压差、透水率、出水浊度等基础指标，进行关联组合，形成膜污染指数、膜污染平均速率、渗透率恢复率等高阶模型数据，全面准确高效地展示膜的污染状态、膜的污染难易程度、清洗恢复程度等状态，从而帮助现场运营人员合理高效安排膜组生产任务、清洗频次、清洗时长和更换膜组的时机，最终实现膜组的经济高效运行，并降低药剂使用成本，保证生产的连续安全。

（四）全程无纸化办公，构建低碳高效保质运营范式

运营现场纸质工单常会出现签字慢、易污损、难保留、超工期、违规范等问题，该系统依照现场维保、巡检、维修等工作审批操作流程，开发建设了无纸化工单系统，各操作终端联通 Web 系统、

APP 系统，使运营人员随时随地可以发起、接收、审批工单任务，提高工单流转效率约 50%，并在工单流转中实时抄送安全、管理人员，做到信息同步，最后自动进行电子化归档，方便管理人员回查评审，从而实现规范现场工作流程，降低因信息不同步、管理不到位而造成安全生产风险。

（五）电子看板赋能施工巡检，明确目标，标准牵引，提高员工效率

传统车间巡检、施工常会由于员工目标感不强、安全意识薄弱、交接班沟通不全面而导致生产事故、安全事故。该项目通过在车间设立电子看板，设立生产目标、安全告知、交接班记录专题，结合人员管理制度，在每次施工巡检前，员工都会充分了解当日生产目标、车间存在风险、交叉作业风险、交接班重要信息等，随后再开展相关工作，不仅能够明确员工目标及工作方向，还能降低安全生产风险，避免交接班信息遗漏，从而整体提高工作效率。

（六）跨域技术融合，助力形成一站式的智慧运营范式

运营管理系统无缝整合信息技术、数字孪生技术、工艺模型技术、AI 技术于一体，提供统一管理入口实现跨平台一站式管理。规避了传统"烟囱式"信息化系统的建设弊端，不再需要多系统操作、二次进行数据拉通，能够为各层级管理、作业人员无缝协同提供交互工具，实现了数据同源、过程同频。通过全联调业务场景的"在线化"，能够集实时监测、风险预警、异常报警、标准作业、追踪溯源、分析评价于一体，缩短运营决策流程，为运营提供产量、质量、成本、效率等评价数据，实现数据驱动决策，形成可固化、复用的"管理范式"。

三、应用成效

通过平台的搭建，实现了智能化生产监控和高效运营管理，提升了人员的运营效能和工作效率。每年可节省人力资源成本约5%，设备维护费用5%~10%，巡检运维成本约5%，药剂损耗费用5%~10%，电耗成本5%。

将在线工艺监控、神经网络、机理模型等行业内先进的理念与技术，应用于以膜处理工艺为核心的海水淡化处理工艺中，可实现海水淡化工艺的最优运行与稳定达标；通过数据采集、分析、预测、优化并与业务驱动打通，实现数字化管理与生产运营人员的高度协同与融合；通过智能安防联动，保障海水淡化厂各个工艺段的稳定安全运行；全流程智能设备、管理工具的加持，实现了海水淡化厂自运行、自适应、自诊断。

百发海水淡化厂智慧水务系统的设计、建设、运营全链条聚焦海水淡化厂低碳、高质量发展，以"云—链—端"体系整体发力，赋能海水淡化厂智慧运营，守好安全红线抓稳运营主线。不仅满足绿色生态的发展要求，还成功实践了智能海水淡化厂、少人海水淡化厂的建设模式，展现出极高的行业领先性，有效地将工艺专家、操作人员从繁重、高频的生产劳动中解放出来，聚焦运营标准体系的打造与升级、运营品质的提升与创新，为实现绿色发展和生态文明建设提供了新的技术支撑手段。

海洋环境数据监管及灾害预警防治

青岛国实科技集团有限公司

一、背景目的

（一）海洋技术发展为环境监管和灾害预警提供有力保障

当今国际海洋信息体系建设经历了以数字化为目标的初步发展阶段，形成从数据、到知识、到预测，再到最优决策的智慧化发展模式，即"智慧海洋"，也将成为海洋信息化发展的必然趋势。

近年来，我国海洋信息基础设施不断完善，信息开放共享机制持续健全，信息服务能力明显提升，海洋感知、通信和大数据技术等取得了长足发展。在海洋信息获取方面，我国已初步建立了包括卫星遥感、航空遥感、海洋观测站、雷达、浮（潜）标、海床基观测平台、海洋环境移动观测平台在内的海洋观测平台技术体系。

在数据处理能力方面，青岛国实科技集团依托海洋科学大装置，可进行海量、多源、异构的海洋环境数据快速及时的分析处理，实现超高精度海洋—大气耦合模拟业务化运行，为海量数据的快速存取、分析与产品化提供核心基础支撑。

（二）海洋环境监管及灾害预警逐步成为海洋经济发展、海洋环境保护、海洋治理应用的刚需

党的二十大指出，围绕海洋防灾减灾、海洋生态监测预警等主要职责，坚持以人民为中心的发展思想，进一步提升海洋观测预报和防灾减灾能力，加强海洋观测预报活动监管，推进海洋基础数据共享，提高海洋环境保障服务水平；强化基于生态系统的海洋综合管理，完善海洋生态预警监测体系，加快实施海岸带保护修复工程，巩固提升海洋碳汇能力，建设生态海岸带，推进海洋领域应对气候变化工作，全力推动海洋预警监测事业高质量发展。

近年来，各沿海省区市均提出推进海洋防灾减灾的信息化建设，通过实时监测、智能预警、一屏展示、信息共享、精准处置、联动指挥，有效保护滨海城市的景观和海洋生态环境，有效提升海洋预警报发布渠道、范围和效率，实现政府部门和船员、渔民、养殖户、工程作业人员、滨海旅游者等海洋灾害敏感人群的全覆盖，为防御和减轻海洋灾害提供有力支撑，有效预防和大幅减轻海洋灾害对沿海城市带来的经济损失。

以浒苔绿潮环境监测和灾害预警为例。浒苔作为一种有着极强环境适应能力与繁殖能力的石莼科浒苔属的大型海藻，广泛分布于辽宁、山东、江苏、浙江和福建等沿海地区。自 2007 年以来，浒苔连续 15 年造访山东半岛，2023 年 7 月山东省海域浒苔绿潮分布面积约 29783 平方千米，覆盖面积约 265 平方千米，分别是 2022年同期的 3.5 倍和 5.4 倍，浒苔已经成为山东半岛海域一类常态化的生态灾害问题。实现对浒苔生长全面、准确、及时的监测与预警，已经成为浒苔联防联控工作的重要抓手。

二、主要做法

（一）加强顶层设计，强化海洋环境监测和数据治理能力建设

在山东半岛近海区域，加强海洋观测网的建设和管理，借助海洋立体观测网工程，推动海洋观测由数量规模型向质量效益型跨越。整合资源、补齐短板，建设以海洋环境监测和灾害预警典型应用及智能服务为导向，以向海洋大数据平台提供大量实时、全要素高质量数据为目标，以科学大技术装备为核心基础，以海洋环境实时监测为重点目标，突破环境信息高精度检测、数据实时传输、无人自主监控等核心技术。

针对山东半岛浒苔频发海域，整合风力、海浪、气温、盐度、化学需氧量、pH、溶解氧等物理环境数据，以及台风、风暴潮、降水、卫星等气象遥感数据，通过大数据清洗、分析、挖掘、模型抽象，实现气象数据、水质检测、气象预报加工服务，满足浒苔遥感预测及台风轨迹分析数据治理需求，支撑高效、智能的海洋生态安全管理。

（二）坚持创新引领发展，提升灾害预警报能力

以海洋立体感知—信息互联—智能应用为主线，实现海洋生态环境可视化及关键要素评估预测，打造海洋生态环境预警监测和保护平台。

针对生态脆弱海域，重点提升陆海统筹决策支撑系统和生态脆弱海域生态预报能力。基于山东半岛海域海高分辨率海浪—潮流—环流耦合数值模式，采用半交换时间方法（半交换时间是指保守物质浓度经对流扩散稀释到初始浓度一半所经历的时间）评估海区的水交换能力，为生态保护海洋灾害治理提供支撑。

（三）深化应用场景，增强实战综合能力

基于海洋数据监测和预测模型，融合卫星遥感数据、移动视频、无人机监控等数据，实现浒苔治理"预测研判、指挥调度、督导监管"核心业务，助力形成"防治结合，高效治理、成效显著"的浒苔防治全链条工作机制。

1. 预测研判—防治结合

根据成熟预测算法，对浒苔卫星热力图进行跟踪测算，智能预测浒苔的走向及分布。通过无人机、船载设备、作业人员、作业设备的视频影像，实时对海面浒苔情况、作业面进行实时观测，对预测结果进行校验。根据实际情况对浒苔分布及走向进行分析研判，提前做好浒苔拦截、打捞的部署工作。

2. 指挥调度—高效治理

通过浒苔打捞船上智能监控设备，实时掌控浒苔打捞情况，建立无人机巡航督导体系，利用无人机进行高点监控，记性"喊话"督导。将所有设备通过数据传输模块与系统接通，实现指挥中心统一调用实时监控，加强相关部门对打捞船的管控能力，提高浒苔打捞效率。

3. 督导监管—成效显著

实时展示浒苔分布及所有船只点位分布，通过点选船只，或者圈定范围，实现船载监控调取、作业人员终端语音直连和视频影像调取。

三、特色亮点

（一）创新海域生态环境耦合模式

建立三维、高时空分辨率生态动力耦合模型，探讨动力过程对物质能量输运和生物群落的影响，汇集生态系统多层次、多

维度、多时相数据，为海洋生态灾害预警、污染应急处置提供基础，为生态环境动态模拟及预报预测提供环境背景场参数。基于ROMS+WRF海气模式中嵌套高网格分辨率FVCOM模式，耦合主要污染物生物地球化学过程，构建三维水动力/生物地球化学耦合过程水质模型架构。

（二）打造陆海统筹生态服务体系

建立海域生态系统健康评估的模式，推进观测数据和模拟结果实时共享，支撑高效、智能的海洋生态安全管理系统。立足立体监测系统，收集浒苔、海洋污染物等海洋生态数据，服务山东半岛海域综合治理与青岛浒苔多发区域生态保护。

（三）提升浒苔防治一体化效果

构建"空、天、海、陆"四位一体的监视监测体系，利用卫星监测预报、近海动态监视监控系统、海上巡航监视、陆上岸线巡察，提供实时或准实时的浒苔分布数据河监测预警，建立一套浒苔监测预警治理体系，满足苔绿潮及时发布预警信息并启动应急响应需求，满足浒苔绿潮灾害防御和应急处置工作切实需求，助力浒苔治理攻坚战。

四、应用成效

一是有效提升海洋灾害预测预警水平。将有效提升海洋信息整合能力，实现对浒苔、赤潮等预测，减少海洋环境灾害和重大事故造成的损失，确保海洋牧业、海洋渔业等行业的安全和作业连续性，提高灾害救助水平。二是促进产业结构优化升级。围绕地域特色和优势，在科学研究、空间开发、大地测绘、海洋探索等环节实现信息集成和应用实践。培养大批高技术人才，为行业的持续发展提供人才保障。

数字场景篇

义务教育入学一件事

青岛市教育局

一、背景目的

长期以来，各地在义务教育招生中普遍采取集中现场报名、提交相关佐证纸质材料、人工审核信息的方式，带来了证明材料繁杂、家长多次往返排队、学校审核费时费力等问题，同时，存在入学材料造假不易甄别的风险。2021年，市教育局以深化"放管服"和"一次办好"改革为抓手，大力推动数据赋能招生流程再造，打破部门数据共享瓶颈，实现了全市义务教育招生报名（包括小学升初中、幼儿园升小学）"一网通办"，家长报名"零跑腿"，学生入学"零证明"，通过平台自动调取部门数据，比对核验自动填入相关信息，家长无须上传任何证明材料。过去需要两三个周完成的审核工作，现在只需要几分钟即可完成，得到群众的广泛认可和好评。

二、主要做法

（一）搭建统一平台，实现"大统筹、小自主"

义务教育实行市级统筹、以县为主的管理体制，各区（市）义务教育招生入学实施细则和日程安排并不相同。为加强市级统筹，市教育局根据省、市义务教育招生入学相关政策要求，统一规划义务教育招生入学平台建设的总体架构、流程和功能，统一建设义务教育招生入学服务门户，通过市级平台对全市义务教育招生入学统一入口、统一进度监控、统一数据汇集。各区（市）教育部门依据各自义务教育招生细则和流程安排，建立区（市）平台，对本区域内义务教育招生工作实施业务管理，实现了市、区（市）两级平台合理划分、相互联动。目前，全市97%的学生通过"一网通办"一次性完成报名。

（二）打通数据壁垒，实现"零跑腿、零证明"

把破解数据壁垒和信息孤岛问题作为推进"一网通办"的攻坚工程，会同青岛市大数据局联合开展技术攻关，在公安、自然资源和规划、住房和城乡建设、人力资源和社会保障、市场监督管理、民政等部门支持下，实现户籍、常住人口、不动产、商品房网签、房屋租赁、企业登记等14项数据20个接口接入义务教育招生服务平台。家长完成身份认证并选定学校后，平台自动调取部门数据，比对核验后自动填入户口、房产等相关信息，家长无须上传任何证明材料，几分钟就可完成报名。为保障报名过程中的信息安全，招生服务平台依托省市政务云平台进行实名及实人认证，并采用数据查询接口作为共享接口，从技术层面避免了个人信息数据泄露。

（三）全程自动运行，实现"无干预、公平办"

依托全市统一的招生平台，招生工作实行全流程网上运行，实现了信息采集、初审、复审、终审、录取、分班、建籍全程无人工干预。家长完成网上报名操作后，系统后台依据招生政策，直接调用相关部门系统数据并进行交叉比对，一切以现行政策和数据交叉比对结果为准，有效避免了信息误填、误报等问题，从源头上杜绝了入学材料造假的可能，更好地保障了招生入学工作的公平、公正。对于因个人户籍房产信息不一致、信息不全等特殊原因无法通过后台信息比对的报名者,平台另行提供线上提交证明材料的渠道,并且仍然保留了线下报名服务点,为特殊需求家长做好全方位服务。

三、特色亮点

青岛市义务教育招生入学"一网通办",最大限度实现了让数据多跑路、群众不跑腿或少跑腿的目的,极大地方便了群众和学校,缩短了工作时间,切实解决了传统义务教育招生中家长现场集中排队、耗时过多、往返多次、证明材料繁杂、学校审核环节多、材料甄别难等问题。报名材料是通过系统后台直接调用,确保了报名材料的真实性,大大减轻了教育部门和学校审核入学报名材料的负担,让招生入学更加公平、公正、公开。

义务教育招生入学"一网通办""零证明""零跑腿"从根本上讲,得益于政务数据共享。青岛市大数据局与教育局、公安局、民政局、自然资源规划局、住建局、人社局等8个部门通力配合,实现人口信息、户籍信息、户籍关系、不动产权信息、无房证明、社保证明、个体工商户登记信息等20余项数据共享和自动比对审核工作,打通各部门之间的数据壁垒,节省大量时间和人力成本,将家长报名材料准备、学校报名材料审核等前置,重塑招生入学流程。

四、应用成效

大力推动数据赋能招生流程再造,打破部门数据共享瓶颈,实现了全市义务教育招生报名(包括小升初、幼升小)"一网通办",家长报名"零跑腿",学生入学"零证明"。过去需要两三个周完成的审核工作,现在几分钟即可完成,得到群众的广泛认可和好评。目前,全市97%的学生通过"一网通办"一次性完成报名。

人才服务一件事

青岛市人力资源和社会保障局

一、背景目的

按照《青岛市重点推进的政务服务"一件事"和城市运行"一个场景"工作方案》（青智组办字〔2021〕7号）工作部署，为加快推进青岛市智慧城市建设步伐，最大限度地实现便企利民，由青岛市人力资源和社会保障局牵头建设了"人才服务一件事"联办平台。

二、应用成效

（一）办事"快"

一是源头着手，精简材料，业务便捷办、提速办。通过反复梳理、调研和论证，将人社、公安、教育、卫健、住房、科技、医保、自然资源规划等8个部门13个服务事项，纳入"人才服务一件事"联办平台，实现了跨部门多事项一窗受理，相同材料合并复用，信息共享取代申请材料，办理次数由13次降低到1次、提交材料数由98份精减到52份。二是部门联动，简化流程，业务顺畅办、高效办。制定了《"人才服务一件事"平台跨部门协作运行机制》，建立由人社局牵头，市教育局、公安局、住建局、卫健委等相关职能部门协同配合的人才服务"1+N"工作机制，明确各部门涉及"一件事"业务工作职责，程序能简则简，材料应减尽减，形成全市上下贯通、同频共振、系统联动、部门协作的人才服务工作体系，有效提升了服务效率。三是技术引领，智心服务，业务智能办、自动办。联办事项通过业务信息系统进行后台的直接服务和数据对接，实现了数据的实时交互与信息共享，在业务办理环节直接跨部门、跨层级调阅相关信息，基于大数据分析，构建智能研判模型，实现最大限度容缺、共享受理，智能办理，大幅减少人工核实的工作量，缩短办事时限。

（二）协调"准"

一是精准画像，定向服务。通过"人才服务一件事"联办平台场景建设，充分发挥大数据优势，形成人才"一人一档一画像"，进行政策找人，主动推送，精准服务，切实解决用人主体和人才对政策"不知道、找不到、看不懂、不会办"等问题，力争达到政策不来即享、即申即享、免申即享。据统计，2021 年全年共为 5.3 万名学历人才发放补贴资金 6.62 亿元，为实现人群全覆盖提供了精准定位，基本达到应享尽享。二是规范业务，提高质量。通过制定"人才服务一件事"经办规程，逐一细化业务环节，确定业务边界，明确部门职责，确保各个环节无缝衔接，业务经办全程可追溯，有效提高了业务经办的质量，降低了错办、漏办风险。三是数据共享，精准核验。通过跨部门数据共享，申报材料由自动调取取代人工提供，由数字化存储取代纸质存档，规避了材料造假和篡改的风险，降低了人为因素干扰，确保了业务办理过程的真实性和准确性。

（三）生态"好"

一是助力企业留住人才。随着经济社会发展，人才在企业创新发展中的作用日益突出，"人才服务一件事"联办平台聚焦企业科技创新需求，全力打造企业产才对接、产学研融合发展环境，为企业组织内部惠才措施的实施提供了坚实的平台支撑，企业和政府人才政策内外互补，有机结合，助力企业提升汇集人才、留住人才的市场竞争力，获得了企业的高度认可。二是免除人才后顾之忧。"人才服务一件事"平台为住青留青人才提供了全方位的精心服务，通过跨部门业务联动，发挥高层次人才服务专窗作用，为高层次人才提供"一站式"人才服务，使人才服务更为专业。

就医付费一件事

青岛市卫生健康委员会

一、背景目的

青岛市"就医付费一件事"是国家卫生健康委员会《"健康中国 2030"规划纲要》的具体响应，是《"健康青岛 2030"行动方案》的执行落地，也是《青岛市重点推进的政务服务"一件事"和城市运行"一个场景"工作方案》的明确要求。该项目旨在推进卫生健康领域数字化转型，深化青岛市"互联网＋医疗健康"便民惠民服务，加强智慧医院建设，运用新技术、新模式，创新发展就医场景多渠道多方式支付，搭建统一的便捷支付体系，大力发展医疗机构医生工作站诊间结算，依托"健康青岛"微信公众号，开展微信、预交金、医保、数字人民币及信用就医等多种方式就医缴费，探索"先诊疗后付费"信用就医新模式，满足群众就医多样支付需求，破解群众看病缴费反复排队"痛点"，改善群众就医体验，提高医疗机构运营效率。

二、应用成效

聚焦群众就医"缴费慢、排队烦"等问题，加速健康领域信息化创新赋能，进一步改善医疗服务质量，推广移动端多场景多方式就医缴费，探索"先诊疗后付费"信用就医，群众缴费无须排队，有效缩短就医时间，发展医生工作站诊间一站式结算，不出诊室即可实现"秒缴费"，省去群众缴费环节，满足群众就医多渠道多方式便捷支付，为群众提供更加规范、有序和便捷的医疗和健康管理服务。"就医付费一件事"服务上线运行以来，医保支付由线下拓展到线上，排队缴费时间由线下 30 分钟缩减至线上 1 分钟，排队次数由 3 次缩减为 0，应用成效显著，在社会上取得了良好的响应。

统一搭建"就医付费一件事"便捷支付体系，依托"健康青岛"微信公众号开展微信、预交金、医保、数字人民币及信用就医等多种方式就医缴费，目前，已完成 40 家二级及以上公立医疗机构多方式付费，其中 38 家医疗机构率先推广先诊疗后付费信用就医新模式。大力发展医疗机构医生工作站一站式结算，完成 39 家二级以上公立医疗机构医生诊间直接支付。

为消除数字鸿沟，帮助老人、小孩等不使用智能手机的人群，继续保留人工窗口挂号缴费渠道，同时，支持公众号服务绑定就诊人关联家庭成员，为家庭成员业务代办、费用代缴等。此外，要求各医疗机构配备志愿者，引导并协助老年人等特殊人群使用自助设备、智能手机进行预约挂号、门诊缴费等就医服务。

社会救助一件事

青岛市民政局

一、背景目的

为加快推动社会救助数字化转型，基于青岛市畅通的数据共享机制和部门间长期协作的联办基础，本着便民为民的原则，根据《青岛市重点推进的政务服务"一件事"和城市运行"一个场景"工作方案》，由青岛市民政局牵头，市教育局、市司法局、市人力资源和社会保障局、市卫健委、市应急局、市医保局、市大数据局、市总工会、团市委、市妇联、市残联、市红十字会等部门密切配合，成立专班，充分发挥市社会救助工作领导小组协调作用，健全工作网络、压实工作责任、凝聚工作合力，制订《"社会救助一件事"工作方案》，多次召开工作推进会，组织各区（市）、各部门研究解决问题，推进工作落实；深入调查研究，学习外地先进经验，听取基层工作意见建议，指导区（市）开展"一门受理"业务培训，提升基层经办能力，保证部门间"联得通、接得上"、基层"接得住、托得起"，实现"群众呼声有人应"。

二、应用成效

学习借鉴上海社会救助先进理念，落实青岛市政务服务"一件事"工作部署，市民政局牵头教育、人社、医保等部门，扎实推进"社会救助一件事"工作。整合部门数量比上海市多 3 个。通过"社会救助一件事",推动困难群众由"多端口、单渠道"多头申请救助向"单端口、多渠道"集中申请救助的转变,实现"一门受理、协同办理、数据比对、智能研判、信息共享"。

(一)优化救助程序,提升救助效能

"社会救助一件事"构建了一个开放式框架、搭建了一个共享式平台,具有开放性、包容性特点,有利于进一步拓展救助领域、丰富救助内容、提升救助效能。建立镇(街道)"一门受理、协同办理"窗口,统一受理困难群众线下救助申请,接受"爱山东"APP线上救助申请,按照救助职责,及时分办转办相关救助部门,变困难群众"多门申请"为"一门受理",申请救助更加便捷。

(二)深化"物质 + 服务"多维救助

社会救助一件事项目,深化"物质 + 服务"多维救助,积极开展社会救助改革创新实践活动,引导社会力量参与社会救助。打造"青暖助"救助品牌,培育了"小桔灯""益同行""喃喃解忧"等救助服务子品牌。为困难群众提供了精神慰藉、心理抚慰、照料护理、社会融入等更精准、精细的服务,满足了困难群众的个性化需求。

(三)健全政府救助与慈善救助相衔接机制

着力加强政策衔接,强化资金保障,推进信息共享,完善协调机制,加大激励扶持力度,引导参与救助服务,建设救助帮扶项目库,发挥慈善救助作为第三次分配形式在助力共同富裕方面的积极作用,推进政府救助与慈善救助无缝衔接,率先将慈善救助纳入社会救助综合服务平台,实现优势互补,降低救助成本,提高救助效能，打造有温度的社会救助体系。

通过系统数据比对、智能研判，为困难群众提供合理化救助建议，有效避免错救、重救，救助更加精准；依托信息化平台，建设社会救助对象主题库，实现救助信息资源共享，部门协同更加高效。截至目前，共有 12 个部门 28 项救助事项被纳入平台，实现了救助信息资源高效共享。自上线以来，共受理各类救助申请 1.87 万件，分办转办 1.79 万件，取得了阶段性成果。

企业统计报表"最多报一次"

青岛市统计局

一、背景目的

近年来，各级政府部门和社会各界对统计信息需求越来越大，企业统计报表任务愈发繁重，部分企业和人大代表多次通过"两会"建议、"三民"活动等途径反映数据重复报、多头报、报表负担重等问题。2021 年，山东省人民政府办公厅下发《关于规范调度企业数据减轻基层负担有关事项的通知》，提出从规范报表管理、统一数据采集渠道、强化数据共享、建立长效机制等方面，切实解决部门多头调度，重复调度，企业报表多、负担重等问题，为探索"最多报一次"改革提供现实需求和政策指导。

为此，市统计局敢为人先、积极作为，率先在全省乃至全国范围内探索企业统计报表"最多报一次"改革，以"智慧统计"平台为依托，打造"最多报一次"信息化系统，从数据加密、流程规范、机制变革上积极探索，创新改革统计报表报一次、个性化数据点对点共享的实现路径，依法合规推动企业微观统计数据共享，满足各级政府、部门等对统计更加多元化、个性化的数据信息需求，切实减轻基层企业报表负担。

二、应用成效

"最多报一次"系统，坚持创新融合共享理念，树立数据"一盘棋"思维，创新"协同共享"服务体系，为城市高质量发展发挥数治效力，被《青岛改革》《市委作风能力提升年活动简报》刊发，被国家、省统计网站、《青岛日报》等宣传10余次。

（一）企业"轻装减负"

目前，已有2100余家重点企业线上参与，共享25.5万笔数据，每共享一笔数据，都代表企业少报一次数据。参与企业表示，原来同一项指标数据需要给不同部门报送，现在通过"最多报一次"系统，只需要报送一次即可实现定向共享，既解决重复报送问题，也不用担心数据安全问题。

（二）行业"精准监测"

利用"部门点单＋企业授权＋靶向推送"的服务模式，为发改、工信、商务等6个部门定制化共享包括销售产值、营业收入、利润总额、能源消费等70余项指标数据，为各行业主管部门及时了解掌握重点企业生产、经营、能耗等情况，有效预测预警行业运行态势，制定产业发展政策，精准施策服务企业提供科学依据。

（三）数据"实时共享"

统计服务关口前移、靠前定位，由被动服务变为主动服务，由共性管理变为个性管理，由以往"部门来函—内部流转—提供数据"的统计综合数据共享流程，变为"企业报表—平台抓取—定向共享"的高效服务模式，共享数据时间实现"实时"共享，极大提升了各部门获取统计数据的便利性和时效性，有力推动了政府履职效能的提升。

　　下一步，市统计局将继续建立健全数据安全、统筹共享机制，持续优化长效服务机制，搭建企业、部门使用意见建议反馈渠道，形成"设计开发—上线使用—反馈意见—改进完善"工作闭环，及时丰富优化系统各项功能，不断提升用户体验。

托管企业职工服务一件事

青岛市企业托管中心

一、背景目的

2021 年省政府下发《关于印发山东省"十四五"数字强省建设规划的通知》（鲁政字〔2021〕128 号），提出加快政务服务模式重构，围绕发展所需、基层所盼、民心所向，大力推进数字技术与政务服务深度融合，驱动政务服务流程再造、业务重构、规则重塑，全面构建"互联网＋政务服务"新格局。

青岛市企业托管中心共管理原商业、物资、医药行业及部分纺织、化工、电子行业国有破产关停企事业单位 100 余家，服务职工 2 万余名。中心托管的企业大多已破产关停 20 多年，许多政策和依据已经发生了变化，加之国企改革遗留问题交织，企业职工办理待遇、解决困难诉求往往面临着程序多、材料多、跑腿多、时间长的问题。为拓展托管企业职工办事渠道，提高服务效能，托管中心建设了"托管企业职工服务一件事"业务平台（以下简称"业务平台"），通过网上智能引导填报、数据共享、线上审批等手段，简化填报环节，减少提交材料，缩短办理周期，减少跑腿次数，提高托管企业及职工办事便捷度，实现托管企业职工服务一次办好。

二、应用成效

《数字青岛 2022 年行动方案》提出打造基本民生、质量民生、底线民生三个"服务样板"，"托管企业职工服务一件事"业务平台的建设初衷就是服务保障底线民生。开展"数字青岛"建设以来，市企业托管中心立足服务发展、服务改革的职能定位，以助力搭建"协同高效的数字政府、智慧便民的数字社会"为契机，以"托管企业职工服务一件事"平台建设为着力点，数字化推动破产关停企业托管工作系统性重构。针对托管企业性质特殊、改制年代久远、职工办事要"跑多趟""找多门"的情况，业务平台通过线上集成业务内容，简化填报环节、减少提交材料、缩短办理周期、减少跑腿次数，为 2 万余名职工提供了全新的、便捷的办事渠道，拓展数字惠民的广度和深度，让职工享受更多"数字红利"。

业务平台于 2022 年 10 月 31 日正式上线"爱山东"APP、"青e 办"APP 和山东政务服务网青岛站，是 2022 年首个登录"政务服务一件事"专区的项目。业务平台建设中获得了市委常委、副市长耿涛同志的批示肯定，入选省大数据局首批"无证明之省"建设典型经验，《青岛日报》、观海新闻等媒体先后对业务平台进行了宣传报道。

下一步，中心将加大业务平台推广力度，引导职工及家属通过平台办理业务，持续提高职工服务业务线上办理比例，让平台发挥实实在在的作用。在此基础上，深入推进"温情至臻 诚托慧管"服务品牌建设，推动职工服务提质增效，更好地发挥中心在地方经济社会发展和国企改革进程中的稳压器功能。

质量检测一件事

青岛市市场监督管理局

一、背景目的

计量、标准化、合格评定、认可、市场监管等国家质量基础设施是国家经济社会发展的重要基石。近年来，我国国家质量基础设施建设取得一系列重大成就，但还存在技术能力相对薄弱、部分领域质量基础设施供给不足、中小企业质量管理能力偏低、制度体系有待优化等问题。应加快完善顶层设计和配套政策，提升国家质量基础设施的国际影响力和主导权，推动质量技术研发创新和信息技术应用，提高企业质量管理水平，补齐部分领域质量基础设施短板，推动我国向质量强国迈进。

为了紧跟国家质量基础设施建设步伐，青岛市在《2022年青岛市重点推进政务服务"一件事"和城市运行"一个场景"工作方案》将青岛特色"质量检测一件事"公共服务平台纳入其中，并由市市场监督管理局负责相关建设与推广工作。"质量检测一件事"平台，利用互联网、大数据等技术优势，拟统筹全市质量检验、质量检测、质量认证、计量测试、标准查询、标准制（修）订、特种设备检验等资源，实现质量相关要素良性协同，构建服务企业、服务市民的"便捷、精准、高效、全面"公共服务平台。平台一期将重点建设"七大模块"：计量校准、检验检测、标准查询、中小企业质量提升、质量资源共享、质量咨询培训、质量数据分析中心。

二、应用成效

（一）建成"质量检测一件事"公共服务平台

根据规划要求与方案设定，建成"质量检测一件事"公共服务平台，并链接大数据平台实现全系统接入与全数据共享。平台包括计量校准、检验检测、标准查询、认证认可、中小企业质量提升、质量资源共享、质量咨询培训、质量数据分析中心等版块内容，并实现一个入口进入的全业务协同，可完成一网通办、一个流程、一网集成、一事联办等功能，使企业与个人在"质量检测一件事"一个平台上可以享受全质量要素的服务，同时办理校准、检测、标准、认证以及与质量相关的其他事宜，不需要单独寻找相关部门与供应商，实现质量全场景的整合，极大方便了企业与个人。

同时，"质量检测一件事"平台所有数据可向上、下实现全数据共享与全方位互联。质量数据包括所有行业与领域的计量、检测、标准、认证以及其他质量相关资源，并对用户使用平台过程中产生的数据与各类活动信息进行收集、汇总、分析，实现全行业统筹。

（二）平台服务

"质量检测一件事"公共服务平台在试运行及上线期间不断探索服务政府、企业、机构及个人并付诸实践。现已注册企业500余家，点击量17000余次，并且对外进行培训、质量评估活动与企业赋能实践。其中比较有代表性的有城阳区检测机构培训、青岛市企业品牌评价活动和征和农业企业质量赋能改造。

创业一件事

青岛市人力资源和社会保障局

一、背景目的

按照《青岛市重点推进的政务服务"一件事"和城市运行"一个场景"工作方案》（青智组办字〔2021〕7号）工作部署，为加快推进青岛市智慧城市建设步伐，推动全市创业环境优化，由人社局牵头建设了"创业一件事"平台，打造"创业一件事"平台，通过集成创业城市建设工作领导小组各成员单位的创业服务事项，提供跨部门、纵横互联的全生命周期和沉浸式体验服务，为创业者解决创业服务碎片化难题，让创业者温馨，让企业家舒心，切实提升创业者对青岛市创业城市建设的认可度、体验度和满意度。

二、应用成效

"创业一件事"依托线下青岛创业总部实体平台和线上全市创业大数据资源，构建创业企业亟须的各类要素资源，将云服务、场景体验、人力资源互联、人才评价、专技人才服务统一汇集归口至"创业一件事"，对创业者、创业企业及创业资源进行精准画像，实现创业服务精准匹配，全面提升创业服务能级，打通不同单位、部门的创业帮扶清单，面向各类创业者集中服务，形成服务合力，为创业者提供一站式创业闭环服务。

（一）全市创业"一个平台"

将分散在各部门办理的单个事项集成为企业和群众视角的"一件事"，实施业务流程整合，整合集成各类服务资源和创业创新要素，满足创业者政策、场地、项目、资金、人才、服务等各类需求，为其提供一链通服、一站全办服务，助力创业者成长。

（二）全市创业"一张地图"

通过汇聚创业服务资源元素，实现全国海量创业数据融合、挖掘应用，构建青岛创业"一张地图"的创业热力效应，实现创业创新的时效性、预见性、针对性和指导性，为青岛创业的可持续发展提供决策支撑和全方位管理服务。

（三）全市创业"一家学院"

实行多部门联动机制，通过有效整合学校、政府和社会的资源，打造创业第一课公益课堂，开展线上、线下创业创新教学体验与培训活动，进行学科管理和组织工作，促进创业创新成果转化和企业孵化，进一步增强创新精神、创业意识和创新创业能力。

（四）全市创业"一个生态圈"

不断加大平台运营推广力度，盘活人力资源、财会、法律等社会创业资源，营造创业创新生态圈，形成人才、资本、科技、孵化等全链条创新要素的耦合，创新活力与创造潜能全面迸发，推动青岛高质量发展，加快建设开放、现代、活力、时尚的国际大都市。

（五）全市创业"一个场景"

运用 AI、VR、大数据运算、先进仿真等技术，围绕全生命周期创业服务事项，以沉浸式服务场景和体验场景为背景，打造一个全景、智能交互的创业服务场景体验中心，培养创业者创业创新意识，提升创业能力，提高创业者综合素养，助力在青成功创业。

（六）全市创业"一张网"

依托"互联网＋政务服务"，围绕"资源互联、数据互联、信息互联、服务互联"，构建以青岛市人力资源互联为中心，汇聚胶东五市政府、高校、社会数据资源，创建数字化、专业化、智能化人力资源服务网络平台，打造引领全市、带动胶东五市、辐射沿黄九省的人力资源服务新标杆。

（七）全市创业 "一个政策库"

建设全市统一汇聚、统一管理、统一开放的创业政策知识库，依托青岛人社 AI 智能机器人，面向创业群体，提供智能、便捷、高效的创业政策在线智能咨询服务，进一步提升创业者的幸福感和获得感，推动优化全市创业环境，激发创业活力。

科创主体创新发展一件事

青岛市科学技术局

一、背景目的

从全国来看，科技创新已经成为"十四五"期间的核心战略，也成为驱动经济高质量发展的新动能和新引擎。运用数字化技术，通过对政府掌握的科创资源整合和科创服务流程再造，为科创主体的科创活动减负、赋能，是数字政府建设面临的新课题。当前，从国家到地方都在酝酿搭建高水平的科技资源整合平台，浙江等地已率先着手启动建设。青岛市科技领域信息化建设通过搭建科创主体创新发展"一站式"服务平台，破除科技创新领域的信息孤岛、数据烟囱和信息化应用碎片化格局，让数据多流转，科创人员和科技企业少跑路，信息一处收集，全域应用，打造一个数字化高效的科技创新生态环境。

二、应用成效

（一）实现了科创主体"一站式"服务

支持法人用户"一站式"申报"竞争类"科研项目、发榜技术攻关需求、申报创新平台和科技奖励、登记技术合同、申请科技成果评价、入驻孵化器、查阅科技文献、共享科研仪器、申领科技创新券、检索全市科创资源、发布科创成果等科创服务。支持自然人用户"一站式"申请专家入库、参与项目评审论证、申请技术经纪人和科技特派员入库等业务事项。支持管理人员用户"一站式"查询和管理所有科创资源的申报、兑现及过程进展情况。平台已经支撑 8 类科技计划，十大领域科研项目，4 类创新平台，五大科技奖项，395 亿元技术合同，100 多家孵化器，15 万次科技文献查阅，共享 4800 余套科研仪器，兑现 700 多万元科技创新券，入库 1355 位科研专家、300 余位科技特派员，建立 1 个国家高新区和青岛市 1 万家科创企业的画像。

（二）应用数字签名和电子印章技术

科技管理工作在专家入库、参与项目评审，项目及平台申报、任务书签订，奖励申报、认定等诸多环节都需要进行信用承诺、意见确认，需要自然人签字和法人盖章。电子签名技术和对接市审批局的电子印章库，改变了原有工作流程中办理一个事项需要各类角色多轮次进行文件下载、线下签字或盖章、扫描上传的状况，极大地减少了用户跑腿次数，提升了用户体验和工作效率。平台已梳理需要签字和盖章的事项 10 个，避免用户跑腿事项 9 个，已采用数字签名 405 人次。

（三）数据及电子证照共享复用

通过共享工商数据库的标准化统一社会信用代码和单位名称，解决了用户账号重复及名称错误等问题，能够极大减少计划下达和资金拨付时因单位名称或拨款级错误导致的返工次数。通过共享法人的基础信息和身份证、营业执照、职称学位等证照信息，在专家入库及项目申报过程中，减少专家及申报单位填报基础信息、准备证照复印件等烦琐操作，同时，也降低了伪造证照的风险，减轻了管理人员审核工作的负荷。通过复用项目申报材料填写的数据，直接生成项目任务书，减轻申报用户的反复填报及管理人员重复审核的负担。原来审核一份任务书需要反复对比申报材料的承诺指标，按照一份任务书审核进行预估，原来审核一个项目任务书需要花费几小时压缩到几十分钟。

（四）大数据分析为政府精准服务提供支撑

国家高新区排名和高新技术企业认定数量作为衡量青岛市科技创新活力和科技工作开展情况的主要指标，如何借鉴先进地区的发展经验，破解青岛市扶持高新区发展，培育更多的高新技术企业和上市企业，是困扰科技工作的堵点之一。通过平台的高新区"一区多园"、科创企业筛选培育等功能模块，摸清青岛市科创资源的布局和发展底数，找到了发展的瓶颈和不足，为拟定扶持政策，各级科技管理部门的精准化、差异化服务提供了支撑。目前，建立高新技术企业培育库，入库企业 4523 家；建立上市企业培育库，入库企业 111 家；高新区"一区多园"智慧管理的经验做法，已经在全省科技系统得以推广应用。

全市一个停车场

青岛市公安局

一、背景目的

为进一步加强和改进青岛市停车场管理工作，打造共建共治共享的管理工作格局，根据《青岛市停车设施建设管理实施方案》（青城管委〔2021〕11号）、《关于加强和改进城市停车管理工作的指导意见》（公交管〔2019〕345号）和《国务院办公厅转发国家发展改革委等部门关于推动城市停车设施发展意见的通知》（国办函〔2021〕46号）等文件要求，围绕"全市一个停车场"理念，依托大数据、人工智能、道路泊位检测、高精度地理信息等先进技术，建设"全市一个停车场"智慧停车管理服务平台，实现态势总览、运行监管、决策分析、联网备案、信息诱导、信息查询等功能一体化，达到统筹路内路外停车资源、推动动静态交通协同发展、提高城市停车管理水平的目标。

二、应用成效

智慧停车管理服务平台已连接至城市云脑平台，停车数据已实时传输至政务云，在市政府城市云脑大厅即可通过智慧停车管理服务平台实现全市停车资源的态势总览、运行监管、决策分析、联网备案等功能。

截至 2023 年 2 月 21 日，"全市一个停车场" 智慧停车管理服务平台共接入 2271 个停车场，合计 561297 个停车泊位，其中，路内泊位段 306 个，合计泊位 20732 个；路外停车场 1965 个，合计 540565 个停车泊位。

目前，智慧停车管理服务平台已建设完成，政府部门可依托平台实施管理服务。"青岛停车 APP" 已在 "爱山东"、"青 e 办"、苹果系统、安卓系统（百度、腾讯、小米、华为）应用市场上架运行，累计注册用户 10983 人，累计服务用户 3516 万人次，为驾驶员提供我要停车、共享停车、无感支付、预约停车、停车充电、交通枢纽、P+R 停车换乘、服务公告等针对性服务，面向公众提供便捷停车服务。

一部手机游青岛

青岛市文化和旅游局

一、背景目的

为贯彻落实数字青岛规划部署和《青岛市重点推进的政务服务"一件事"和城市运行"一个场景"工作方案》《2022 年青岛市重点推进的政务服务"一件事"和城市运行"一个场景"工作方案》有关要求。市文化和旅游局开展"一部手机游青岛"项目建设。

二、应用成效

项目建设实现了行业监管精准高效、游客服务智能全面、企业运营上云赋能。

（一）提升文旅行业监管水平

采集腾讯、航空、高速公路、OTA 等多维数据进行统计分析，分年度、季度、月度和重要节假日生成旅游大数据报告，提供产业经济、营销监测、景区景点、酒店住宿、文博场馆、旅行社和导游、乡村游、游客市场、航空客流等 9 类数据分析，实现对文旅产业、资源、客情实时监管。

（二）打造了一站式文旅服务平台

已实现景区门票预订、酒店民宿预订、文博场馆预约、停车导航服务等 20 余项功能，入驻 101 家 A 级景区、140 家文博场馆、200 余家酒店民宿、60 家影院及文化企业。具有青岛停车、影院选座购票两大特色功能。青岛停车功能，可随时查看全市停车场、停车位等信息，方便市民游客出行游玩。影院选座购票功能，是全国同类项目中唯一实现此功能的平台，在服务游客同时，满足本地居民文旅消费需求。

（三）做优数字文旅发展生态

通过平台提供的普惠化、均等化的数字工具，文旅企业可实现文旅资源数字化和产品管理，进行线上开店、产品销售、卡券发放、推广营销，为青岛文旅企业数字化转型升级赋能添翼，打造青岛数字文旅发展新生态。目前，已有 300 余家文旅企业入驻开店，展销产品 2000 余件。平台承接 2023 年度市级文旅惠民消费券发放工作，春节前后发放星级酒店、图书、电影三类惠民券共计 430 万元，5.3 万人次参与。

全市一家医院

青岛市卫生健康委员会

一、背景目的

为贯彻落实"数字中国""数字山东""数字青岛"战略部署，统筹全市卫生健康领域资源、加强跨部门合作，青岛市卫生健康委员会积极推进"全市一家医院"项目建设，全面实施智慧医疗攻坚行动，进一步推动青岛市卫生健康数字化转型。2021年以来，青岛市先后下发了《数字青岛2021年行动方案》《青岛市重点推进政务服务"一件事"和城市运行"一个场景"工作方案》《青岛市智慧城市建设领导小组办公室关于印发〈"全市一家医院"工作方案〉的通知》等文件，明确提出以打造"全市一家医院"为场景牵引，推动智慧医疗建设，提高医疗数据互联互通效率。通过"全市一家医院"场景建设，推动大数据、云计算、人工智能、物联网、5G等技术在医疗领域的应用，有效整合了全市医疗卫生资源，搭建一体化医疗服务平台。

二、应用成效

（一）实现市域内检查检验结果互认共享

为推动全市医疗卫生资源的合理利用，解决重复检查检验和自带报告、胶片等群众就医不便问题，降低患者就诊费用，加快推进医疗机构间检查检验结果互认共享。基于"全市一家医院"基础支撑平台，汇聚各医疗机构结构化数据，统一维护互认机构、互认项目、互认规则等信息，实现不同医疗机构、不同业务系统间互联互通。在诊疗过程中为医生提供可互认的检查检验结果提醒、报告查看、原片调阅等功能，医生根据患者病情实际情况选择是否互认。监管后台提供统计分析功能，构建检查检验结果互认的闭环管理模式。2022年10月26日，青岛市互认共享系统上线试运行，32家二级以上公立医院开展业务，成为全省第一个实现区域内检查检验结果互认的城市。首批实现了临床生化、临床免疫、临床血液以及普通放射线检查、CT检查、MR检查等六大类47个项目的互认共享。截至2023年1月31日，累计完成数据共享调阅224万次、互认检验检查项目9458次。

（二）实现电子健康档案跨院调阅

依托"全市一家医院"基础支撑平台，建立主索引，将居民不同生命周期、不同医疗机构的就诊数据进行清洗、质控、汇聚，生成居民电子健康档案。通过"健康青岛"微信公众号向居民本人公开。经本人授权，可以通过医疗机构门诊医生工作站跨院调阅、共享，进行辅助诊疗。

政务服务一事全办

青岛市行政审批服务局

一、背景目的

自 2019 年以来，青岛市行政审批服务局探索政务服务"一事全办"改革，出台了《青岛市加快机制创新深化流程再造 推行"一事全办"审批服务制度改革实施方案》。在此基础上，市行政审批局以企业群众眼中的"一件事"为标准，加快推动政务服务由单个事项供给向场景服务转变。围绕企业和其他社会组织发展周期、项目建设周期和居民生命周期，将企业、群众需要到相关政府部门办理的多个相关联政务服务事项，特别是跨部门、跨层级、跨区域的多个事项，整合成企业和群众视角的"一件事"。

二、应用成效

2021 年 9 月，市行政审批局印发《青岛市政务服务"一事全办"工作方案》，明确拓展主题清单、梳理办事规范、优化服务流程、强化系统支撑等 5 项主要任务，建立由各项服务主题关联的 23 个市级部门和各区（市）共 58 人组成的工作专班，负责统筹推进"一事全办"等相关工作。

围绕企业和其他社会组织发展周期、项目建设周期和居民生命周期三个"全周期"，以企业群众高效办成"一件事"为标准，以市、区（市）两级依申请政务服务事项为基本单元，开展"一事全办"主题梳理。通过对标分析、征求意见，分两批公布了《"一事全办"主题式服务指导目录》，梳理定制"一事全办"主题式服务办事指南，将多套材料和多套表单进行去重合并，对多个流程优化重组生成一套材料、一张表单、一个流程，为办事群众提供清晰的指引。以"我要开药店"为例，实施"一事全办"前，企业、群众开药店需要办理公司设立登记、社保登记、税务登记、药品经营许可、医疗器械经营许可、消防安全检查等8个事项、提交31份材料、经历25天才能办结。推行"一事全办"后，企业、群众只需要一次性提交10份材料、只跑一次、信息只填一次，最快7天即可完成所有准入准营手续办理。

依托市、区（市）两级政务服务大厅，延伸"一事全办"线下服务端口，设置"一事全办"服务专窗，配备服务专员、公布服务清单、办事指南和办事流程，将以前由各个部门窗口办理的业务进行融合统管，将"一事全办"主题服务所需材料统一归并于服务专窗受理。通过推行"前台一窗受理、后台并联审批、统一窗口出件"工作模式，实现企业群众只到一个窗口，办成"一整件事"。以"水电气暖协同过户"为例，将原本需在供水、供电、供气、供暖、有线电视、有线宽带等12个单位窗口分别办理、逐个受理的单一事项，转变为只需在一个窗口申请一次、提供一套材料，即可一次性完成15个事项的协同办理，显著提升办理效率。

2022年，青岛市行政审批局印发了《政务服务"一事全办"菜单式改革工作方案》，向各区（市）审批局和业务处室征集高频办理事项，通过座谈、问卷调查等形式，对纳入改革范围的"一件事"向社会公开进行评选评议，参考评选评议结果筛选出"我要办理市政公用一件事""我要开办托管班""我要开办食品生产企业"等20个企业、群众愿办、常办事项，确定为改革试点目录。对列入改革试点清单"一件事"的全部关联事项进行标准化梳理，采取分头试点、集体讨论、广泛征求意见的形式，形成一套统一的市定标准，按照中央厨房"配餐服务"模式，实现"一件事"同标准办理、集成化服务。

农业家底一张图

青岛市农业农村局

一、背景目的

近年来，大数据、物联网、云计算、区块链等高新技术迅速兴起，国家开始实施数字乡村战略，加快物联网、地理信息、智能化设备等现代信息技术与农村生产生活的全面深度融合。全面推进乡村振兴、加快建设农业强国，是党中央着眼全面建成社会主义现代化强国作出的战略部署。强国必先强农，农强方能国强，没有农业强国就没有整个现代化强国。在此背景下，市农业农村局加快落实市委、市政府关于数字青岛建设的部署要求，以"产业数字化、数字产业化、服务高效化"为目标，谋定而后动，厚积而薄发，铆足干劲，弯道超车，持续推动农业数字化转型。2021年，市农业农村局立足"三农"工作实际，围绕农业农村数据"聚、通、用"，在国内率先建设"农业家底一张图"。

二、应用成效

（一）示范带动效应显著

2021年，青岛市农业农村局在全市率先打造数据资源"一张图"，系统综合运用遥感、GPS、地理信息、物联网、VR全景等技术,基础地理数据、农业大数据中心数据、农业测绘成果数据、土壤/农机物联网和农业专题数据（如 VR 全景），在统一地理框架下，实现青岛市农业数据汇聚融合和共享共治，有效解决了农业农村数据"难聚、难通、难用"的问题，被市政府列入数字青岛"双12"重点场景，带动全市 9 个市直单位建设一张图。

（二）实现多级授权使用

市本级、各业务单位及各区市农业农村部门可通过分配的权限，管理各自业务范围内所有农业农村数据资源，自由配置 GIS 平台功能模块，实现数据精准落图管理、多图层联动统计及大数据分析。为业务工作的数字化转型开辟了一条新的管理通道。

（三）数据资源空间化管理

基于空间矢量数据的应用和服务，实现 6015 个自然村、896 个村居融合、78681 个粮食功能区、122.24 万宗宅基地（房地一体）、45515 个永久基本农田保护区、275.77 万个土地确权地块、248 个高标准农田项目等农业自然资源数据、农业生产数据等的空间化管理，多维度动态展示。可以辅助数字农业农村和乡村振兴项目发展规划、有效加强补贴资金监管，有效避免项目重复建设。

（四）系统支持全要素数据的聚合

通过聚合海量结构化、非结构化、空间等全要素数据，搭建农业信息化基础数据框架，为青岛市农业农村相关工作提供时空大数据平台，创新打造全市"农业、农村、农民"数据一张图，打通生产、流通、监管、治理、服务全环节，实现"农业生产高效化、农村管理精准化，农民生活现代化" 和"一图知家底、一网管全市"。

（五）获得部、省、市行业内普遍认可

一是入选农业农村部"2021 数字农业农村新技术新产品新模式"优秀项目；二是先后荣获"2021 年智慧城市先锋榜优秀案例三等奖""2021 青岛信息化优秀解决方案奖""全省农林水牧气象系统工作创新竞赛优秀成果二等奖"等；三是在 2021 年全国智慧农业建设经验交流会上作典型发言；四是 2022 年 1 月获山东省科技兴农奖优秀项目一等奖；五是获评"2022 年城市数字化转型优秀实践单位"；六是入选 2022 年山东省新型智慧城市优秀案例；七是获得省数字乡村建设创新大赛一等奖第一名；八是入选农业农村部 2022 年智慧农业建设优秀案例。

全市一个教育平台

青岛市教育局

一、背景目的

中共中央办公厅、国务院办公厅关于"互联网＋教育"的文件、教育部《教育信息化 2.0 行动计划》、教育部等六部委关于"教育新基建"的文件及青岛市智慧城市建设规划，都把"互联网＋教育"大平台建设摆在了核心位置。为落实上级文件精神，打破信息孤岛，促进数据资源共享，支撑教育数字化转型，青岛市教育局着力打造服务全市教育系统的一站式"互联网＋教育"大平台——青岛教育 e 平台，并于 2021 年入选数字青岛"双 12"项目。

二、应用成效

（一）业务办理流程数字化

市教育局基于青岛教育 e 平台积极探索业务上网和流程再造，截至目前，共整合部省级教育平台 20 余个，新建整合本级教育业务系统 40 余个，将教师、学生、机构、校舍、装备、餐厨、教学、招考、毕业等要素全部纳入 e 平台一网管理、一站服务。

（二）数据共享应用常态化

基于青岛教育 e 平台的教育数据共享也成为常态，平台每天定时与省教育厅同步学校和师生数据；e 平台年均完成对外共享 20 余次，面向大数据局等部门和教育内部，共享数据量达到 1000 万条，真正实现数据一次填报，多方共享，让数据多跑路，让群众更少跑腿。青岛教育 e 平台基于应用过程产生的海量教育大数据，深入开展各种形式的数据分析应用，覆盖每项教育管理工作。2023 年打造的网上巡课系统，强化了教学过程管理和教研协同，打通了教学管理最"后一公里"。支撑教育管理工作由"经验型"向"数据实证型"转变，让管理更加精准、决策更加科学。

（三）教育评价手段精准化

平台借助完善的业务应用和数据资源，支撑面向学校、教师、学生的各项督导评价，为教育发展提供科学支撑。教育督导综合管理系统，为市、区（市）、校三级数据采集、管理监测提供信息化支撑。义务教育优质均衡和学前教育普及普惠评估监测子系统，对国家各项评估指标达标情况形成可视化报告，并实时预警。督导问责子系统，集问题汇集、反馈、督办、问责于一体，实现了闭环管理。教师专业发展系统建立教师专业发展档案，并开展培训管理、评审评比、发展分析等，为高素质教师队伍建设提供了支撑。初中学生综合素质评价系统，建成覆盖中小学生学业监测、体质健康、艺术发展、劳动技能、心理测量等领域的综合性平台，并向全市初中学生发布中考增值分析报告、向高中学生发放质量监测增值分析报告，靶向推送解决方案，利用新技术推动了考试评价增效。

（四）新技术赋能管理可视化

市教育局通过 e 平台视频监控整合系统，汇聚 1.6 万个校园视频监控点，涵盖各学校校门、楼宇、教室、操场、餐厅、后厨等场景，按业务职能统一分配使用，并接入青岛市视频监控资源共享平台。该系统常态化应用于政务值班、督导检查、考试管理、校园安全、餐厨管理等工作，还进一步支撑了网上巡课，实现了足不出户便可身临一线，让教育管理"眼见为实"。实施视频智能分析系统，智能识别和分析课堂师生教学行为，为教学提升提供指导；部署校园人脸识别系统、智能安防系统，与公安系统联动，实现无感知打卡考勤，智能识别异常入侵和校园安全事件，第一时间自动化报警处置，提升校园安全水平。

（五）优质数字资源均衡化

汇聚连接各类数字教育大资源近 1000 万条，并基于青岛本地教材和学情定制优质教学资源，覆盖各学段、学科和知识点，面向全市和陇南、定西、安顺等地师生免费开放。e 平台先后为 2020 年和 2022 年全市师生停课不停学提供了支撑保障，建成名师在线 e 辅导系统，组织名师为学生提供课后在线辅导教学。依托信息技术优化作业管理，精准实现作业分层、个性化指导，并让作业内容可见、时间可控、结果可讲解，有关做法被评为全国"双减"典型案例。在英语和语文等学科中，利用智能语义分析和语音识别等成果，实现主观题智能批改和智能化口语训练。

城市数字决策一张图

青岛市大数据发展管理局

一、背景目的

人口大数据建设和应用，对更好地规划生产力布局、完善公共服务资源配置、提升现代化社会治理能效、支撑智慧城市建设和经济社会高质量发展具有重要作用。2021年，青岛市发布《数字青岛2021年行动方案》，要求加快协同高效的数字政府建设，创建智慧管用的城市云脑"智能化"体系，构建数智融合的政府决策"协同化"体系。为落实行动方案规划部署，以场景化加快城市云脑建设，青岛市大数据发展管理局同期发布了《青岛市城市云脑2021年攻坚行动任务清单》，明确了重点场景建设清单和建设时序，其中，"城市数字决策一张图"项目（人口专题）作为重点场景纳入该年度重点建设任务。按照攻坚任务要求，该项目已经建成运行。

二、应用成效

（一）洞察数据，为城市画像体检

通过对人口实时客流及画像情况，以及人口规模、结构、素质、迁移流动、实时客流热力、重点群体变动分布、人口发展预测等常规人口发展所重点关注维度的特征刻画，可以清楚地了解青岛有多少人，是哪些人，在哪里，从哪里来，到哪里去、未来规模结构如何变化等重点信息。数据来源包括人口普查、抽样调查等统计数据，户籍、医保、社保、学历等人口政务数据，以及手机信令等商业化人口数据，数据维度覆盖了常住人口、户籍人口、工作人口和实际服务人口。支撑全市人口数据动态监测、综合分析和发展研判。市发改委根据平台数据等资源形成的《今年以来青岛市主城区商圈活力情况分析及对策建议》，获得刘建军副市长批示。

（二）聚焦问题，再造业务流程

教育是公共服务中最热点的领域，打通适龄儿童变动信息与教育资源承载的匹配联系，提前做好项目建设、招生预警和学区规划，是当前教育部门和广大市民最关注的问题。平台紧抓上述痛点，以当前义务教育阶段设施承载压力最显著的市内四区为代表，层层递进，全面掌握并呈现了市内四区中小学办学情况、设施达标现状及未来规划情况、各中小学学区适龄儿童入学需求及未来承载预测。

由此打破了开学前各学校人工前往派出所核对生源信息的粗放模式，能直接通过平台在线操作，精准预测下一学年各学区适龄入学儿童规模，极大提升了区市教育部门招生工作效率、便捷度和准确度。一是通过点选新建教育设施功能，可展现新建设施对缓解所在学区压力的作用，为建设部门合理安排中小学建设时序提供支撑。二是通过学区合并功能，可展现相邻学区合并对学区承载压力的影响，为教育部门通过学区调整、多校划片等措施缓解热点学区压力、促进教育均衡提供支撑。三是基于学龄前儿童户籍地址及落户时间，通过学位预警功能，展示热点学区实施一年或两年预警政策后，对学区承载压力的缓解情况，为区（市）教育部门及各学校适时发布学位预警政策提供支撑。

（三）构建指标体系，快速定位问题

项目构建了青岛市重点商圈人气活力指标体系，通过一级指标、二级指标及总指数测算，按月对比不同商圈的人气活力水平，解析发展优势和存在不足，能够为商业部门完善配套设施、提升服务功能、优化商业业态提供科学支撑。从准确性看，市商务局充分认可平台呈现的数据变动和指标结果，与商务部门日常判断基本一致。目前以季度为频率，向相关决策部门定期提供商圈消费活力指数结果。根据项目资源形成的《基于大数据的青岛市重点商圈活力指数创新研究》，顺利通过青岛市"双百调研工程"2022年度课题立项。

（四）信息融合，统筹行业趋势

项目精准抓取了人社部门单位及个人缴纳社保信息，融合打通市场监管局企业信息，实现从就业人口到企业，再到行业的信息贯通，围绕就业人口规模、薪资、年龄、从业年限、受教育年限等核心维度指标，准确刻画了全市主要行业的就业人口画像。通过设计时间序列模型，准确预测未来五年制造业、服务业及全部从业人员的供需情况，通过创新构建城市就业吸引力综合指标体系，测算不同城市重点产业对人口的就业吸引力，为当前人社部门、产业部门精准研判产业发展所需人力资源数量、素质，进而精准引进、按需培育提供直接支撑。

智慧政务全场景体验中心

青岛市行政审批服务局

一、背景目的

为切实破解群众办事和城市运行难点堵点问题，进一步优化创新服务流程，提升城市治理协同服务能力，持续打造数字化精品工程，引领城市数字化转型，2022 年 2 月，数字青岛建设领导小组办公室印发《2022 年青岛市重点推进政务服务"一件事"和城市运行"一个场景"工作方案》的通知，明确要求："各单位要按照职责分工和时间节点，倒排工期、加强协同、形成合力。牵头单位要强化统筹调度，配合单位要主动作为，把工作抓实抓细。新建项目要做好与政务服务、城市云脑等全市统一平台的功能复用和成果输出，避免重复建设，提升集约化水平。"智慧政务全场景体验中心是城市运行"一个场景"的第二个场景，总体建设目标为持续推动政务服务质量迭代升级，在市民中心布设多类型数据采集传感器，建设大厅基础设施感知网及数字绩效管理、服务状态监测、窗口压力分析、群众体验流程升级等应用场景，将市民中心升级为能感知、会思考、懂决策的智慧大厅，让政务服务更贴心、群众更满意。

二、应用成效

通过全场景体验中心系统的建设，全面提升市民中心的政务服务水平，构建全国领先的数字化智慧政务标杆大厅。

（一）视频监控全覆盖，提供行为分析能力

行政审批局现有视频安防监控摄像头 600 余个，但仍存在部分死角，且多为安全防控、边界监控等使用，功能单一，且缺少行为分析能力。智慧政务全场景体验中心升级现有视频监控系统，对所有摄像头配备 70 多种 AI 算法，让摄像头具备智能行为分析能力，为人员行为管理、轨迹分析、残疾人服务、办事时长监测等业务提供数据支撑。

（二）实时监测窗口压力，预警开放潮汐窗口

以前大厅对节假日、专项业务高峰期等缺少按需配置方案。智慧政务全场景体验中心增加对人流分布、窗口压力、人流路径、服务评价等专项分析，实时监测窗口压力，预警开放潮汐窗口，大幅提高窗口效率。

（三）重点人群实时监控，老人孕妇个性关怀

以前大厅对"弱势群体"（老年人、残疾人）、特殊人群等缺少及时的监控、感知并及时调配相关人员提供服务保障。智慧政务全场景体验中心增加对重点人群的实时监控，特殊人群进入大厅，管理人员即能智能识别特殊人群，若出现孕妇站立等待、人员摔倒等行为时，可提供主动引导、主动帮助等定制化关怀。

（四）固定资产实现智慧管理

市民中心现有固定资产 1.5 万余件，且新增资产在持续增加，不同部门间流动性大，依靠传统的人工管理模式，效率低、易出错。智慧政务全场景体验中心建成后，通过 RFID 基站和 RFID 手持设

备等先进设备，可实现对固定资产智慧管理，固定资产离开所属区域，系统自动报警。利用 RFID 手持设备实现智慧盘点，资产管理人员拿着手持设备在办公室转一圈，即可看到整个办公室的盘点情况，预计资产管理效率提升 200%。

经济运行一张图

青岛市统计局

一、背景目的

党的十八大以来，党和国家高度重视"数字中国"建设，先后出台了《"十四五"国家信息化规划》《"十四五"数字经济发展规划》等一系列重大战略规划文件，以创新驱动变革，以数字引领经济社会发展新格局，"数字中国"建设迈入了新时期。随着国家大数据战略步伐的加快，近年来，山东坚持"数字政府"先行，加快提升政府运行效能，带动数字经济、数字社会发展，全力推进"数字强省"建设；青岛市委、市政府全面贯彻"数字强省"工作部署，将数字化转型作为事关全市发展的基础性、战略性、全局性工程，推进"数字青岛"建设，制订下发了《数字青岛 2022 年行动方案》，加快推动数字化变革，赋能城市高质量发展。

为了充分发挥统计"晴雨表""咨询窗""参谋部"作用，破解传统数据管理统分结合不够自由灵活、数据共享模式不够快速便捷、数据挖掘使用不够优质高效等三大"痼疾"，市统计局"破""立"结合，通过数据资源梳理整合、数据共享渠道打通、业务流程再造、平台整合重构，精心打造反映全市经济社会发展情况的"经济运行一张图"，运用大数据手段，实现经济运行即时动态直观立体化展示，有效支撑全市"双 12"工程"一个场景"搭建，助力"城市云脑"

建设，为各级党政部门、企事业单位、社会公众等架起了沟通桥梁，为推动数字城市建设加速提质。

二、应用成效

（一）数据服务"受众广"

"经济运行一张图"可分权满足领导、部门、社会 3 个维度的个性化数据需求。党政领导可通过金宏办公系统，进入"智慧统计平台"，点击"领导驾驶舱"即可查看"经济运行情况概览"和"经济社会发展纵览"，从横、纵双向了解国民经济运行主要指标的结构和历史年度变动趋势。职能部门可依权查看"领导驾驶舱"的相关内容，并可以根据自身需求，运用平台加载的"算法"开放，开展个性化查询服务。社会公众可通过下载"爱山东"手机 APP，搜索"智慧统计"平台，结合自身需求开展宏观经济数据的查询使用。平台上线仅 1 个月，受众已过万人。

（二）数据服务"零时差"

统计局专业数据反馈加载后即可实现"经济运行一张图"的同步展示，数据共享时间较以往至少缩短 2 天。工业、服务业、投资、批零住餐、进出口、财税金融等 16 项月度指标，可于月后 28 日前查看。GDP、居民收支、社会消费品零售总额等 7 项季度指标，一般可于季后 28 日前查看。

（三）数据服务"个性化"

"经济运行一张图"强化了经济数据融合应用，平台底层数据达到 9300 万条、7.47 亿笔。同时，借助各类分析工具引擎，实现对经济发展关联行业多维度、多层次、可视化的准确"透视"，有效提升覆盖经济运行全链条全周期的统计监测和综合分析，大大提升数据使用质效。

自然资源规划一张图

青岛市自然资源和规划局

一、背景目的

多年来，青岛市自然资源和规划局积累了大量国土、规划方面的基础数据、业务数据，覆盖了全市基础测绘、遥感影像、土地利用、城乡规划、矿产资源、地理信息、地质灾害、不动产登记等业务领域。尽管自然资源和规划数据基础资源建设成果显著，但仍存在一些典型问题：数据管理还处于简单叠加和堆积状态，缺乏有机的整合管理，导致数据开放程度不高、数据资源共享不充分；未建立一数一源的数据责任和回溯机制，数据真实性、现势性、一致性有待提升；多源、多类型、多尺度数据的关联分析、交叉分析和血缘分析还未实现；数据挖掘、大数据分析、区块链技术的应用等有待进一步深化；应用场景的支撑能力有待提升。

在上述背景下，市自然资源和规划局开展"自然资源规划一张图"建设，实现与全市自然资源家底展示、三维辅助规划分析、耕地保护监管、地质灾害监测预警管理四个应用场景相关的现状、规划管控、管理数据、社会经济类数据的统一治理、入库管理、模型可视化搭建。同时开展实时时空计算分析服务、地理处理服务等相关接口的建设，为应用场景的智慧化应用提供服务支撑。

二、应用成效

（一）建设"自然资源微脑"，强化"城市云脑"应用领域和效能

面向全市各级领导、各委办局、各智慧应用，提供全市自然资源三维立体"一张底图"数据支撑，为自然资源家底展示、三维辅助规划分析、耕地保护监管、地质灾害应急预警管理领域提供数据，最终实现"一屏纵览"自然资源、"实时在线"调度指挥、"智慧防控"应急管理和"科学决策"辅助监管。同时，通过统一的服务接口标准，将自然资源和规划的各类应用服务全面融入"数字青岛"建设，充实、提升青岛市"城市云脑"应用领域和效能。

（二）推进政府数据开放共享

自然资源信息化是政府信息化的重要组成部分，是"数字政府"建设的基础支撑；自然资源数据是基础性、战略性信息资源；通过将自然资源大数据与政务共享平台的联通，形成统一的政府数据共享服务平台，促进政府数据开放共享，释放数据价值，满足社会公众的广泛需求。

（三）促进政府治理改革创新

通过"自然资源规划一张图"，可以实现自然资源与国土空间、生态环境、经济社会的融合，社会生产过程与自然资源的动态匹配和数据共享，可以及时掌握自然资源的时空量序动态变化，从而及时调节社会生产过程和监控。建立"用数据说话、用数据决策、用数据管理、用数据创新"的管理机制，有效处理复杂问题，为政府部门的科学决策提供有力抓手，推动政府管理理念和治理模式的更

新，为实现政府治理能力现代化发挥积极作用，提升群众对政府工作的信任感与满意度。

（四）融入智慧城市建设

自然资源"智慧大脑"信息服务能力积极融入青岛市新型智慧城市建设工程，支撑城市各类信息资源汇聚、共享、协同，主要面向智慧城市领域，提供自然资源的融合共享，加快城市基础设施数字化升级改造，全面推进城市运行"一网统管"，提高城市科学化、精细化、智能化管理水平。

（五）增强自然资源综合指挥决策能力

通过自然资源家底展示，可以"一屏统览"自然资源家底资源，全面了解全市国土空间规划、土地资源开发利用、地质矿产资源、房产登记、测绘管理信息，同时，能直观全面掌握城市更新及以地招商重点工作的进度情况，从宏观层面，方便各级领导综合掌握各类自然资源；从微观层面，助力针对重点项目开展专项指挥调度。

生态环境一张网

青岛市生态环境局

一、背景目的

近年来，青岛市委、市政府高度重视数字青岛建设，2022 年先后印发了《数字青岛 2022 年行动方案》《2022 年青岛市重点推进政务服务"一件事"和城市运行"一个场景"工作方案》。市生态环境局按照"双 12"工作要求，全力打造"生态环境一张网"，重点推进数字生态服务一体化平台建设，以服务企业和群众，强化综合指挥调度，不断提升生态环境治理能力为目标，加强政务服务审批流程规范性，提升对企服务质量和水平；积极推进非现场执法，优化执法方式、完善执法机制、规范执法行为；打通执法、应急、在线监测、视频监控、环境质量分析等，加快生态环境调度指挥系统建设，实现多部门协同的快速响应，为各类环保业务提质增效提供支撑。

二、应用成效

（一）提高环境决策的科学性

青岛市数字生态服务一体化平台项目，通过对生态环境监控资源的全要素整合，实现突发环境事件应急指挥、日常环境管理及执法的调度、污染源溯源、环境质量分析研判等一体化的生态环境综合指挥，加强系统的针对性、实用性，强化与现场一线人员的实时互动，提高环境决策的科学性，确保指挥调度的及时性。

（二）提高执法任务效率

推行非现场监管方式的政策要求，集成非现场监管手段物联感知数据，科学建立大数据采集分析、违法风险监测预警等工作程序，规划非现场执法衔接机制。强化污染源自动监测等非现场监管数据用于行政处罚，通过非现场执法手段，健全执法体系，减少执法工作量，从而提高执法效能。企业通过现场核实，对非现场执法任务进行线上反馈，避免了线下材料提交的办理流程，节约任务反馈时间，提高了执法任务反馈效率，也实现了非现场执法和案件办理全程实时留痕、全过程记录。

（三）提升固废监管水平

通过完善固体废物规范化、精细化、智能化监管体系，实现重点固体废物全过程闭环监管，为监管部门细致、及时、动态地掌握固体废物产生、贮存、转移、处置情况提供技术支持，全面提升青岛市固体废物规范化管理水平和环境监管能力。

（四）提升环评体系的工作效率

推动形成节约资源和保护环境的空间格局推进全市绿色发展，构建全周期、全链条、全要素一站式创新管理模式，有效推动全市环评体系全面、立体的变革，提升环评体系的工作效率和服务水平，实现建设项目准入预判，充分发挥环评工作在生态环境保护中的关口作用，提升环评体系的工作效率和涉企服务水平。

经略海洋一张图

青岛市海洋渔业局

习近平总书记强调，海洋是高质量发展战略要地，要加快建设世界一流的海洋港口、完善的现代海洋产业体系、绿色可持续的海洋生态环境，为海洋强国建设作出贡献。以海洋科技创新为引擎，提升海洋资源开发能力，培育壮大海洋战略性新兴产业，大力发展海洋经济，是加快新旧动能转换、推进我国经济高质量发展的必由之路，是建设海洋强国的重要支撑。

一、背景目的

"经略海洋一张图"项目建设，旨在通过统筹全市海洋数据资源，建设海洋大数据平台，构筑智慧海洋综合管理平台，有效整合海洋防灾减灾、渔业安全生产、水产品质量、海洋政策汇达、海洋产业发展、海洋科技创新、海洋渔业行政执法、海洋资源管控等业务职能，开展系统集成，实施业务协同，推进海洋重点领域的智慧应用，进一步提升海洋数据智慧处理能力和科学决策水平，形成高效、透明、智能的新型海洋管理与服务模式，为公众、涉海企业、涉海部门提供更智能、便捷、高效、多元的信息服务。项目聚焦"强政""富企""便民""助研"四个方面，实现海洋领域安全管控、海洋防灾减灾支撑、海洋产业发展促进、涉海社会公众服务、海洋科学研究助力方面的信息化、智能化程度达到国内领先水平，有效促进青岛引领型现代海洋城市建设。

二、应用成效

"经略海洋一张图"项目，将新一代信息技术与海洋管理深度融合，全面推进海洋发展业务职能的数字化、网络化和智能化，开展系统集成，实施业务协同，形成全市联动"一盘棋"、数据资源"一中心"、管理决策"一平台"、产业服务"一窗口"、海洋感知"一片网"的立体化结构体系，实现"经略海洋一张图"，为加快建设引领型现代海洋城市提供重要保障。

从已建成的子系统看，市海洋渔业局在中国海洋经济博览会现场举行了"青岛市海洋经济运行监测与评估智慧管理平台"发布会，标志着青岛市海洋经济运行监测与评估智慧管理平台正式上线运行，这是全国首个上线运行的海洋经济运行监测评估关键数据全链条全流程治理和应用平台，为青岛市加强海洋经济运行全周期统计监测和综合分析能力，强化海洋经济趋势研判，提高海洋经济运行逆周期调节能力提供技术支撑。该项成果获得第一届中国新型智慧城市创新应用大赛"智成奖"。

根据国务院关于自然资源系统政府非税收入征管职责划转改革试点相关任务要求，市海洋渔业局会同税务、大数据、不动产登记等部门开发"海域使用信息管理系统"，有效破解海洋行政主管部门与税务部门之间数据接口不统一、数据载体不统一、数据要素不统一的"信息壁垒"，实现海域使用信息数据等跨部门、跨系统可信采集、传递、共享，大幅降低部门间沟通的时间成本、人力成本。在全国首创"海洋行政主管部门确定费源信息＋共享平台信息交换＋税务部门征收＋征缴信息反馈"缴费新模式，实现海域使用金划转税务部门征收的"非税划转"跨部门协同联动改革，开创海域使用金非税收入划转工作的"青岛模式"。该项目被省政府作为典型案例发文在全省推广。

针对浒苔灾害每年侵扰青岛市的现实，为做到精准打捞、科学处置，组织开发"浒苔应急综合智慧平台"，通过集成基础地理、海洋动力环境预报、气象预报、遥感监测、雷达监测等多种多元异构数据，开展系统集成与智能应用，提升海洋大型藻类灾害预警与处置工作水平。

针对渔业生产安全事故多发、统计分析支撑不足、社会稳定不确定性因素高等痛难点，将 GIS、北斗、AIS、智能视频监控、监测预报等多源数据汇聚融合、挖掘分析，建设智慧渔港管理、智慧渔船动态监管、渔船通导设备监督管理、海洋渔业行政执法等应用系统，实现多种船舶定位信息融合，实施渔船违规违法行为职能分析与动态监管，有效减少越界捕捞、违法出海捕捞等行为，开展船员遇险施救等工作。

另外，市海洋渔业局通过市大数据局推荐上报的《智慧海洋信息系统建设规范》正式获得省大数据立项，是青岛市信息化领域获得省大数据局立项的两个信息化标准项目之一。申报的公共视频智能应用案例被市大数据局推荐至省大数据局参评全省优秀案例。

水务管理一张网

青岛市水务管理局

一、背景目的

水利部提出"水利工程补短板、水利行业强监管"的水利改革发展总基调，明确要求尽快补齐信息化短板，在水利信息化建设上提档升级。水利部、山东省水利厅分别出台了《智慧水利总体方案》和《山东省数字水利总体方案》，对水务信息化、智慧化建设提出了明确要求。水利部李国英部长尤其作出"智慧水务（水利）建设，先从水旱灾害防御开始"的指示。2021 年 3 月，赵豪志市长在市十六届人民政府第 118 次常务会议上强调："把数字青岛建设作为一项系统性、全局性、战略性的重要工作，努力建设高水平的智慧城市。"在青岛市"打造更高水平智慧城市"的大背景下，市水务管理局以"提升水务支撑能力、提升水务保障能力、提升水务社会管理水平"为总体目标，对青岛市水务信息化发展所面临的形势与现状进行全面细致的梳理，多方面分析青岛市智慧水务建设面临的机遇和挑战，以及未来青岛市智慧水务建设需要解决的主要问题，对标全国最高最优最好，强力推动智慧水务发展，大力推进"水务管理一张网"建设，全方位提升水务管理能力，提高现代水务综合保障能力，逐步实现"透彻感知、全面互联、融合共享、智能应用、周到服务"的"智慧水务"。

二、应用成效

（一）提高水务领域智慧化管理水平

通过"水务管理一张网"建设，梳理汇聚雨情、水情、工情、水利工程、灾害普查、河湖长制、水资源保护及农村供水等水务基础数据，搭建好青岛智慧水务数据仓，实现了与多部门、多区（市）、跨系统、跨网域的数据交换与实时感知，提升水务领域的数字化、网络化、智能化管理水平。

（二）增强水旱灾害防御辅助决策能力

水旱灾害防御赋能平台上线运行以来，最大化整合以往水旱灾害防御信息化成果，发挥全局信息化系统的整体效益，提升水务数字化、网络化、智能化管理水平，实现水安全风险从被动应对向主动防控的转变。在 2022 年汛期抵御 17 次强降雨、2 次台风中，特别是"梅花"台风暴雨期间，实时监测 173 座头顶库、93 座头顶塘坝安全，观测城市易积水点、15 座大中型水库开闸泄洪情况，为灾害防御决策提供了实时的数据保障，确保了人民生命财产安全。

（三）提升新时代治水、管水能力

"水务管理一张网"的建设，是深入贯彻新时期"节水优先、空间均衡、系统治理、两手发力"治水方针的重要举措，是落实水利部"水利工程补短板、水利行业强监管"的履职实践。通过项目建设，大力推动青岛市水务领域数字化转型工作，驱动水务治理体系和治理能力现代化，切实提高水旱灾害防御综合保障能力。

（四）夯实推进数字孪生流域建设基础

实施数字孪生大沽河（产芝水库及水库下游大沽河部分河段）建设，搭建水利专业模型及可视化模型，为科学高效有序应对江河洪水、山洪灾害、渍涝灾害等各类水灾害提供科技支撑，为后续数字孪生流域建设在其他业务系统进行推广积累经验和做法。

全民健身一张图

青岛市体育局

一、背景目的

2019 年，国务院《体育强国建设纲要》提出要"推进全民健身智慧化发展。运用物联网、云计算等新信息技术，促进体育场馆活动预订、赛事信息发布、经营服务统计等整合应用""依托已有资源，提升智慧化全民健身公共服务能力，实现资源整合、数据共享、互联互通，加强分析应用"。

多年来，青岛市体育事业一直处于领先地位，但青岛市智慧体育起步相对较晚，在全民健身场地设施管理、体育社区活动组织、体育场馆运营等方面，数字化程度不够。数字青岛建设明确提出"对标浙江加快推进数字变革创新"，在这样的背景下，青岛市体育局积极推动数字体育建设，提出的"全民健身一张图"应用场景列入 2022 年"市办实事"全市重点建设的十二大数字应用场景之一。

"全民健身一张图"项目既是提升青岛市体育治理能力的有利契机，也是构建青岛市更高水平全民健身公共服务体系的重要抓手。市体育局将"全民健身一张图"项目作为青岛市数字体育的基本构架，加强数字体育顶层设计，为青岛体育强市建设奠定坚实基础。

二、应用成效

"全民健身一张图"应用场景立足打通全民健身"最后一公里"，将方便群众和服务对象放在首位，通过"内容＋技术＋运营"融合发力，推动新形势下数字政务的服务汇聚、数据汇集、智慧惠民，全方位赋能体育工作。

（一）社会发动能力得到质的飞跃

"全民健身一张图"将汇聚普通市民、专业运动员和教练员等体育人口，汇聚体育协会、企业、俱乐部等各类体育社会组织，通过赛事（活动）发布、场地预约，发动市民关注体育、参与体育。将为市民建立体育档案，记录体质监测、日常锻炼、参赛成绩，通过大数据匹配让市民找到身边的体育圈子，持续扩大市民参与体育的深度与广度。

（二）体育治理能力提到新的水平

"全民健身一张图"实现体育业务的"一网通办"，既便于市民操作，又便于机关管理。能够有效掌握社会体育指导员参与公益活动情况，动态掌握各体育协会、俱乐部有关情况，及时对各区（市）专业运动员进行注册及输送管理，对体育系统进行业务流程再造，提升体育领域治理能力。

（三）设施管理难题得到有效解决

体育设施后期维护管理，一直是市民比较关注、反映比较集中的问题。"全民健身一张图"将通过数字化、信息化手段提高后期管理的效能，为全市每一件全民健身设施赋二维码，市民通过扫码既能查看设施名称、配建时间、使用说明，也能了解设施管理单位、报修电话，并实现一键报修，极大地提高了对体育设施的维护管理能力。

（四）体育决策辅助获得数据支撑

"全民健身一张图"纵向联通青e办、"爱山东"APP以及总局、省局体育服务平台系统，横向关联智慧场馆、一码通城业务系统，生成各类图片、场馆、体质档案、赛事、体育企业、协会俱乐部等数据，能够进行数据分析研判，建立可视化模型，为领导决策和体育行业应用提供支持。

（五）体育事业产业得到协同发展

对全民健身一张图"的数据进行开发后，可以将体育事业和体育产业有效融合对接。项目为中小健身经营单位免费提供场馆管理系统，能够为中小体育企业扩展获客渠道，有助于拉动和刺激体育消费。在为市民建立体育档案的同时，及时为市民提供有针对性的健身健康服务指导，引导市民参与运动健身，将推动体育用品、体育旅游、体育广告、体育传媒服务等相关产业的全面发展。